LES CHOSES

DU

TEMPS PRÉSENT

PAR

EDMOND TEXIER

PARIS

COLLECTION HETZEL

— J. HETZEL — LIBRAIRIE CLAYE —

18, RUE JACOB

LES CHOSES

DU TEMPS PRÉSENT

PARIS. — .IMPRIMERIE DE J. CLAYE, RUE SAINT-BENOIT, 7

PRÉFACE

On ne fait plus de préface, et c'est peut-être pour
cela que j'en voudrais faire une, si mince qu'elle
fût. Une préface est au livre ce que le vestibule est
à l'édifice. L'auteur doit aller au-devant du lecteur
et lui souhaiter la-bienvenue. « Entrez, homme rare
et bienveillant, mais avant de vous conduire dans
mon modeste appartement, permettez-moi de vous
dire quelles pièces le composent. Cela n'est pas très-
orné, ni très-doré, ni même très-meublé ; c'est petit,
c'est simple, — un appartement sur la cour, au quatrième étage de la littérature.— Si vous pouvez vous
passer des colifichets à la mode, des petits dunkerques, des enjolivements et de la potichomanie du
style moderne, vous ne serez peut-être pas trop
dépaysé. Sinon, n'allez pas plus loin, seigneur, ne

franchissez pas le seuil de cette antichambre et frappez à la porte du voisin. »

Ce livre, qui a pour titre : *les Choses du temps présent,* n'a pas été écrit tout d'une haleine. Il s'est fait, pour ainsi dire, tout seul, au jour le jour; c'est une suite de réflexions bâties sur la tête d'une épingle. L'événement du jour a inspiré telle page, et telle autre page est née d'un mot saisi au vol. Un tel livre ne se lit pas d'un trait, et, s'il se lit jusqu'à la fin, ce n'est que chapitre par chapitre, et en mettant un intervalle entre celui qui précède et celui qui suit. Ce livre, on le prend le matin, on l'abandonne, et si le soir on le retrouve, tant mieux. L'auteur n'est ni un moraliste, ni un philosophe, ni même un penseur, — un vilain mot dont tout le monde s'affuble depuis quelques années; — il ne voit guère des choses que la surface, et c'est pourquoi il ne prétend point à l'honneur d'avoir fait des découvertes au pays de la psychologie. Il raconte plus qu'il ne prouve; c'est une plume légère; il n'appuie pas, à peine il effleure. Et voilà le lecteur prévenu.

E. T.

LES CHOSES

DU

TEMPS PRÉSENT

CHAPITRE PREMIER

LES FEMMES

Quand ils s'occupent de la grosse question du mariage, la plupart de nos moralistes se contentent de constater que les jeunes gens d'aujourd'hui sont exigeants, que les jeunes femmes aiment passionnément la toilette, et que, lorsque les millions ne sont pas de la noce, il n'y a pas de noce.

On a bientôt fait de critiquer son temps; mais, bon gré mal gré, il faut prendre son temps comme il est. Quand vous m'aurez montré cette meute de prétendants à la recherche d'une héritière, ces mariages commerciaux où deux coffres-forts se jurent un éternel amour; quand vous m'aurez cité, en opposition avec ce qui se passe en France, l'exemple de l'Angleterre où les hommes riches ne dédaignent pas d'épouser de jeunes filles pauvres, je me permettrai de vous demander où vous voulez en venir. Vous signalez un mal que tout le monde connaît, mais vous n'indiquez pas le remède.

Je ne me dissimule pas, cependant, que la conclusion, s'il en est une, n'est pas facile à trouver, et que le remède, s'il existe, ne peut opérer immédiatement comme l'onguent sur la brûlure.

Les pères et les mères de famille se récrient ouvertement contre les exigences des jeunes gens qui demandent à une jeune fille, outre le cortége obligé de ses vertus, un appoint en argent. Les jeunes gens, s'ils ne sont pas riches surtout, n'ont pas tout à fait tort. Pourquoi iraient-ils de gaieté de cœur s'atteler à cette charrette du mariage qu'il leur faudrait éternellement traîner dans des chemins semés d'ornières et de précipices? Le mariage est une admirable institution, mais il ne vaut pas le sacrifice des facultés et quelquefois de la dignité de l'homme, et à ce terrible jeu de la misère on a bientôt perdu l'énergie et la conscience de soi-même. Ah! si les jeunes filles avaient reçu une autre éducation et surtout une instruction plus solide; si au lieu de leur apprendre les arts frivoles dont le banal programme est invariablement étalé sous les yeux de tout prétendant, on leur avait enseigné les connaissances pratiques, cette vraie science de la vie, si, en un mot, on avait fait de toutes ces jeunes filles des compagnes de l'homme et non des poupées de cire, peut-être les jeunes gens se montreraient-ils plus accommodants sur le redoutable chapitre de la dot ! La femme telle que la font les pensionnats est une châsse vivante que l'homme doit orner, embellir, parer de soie, de velours, de satin, de dentelles, de pierres précieuses ; son rôle dans la communauté consiste à porter de belles robes, de beaux châles, des chapeaux élégants, et à jouer du piano ! Ah ! le piano !

Que les gens riches donnent à leurs filles cette éducation, ou plutôt ce semblant d'éducation, je le comprends jusqu'à un certain point. La jeune fille riche devenue femme payera avec sa dot ses opulents loisirs. Qu'elle soit belle, qu'elle soit gracieuse, qu'elle plaise, c'est tout ce qu'on peut raisonnablement exiger d'elle. Mais comment se fait-il que cette éducation, bonne tout au plus pour quelques-unes, soit l'éducation de toutes ? Comment le petit bourgeois, qui n'a pas un sou de dot à donner à sa fille, ne comprend-il pas que ce piano, ce dessin à l'aquarelle ou au pastel, tous ces prétendus arts d'agrément sont les dons les plus funestes ? Il se sera saigné aux quatre membres, cet honnête père de famille, pour que sa fille fût *aussi bien* élevée que telle autre jeune fille qui pourra échanger un demi-million contre une corbeille de noce ; il lui aura donné tous les goûts d'une patricienne, l'amour de la toilette, le mépris de la vie pratique, l'appétit des élégances, et le jour où elle sortira de pension, le jour où elle sera une fille à marier, il s'étonnera si quelque honnête jeune homme recule d'effroi à la proposition d'être son gendre !

On prétend que notre pays est le pays pratique par excellence ; je ne dis pas non, mais à voir ce qui s'y passe, on ne s'en douterait guère. Quoi de plus absurde, de plus romanesque, de plus fatal, que cette uniformité de l'éducation imposée à de jeunes filles de conditions et de fortunes si diverses ? Puisque toutes les jeunes filles se ressemblent, puisqu'elles ont toutes été taillées sur le même patron intellectuel et moral, puisque celle-ci a les mêmes idées, les mêmes goûts, les mêmes prétentions, la même éducation en un mot que celle-là, pourquoi feriez-vous aux jeunes gens un crime de préférer celles qui, outre la somme générale des qualités et des agréments fournis par le pensionnat, ont par-dessus le marché l'attrait particulier de la dot ?

En opposition avec le père de famille dont je parlais tout à l'heure, supposez un homme de sens qui ait élevé sa fille dans des conditions toutes différentes. Il a écarté de ce jeune esprit l'essaim des chimères, des puérilités, et il l'a nourri des mets substantiels de l'intelligence ; il a voulu qu'on lui enseignât de bonne heure l'ordre, l'économie , la simplicité et les soins si importants du ménage. Ce mariage, qui apparaît à toutes les jeunes filles comme une porte ouverte sur le champ de la liberté, il lui en a parlé comme d'une chose grave et souvent lourde qui impose de part et d'autre des devoirs, des sacrifices et un dévouement sans bornes. Il s'est efforcé de préparer sa fille à être la compagne sérieuse, l'associée de cœur et d'esprit de l'homme qu'elle doit un jour épouser. Lorsqu'elle aura atteint l'âge de dix-huit ans, celle-là ne croira pas que la beauté rehaussée par la toilette est la seule qualité de la femme, et elle n'attendra pas que le fils du roi passe par hasard devant sa porte et tombe subitement amoureux d'elle, comme cela se pratique dans les contes de fées ; mais si un honnête jeune homme la rencontre, soyez sûr qu'il saura apprécier ce solide mérite, fruit naturel d'une exceptionnelle éducation. C'est la fausse éducation des jeunes filles, c'est leur infériorité relative qui explique, et jusqu'à un certain point justifie l'exorbitant impôt de la dot. Les jeunes filles, quelle que soit leur condition, sont toutes élevées en princesses de salon ; il me semble tout naturel que les épouseurs leur demandent une dot de princesse. Une princesse, cela coûte cher.

Je ne voudrais pas qu'on se méprît sur ma pensée et qu'on supposât que je propose de faire des jeunes Françaises une race de précieuses et de pédantes. Le pédantisme, si ridicule chez un homme, est intolérable chez une femme; mais il n'y aurait aucun inconvénient à enseigner aux jeunes filles beaucoup de choses qu'elles ignorent, à leur apprendre qu'elles ne sont pas faites seulement pour être adulées, pour briller dans un bal et pour écorcher Rossini tout vif sur le clavier d'un piano. Les femmes qui ont doublé le cap de trente ans ne tardent pas du reste à s'apercevoir, en dépit des hommages menteurs et des compliments boursouflés dont on les enguirlande, combien est nul et dérisoire le rôle qui leur a été imposé. Les plus ardentes se révoltent, les plus sages se bornent à protester en silence.

Ainsi donc, pères et mères de famille dédaignés de la fortune, au lieu de vous récrier contre les rapaces exigences des hommes à l'endroit de la dot, commencez par donner à vos filles une éducation solide qui inspire l'amour des vertus domestiques. Et si vous voulez qu'on les épouse pour elles-mêmes, faites-en des femmes et non des poupées de salon.

Éloignez surtout de leur esprit les fantaisies monstrueuses de la toilette et l'appétit du luxe moderne, de ce luxe qui se pavane dans la rue avec dix-huit mètres de velours et de dentelles, et qui, rentré chez lui, économise une bûche par un froid de dix degrés. Beaucoup d'entre nous sont pauvres, mais nous avons tous l'apparence de la richesse, et comme nous sommes un peuple d'imagination, l'apparence nous suffit. Vous allez dans une maison, et l'on vous reçoit dans un salon tout étincelant de dorures, tout rempli de potiches, et si encombré de meubles qu'il n'y a place que pour les étagères, les petits dunkerques, les fauteuils, les poufs et les canapés tordus; mais le salon n'est si plein que parce que les autres chambres sont vides. Nous nous sommes beaucoup moqués de la petite bourgeoisie anglaise, cette grenouille qui se gonfle pour paraître aussi grosse que le bœuf millionnaire, et nous sacrifions comme elle aux faux dieux de l'extérieur. A Londres, tout pauvre diable qui reçoit un visiteur dont il veut capter la considération, lui offre tout de suite du vin de France. Il tient enfermé dans une armoire une bouteille unique de ce vin cher dont il ne boit jamais, mais qu'il montre avec ostentation pour constater son *honorabilité*. En France, l'honorabilité consiste, chez beaucoup de gens, à avoir un salon splendide, quitte à coucher dans un galetas. L'honorabilité consiste encore, pour une femme dont le mari n'est pas riche, à se procurer coûte que coûte une robe de ville qui a été payée douze cents francs. Un grand marchand de nouveautés à qui l'on demandait s'il était content de son commerce répondit : « Cela va très-bien ; encore un petit effort, et nous arriverons à faire adopter la robe de ville de deux mille francs. » Je ne parle pas, bien entendu, des robes de bal ou de soirée dont quelques-unes représentent la valeur d'un domaine en pleine exploitation. N'a-t-il pas été question, en ces dernières années, d'une belle étrangère qui avait paru dans un bal avec une robe estimée deux cent mille francs? Quel crève-cœur et quelle honte pour celles qui ne portaient ce soir-là que pour dix mille francs de dentelles !

Les femmes lancées dans cette course à fond de train de la toilette et du chiffon ne savent peut-être pas assez que personne n'est dupe du faux éclat de l'apparence. Il ne faut pas être un observateur bien fin pour deviner les ennuis, les privations, les dettes, les lâchetés, toutes les misères mal dissimulées sous le satin et le velours. La vie parisienne est pleine de contrastes et de mystères que tout le monde connaît, et c'est parce que tout le monde a pénétré ces secrets, qui ressemblent si fort à ceux du seigneur Polichinelle, qu'il serait peut-être temps de mettre fin à cette comédie du luxe à outrance, du luxe du salon et de l'indigence de la salle à manger. On vit exclusivement pour les autres : on se gêne et l'on gêne. Un jour peut-être il se rencontrera quelques gens d'esprit qui demanderont que le rideau tombe sur cette farce dont la représentation dure depuis trop longtemps. L'un dira à l'autre : — Permettez-moi de retrancher quelque chose dans l'ameublement de mon salon et de m'installer un peu plus confortablement dans mon cabinet. — Volontiers, répondra celui-ci ; je vous promets en retour d'avoir dorénavant moins de chinoiseries dans mes étagères et plus de tapis dans ma chambre à coucher. Si de leur côté les femmes voulaient se convaincre que ce n'est pas la robe, mais la façon dont on la porte qui constitue la véritable élégance, la cause de la raison et du bon goût serait bientôt gagnée.

Mais il ne faut pas espérer que cette grande question de la robe soit de sitôt résolue. A l'heure qu'il est, une robe qui a paru dans trois bals a produit tout son effet, et est destituée par ce simple fait de toute élégance et de toute richesse. Rien n'est plus éphémère que le règne d'une robe comme il faut, et quand on vient à songer à quel monstrueux total s'élève à la fin de chaque saison l'addition de la *bonne faiseuse,* on comprend ce mari dont l'exaspération se traduisait, en face d'un mémoire à payer, par cette exclamation pittoresque : « Les femmes de ce temps-ci ne demandent que plaies et bosses ! »

Cette comédie du luxe doit engendrer une foule de drames conjugaux. Il n'y a pas bien longtemps, un jeune marié de six mois fumait tranquillement son cigare dans son cabinet de travail pendant que sa femme était allée promener au bois une robe toute neuve. Un mémoire se présente ; le mari regarde et voit un chiffre rond de vingt mille francs pour articles de toilette féminine. Notre homme, abasourdi, congédie le mémoire, paye deux termes au propriétaire et fait enlever tous ses meubles. Ce mari philosophe a rendu à sa femme sa dot et sa liberté. Étonnez-vous que la perspective des mémoires à payer l'ait dégoûté de l'association !

Notre temps a donc vu se développer outre mesure les besoins factices et l'appétit des jouissances ; l'homme qui mettait trente ans à amasser une petite fortune pour ses enfants appartient au vieux répertoire de la comédie sociale. Nous ressemblons tous plus ou moins à ces beaux seigneurs du camp du Drap d'or qui portaient des prés et des moulins sur leurs épaules. Aussi chaque jour révèle un nouveau désastre et signale une nouvelle victime de la maladie contemporaine. Hier, c'étaient deux jeunes gens qui, avec 6,000 francs d'appointements, menaient le train de millionnaires, et disparaissaient avec cinq ou six millions dans leur poche. A Lyon, un caissier éprouve aussi le besoin de traverser l'Atlantique, mais il est plus modeste que les deux caissiers parisiens, et il n'emporte que 400,000 francs. A Berlin, un homme de confiance disparaît laissant deux millions de déficit. A Francfort, fuite d'un autre caissier qui ne prend à son patron qu'une centaine de mille francs, le misérable! A Londres, nous voyons un M. Robson, employé à l'administration du palais de Cristal, mener la vie à grandes guides avec des appointements de 100 francs par semaine, acheter chevaux, voiture, petite maison et le reste, puis, au bout de deux ou trois ans de cette existence fashionable, disparaître comme un sylphe après avoir fait à la caisse un emprunt forcé d'un million trois cent mille francs. On a démenti le vol de deux millions commis au préjudice des jésuites de la rue de Sèvres; je n'insisterai donc pas; mais les révérends pères, qui ne veulent peut-être pas faire connaître, par humilité chrétienne, l'immensité de leurs richesses, n'ont contesté que l'exactitude du chiffre. Que sont-ils devenus ces caissiers du Gymnase, ces caissiers honnêtes, probes, anté-diluviens qui, aux jours de crise, déposaient furtivement dans la caisse leurs propres économies, sauvaient leur patron du déshonneur, et trouvaient dans le calme de leur conscience, et dans un couplet final chanté au public, la récompense de leur généreuse probité? Hélas! ceux-là sont allés on ne sait où, pendant que les autres allaient en Amérique !

Le luxe est devenu une nécessité, la première nécessité de notre temps. Jamais la folie des riches mobiliers, des salons resplendissants, des tableaux, des objets d'art et des chinoiseries n'a été poussé si loin que depuis que les logements sont hors de prix. La possession de la richesse est un besoin si impérieux que les pauvres mêmes, pour se faire illusion, s'entourent d'un luxe factice qui ne trompe personne. Et pourtant voyez la contradiction ! quand par hasard un pauvre diable a gagné le gros lot à la loterie de la fortune, il perd ordinairement sa belle humeur, et il tombe dans la mélancolie du savetier de La Fontaine. Je rencontrai un jour un ancien camarade que la Bourse avait fait millionnaire et que l'argent avait fait philosophe. Arrivé au port, il avait le mal de mer, et il regrettait les tempêtes de la traversée. M. Hope, qui avait jeté plusieurs millions dans la décoration de sa résidence héliogabalienne, M. Hope, qui avait des meubles en or, des plats en or, des trépieds en or, et qui se serait, je crois, consolé de la perte d'une jambe en songeant que rien ne l'empêchait de la remplacer par un tibia en or incrusté de diamants, M. Hope était un des hommes les plus ennuyés et les plus ennuyeux, et il avouait que, s'il n'avait pas eu la passion du jeu, il se serait probablement fait sauter la cervelle. Il était seul à jouir de toutes ses richesses, et il en jouissait tout seul en bâillant toute la journée. Il est mort au milieu de son or, après avoir avalé sa dernière médecine dans une coupe d'or, et le lendemain il était à six pieds sous terre, à côté du pauvre diable qui avait crevé la veille à l'hôpital, ce qui prouve une fois de plus que tout finit en ce monde, la richesse du riche, la misère du pauvre, les privations de celui-ci et les millions de celui-là.

L'or ne préserve donc pas de l'ennui, et je suis convaincu que c'est l'ennui plus que la passion qui pousse tant d'héroïnes vers le lac de Côme. C'est là où elles vont toutes, ces belles révoltées qui ont brisé la chaîne conjugale, et ce serait une piquante histoire à raconter l'histoire de ce lac parfumé et scélérat, de ce coin de terre où fleurit l'adultère avec l'oranger, et où l'on vit moins dans les joies du présent que dans le regret du passé : le regret de la position perdue, de la réputation perdue, de l'avenir perdu. Dans cet élégant monastère de l'amour illicite, elles ont l'air tiède et embaumé, les douces senteurs du lac, les blonds rayons du soleil, mais elles traînent partout avec elles le souvenir de ce monde qu'elles ont abandonné en un jour de fièvre chaude et où elles ne rentreront jamais !

Autrefois, quand le bruit d'une aventure galante

éclatait par la ville, c'était toujours quelque jeune fille, quelque colombe de seize à dix-sept ans qui en était l'héroïne. Un mousquetaire, un officier aux gardes avait escaladé les murs d'un couvent, et le lendemain une blanche brebis manquait au troupeau. Hélas! ce sont les femmes déjà mûres, les femmes qui s'apprêtent à passer sous le tropique de la trentième année qui suivent les mousquetaires d'à présent. Avouons que l'horloge de la passion retarde singulièrement dans notre siècle! Clarisse Harlowe ne suivrait plus Lovelace; elle épouserait un banquier de la Cité, bien vieux peut-être, mais à coup sûr fort riche, et elle dirait à l'amant préféré : « Repassez dans dix ans, mon cher : je suis encore trop raisonnable aujourd'hui; mais dans dix ans, l'âge des folies arrivant, nous irons de compagnie grossir la galante colonie du lac. » On veut être riche avant tout; on sacrifie à cette sérénissime richesse sa passion, sa jeunesse, son amour, et comme le diable ne perd jamais ses droits, voici que la passion se réveille à l'heure même où devrait triompher la raison, à cette heure grave et mélancolique où nos grands'mères, moins attardées que leurs petites-filles, disaient sans trop se faire prier : « Adieu, paniers, vendanges sont faites. »

Il faut dire aussi que les don Juan d'aujourd'hui ont pris beaucoup trop au sérieux les paradoxes de

Balzac, l'inventeur des héroïnes de la saison d'automne. A l'époque où l'on n'avait pas encore supprimé le printemps, où la jeunesse était reine, où l'amour avait seize ans dans les romans et dans la vie, les chaises de poste emportaient à Côme ou ailleurs plus de pensionnaires que de matrones. Tout n'était pas perdu sans retour pour ces fugitives écervelées : la famille se mettait de la partie, et l'aventure finissait souvent comme les vaudevilles de M. Scribe. Mais quoi de plus triste que ces folies mûres, ces passions retardataires, ces fugues en plein midi! et quelle compassion voulez-vous qu'elles laissent après elles, ces Julies et ces Charlottes majeures qui abandonnent leur mari, leurs enfants, leurs amis, le foyer respecté, pour aller languir indéfiniment dans les marais-pontins du demi-monde!

— Et le mari? me direz-vous. Puisque vous me parlez du mari, je vais vous raconter l'histoire d'un sénateur. Il a soixante ans, une jeune femme et cent mille francs de rente. Il a assisté à tous les bals travestis de la cour et de la ville. Il le fallait. Quelques jours avant le premier bal, il dit à sa femme : « Puisqu'il faut absolument que je me déguise, j'aurai un domino noir. » Le jour du bal arrivé, il trouve dans sa chambre un magnifique domino lilas. « Ma femme m'aura mal compris, » pense-t-il, et le voilà parti aussi printanier qu'un bouquet de violettes. Au retour, il jette le domino sur un fauteuil et prie sa femme de lui en commander un noir pour le bal du surlendemain; mais c'est un domino mauve qu'il voit étalé sur le canapé de sa chambre à coucher. Il n'y avait plus à reculer. Au troisième bal, domino vert tendre, et domino couleur violette de Parme au quatrième. Le sénateur a promené de bal en bal les couleurs les plus juvéniles, et il ne se doute pas encore, à l'heure qu'il est, que sa femme ne lui a imposé tous ces dominos impossibles que pour les faire tailler à son usage et ajouter quatre nouvelles robes à sa collection.

Une autre histoire qui a fait du bruit. Une grande dame paraît à une soirée avec une très-belle parure en diamants. On admire beaucoup cette parure, et l'on en fait compliment au mari, lequel est myope. Celui-ci, dont l'attention est éveillée par toutes les choses flatteuses qu'on lui adresse, examine de près la toilette de sa femme, et ne reconnaît pas les diamants. Il demande une explication à voix basse. La dame embarrassée propose l'ajournement. Insistance du mari, altercation assez vive devant tout le monde, et départ précipité des deux époux. Ah! les diamants!

« Je ne t'ordonne pas de faire de riches présents à ta maîtresse, dit Ovide dans l'*Art d'aimer*; offre-lui quelques bagatelles, pourvu qu'elles soient bien choisies et données à propos. Lorsque la campagne étale ses richesses, lorsque les branches d'arbre plient sous le poids des fruits, qu'une jeune esclave lui apporte de ta part une corbeille pleine de ces dons champêtres. Tu pourras dire qu'ils viennent d'une campagne voisine de la ville, bien qu'ils aient été achetés sur la voie Sacrée. Envoie-lui ou des raisins ou de ces châtaignes qu'aimait Amaryllis. Un envoi de grives ou de colombes lui prouvera que tu ne l'oublies point. »

Offrez donc, jeunes amants, aux Amaryllis d'aujourd'hui, des raisins, des grives et des châtaignes; mais joignez-y, pour faire excuser votre témérité, quelques-uns de ces dons champêtres qui fleurissent dans les vitrines de Baugrand et de Janisset.

J'aurais bien voulu dire aussi quelques mots de la crinoline, ce ballon en caoutchouc qui a été la cause d'un grand nombre de maladies et qui donnerait à la Vénus de Milo l'apparence d'une gigantesque sonnette; mais on m'assure que la crinoline est morte, si bien morte; que les femmes de chambre elles-mêmes ont envoyé leurs anciens atours au quai de la Ferraille. Le quai de la Ferraille est, pour le quart d'heure, le panthéon des charmes, des grâces, des élégances de la dernière saison; j'y ai reconnu, l'autre jour, une taille divine qui a été pendant trois mois l'orgueil et la gloire du bois de

Boulogne; elle gisait entre une vieille soupière et un jeune chaudron. Et dire que tant de gens ont suivi, le cœur palpitant, le sein gonflé, cette fière encolure drapée de satin, qui ne se détourneraient pas aujourd'hui pour lui faire l'aumône d'un regard! Que lui manque-t-il cependant à cette tournure naguère triomphante? il ne lui manque que le satin. Ah! la gloire, la beauté et les tournures d'acier, tout cela n'a qu'un jour.

Quoi qu'il en soit, voilà le forgeron à tout jamais exilé du boudoir! Ce n'est plus toi, vieux Vulcain, qui confectionneras désormais les charmes vainqueurs! · A l'Académie, cela s'appelle encore les charmes, de même que les appas veulent dire autre chose. Les appas et les charmes, les charmes et les appas! je ne connais pas de mot dans tout le dictionnaire qui soit plus utile que ces deux tropes majestueux. Ils permettent à un pauvre écrivain de désigner toutes sortes de choses qu'il serait difficile et peut-être malséant de nommer par leur nom. Ceci vous prouve, ô lecteurs, qu'il ne s'agit que de s'entendre et de connaître à fond la langue qui se parle au bout du pont des Arts.

Donc, la crinoline a fait son temps, et elle a été remplacée par la longue robe à draperies et à plis flottants, une robe ample, majestueuse, qui donne aux femmes un certain air de ressemblance avec la

muse de la Tragédie ; il ne leur manque que le pe-
plum et le cothurne. Comme cette robe tombant en
plis bouffants traîne beaucoup par derrière, il sera difficile de la porter partout ailleurs que dans un salon ou
en voiture, à moins que les femmes ne se décident à
balayer toute la poussière du trottoir, ce qui pourra
bien arriver, pour peu que la mode s'en mêle. Quelques maris s'étaient flattés de cette douce espérance
que, la crinoline une fois partie, les volants, les colifichets, les mètres supplémentaires s'en iraient avec
elle, et il était même vaguement question d'inau-
gurer dans l'empire de la toilette les timides théo-
ries de l'école littéraire du bon sens. Cruelle
déception ! La robe nouvelle exige encore plus
d'ajustements et plus d'étoffe que l'ancienne ; la crinoline n'est plus, mais les dix-huit mètres à la robe
toujours sont très-bien portés. Le Ponsard de l'économie domestique n'est pas encore né.

Mais comment cette question des falbalas ne tien-
drait-elle pas une grande place dans l'esprit des
femmes, quand on voit le succès qui accompagne
depuis quelque temps ces petits bouquins à couver-
ture lustrée, exhalant un parfum d'huile de Macas-
sar, et qui sont destinés à propager le culte du
chiffon, de la dentelle, du ruban et des cosmétiques ?
La librairie épuisée s'occupe à rééditer toute la galante pharmacopée du passé. Voulez-vous être belles,

mesdames? on vous livre, moyennant vingt sous, toutes les recettes des portières du moyen âge et de l'antiquité. On vous apprend comment la femme de Marc-Aurèle, cette inconstante Romaine qui porta trois cents chevelures différentes dans l'espace de cinq ans, avait découvert pour la conservation de la beauté un procédé bien supérieur à celui de M. Appert pour la conservation des petits pois. Ce précieux procédé, perdu pendant des siècles, fut retrouvé par madame Diane de Poitiers, ou plutôt par son parfumeur, passé maître dans l'art d'embaumer les vivants. Diane de Poitiers était encore si belle à l'âge de soixante-cinq ans, que Brantôme, un connaisseur, faillit tomber à la renverse à la vue de cette vieille femme restée jeune. Il comprit tout de suite l'empire exercé par la châtelaine d'Anet sur le cœur de Henri II, et s'il n'écrivit point à ce sujet un gros mémoire sur la corrélation secrète qui existe entre la parfumerie et la politique, c'est que notre homme était un homme léger, qui aimait mieux griffonner des histoires galantes que des traités maussades et ennuyeux.

Ce n'est pas tout; ces petits livres, et il en pleut que c'est une bénédiction, contiennent une foule d'autres enseignements. Porter une robe de telle couleur, tel jour plutôt que tel autre jour, pour telle ou telle raison. Consulter l'état de l'atmosphère

avant d'adopter tel nœud de rubans. Ne point se
risquer dans un salon sans en connaître la décoration, etc., etc. Si toutes les femmes d'aujourd'hui
ne sont point aussi belles et aussi jeunes que Diane
de Poitiers à l'âge de soixante-cinq ans, c'est qu'elles
auront dédaigné cette littérature au benjoin, à
l'aloès, à la gentiane, au safran superfin, cette littérature manipulée par une société d'hommes de lettres et inspirée par une association de couturières
et de parfumeurs.

Et c'est ainsi que le luxe outré, extravagant de la
toilette a pris sur toutes les imaginations un tel empire, que la beauté et la jeunesse ne sont plus,
même aux yeux des hommes, que des qualités accessoires. Vénus en personne descendrait de l'Olympe
avec une robe de taffetas que personne ne se retour-
nerait pour la regarder passer. Jamais le falbalas, le
ruban, le volant, la broderie, le rubis, le diamant,
tout ce qui pare, n'a eu plus de succès. On est
amoureux d'une toilette, le cœur bat pour une
étoffe, on fait la cour à une parure. Comment expli-
queriez-vous autrement le long règne de ces femmes
qui tirent un nouveau feu d'artifice à chaque première représentation? Elles ne sont plus jeunes,
quelques-unes n'ont jamais été belles; mais la plus
splendide châsse italienne n'est pas plus parée
qu'elles ne sont. Et les innocents de l'orchestre as-

sistent avec un intérêt palpitant au combat de diamants, de dentelles et de cosmétiques qui se livre sous leurs regards. Celui-ci se déclare pour la rivière, celui-là tient pour le diadème, celui-là est subjugué par une triple couche de blanc de perle.

Un beau jour il fut question de supprimer le luxe. Des dames animées d'intentions économiques formèrent une association dont le but était d'éteindre le feu d'artifice des toilettes. « Les membres de l'association, disaient les statuts, devront renoncer à tout ajustement qui blesserait la modestie ; tels sont, par exemple, les robes *trop* décolletées, les chapeaux trop découverts, les volants, les crinolines, etc. Les femmes se restreindront à dix robes au plus. Il sera fait plus tard des prescriptions sur le luxe dans tous ses détails : tables, équipages, ameublements. Il serait à désirer que l'on pût faire paraître un journal sous l'invocation de sainte Élisabeth de Hongrie, au moyen duquel les associées se mettraient en rapport et où il leur serait donné des indications sur les ouvrages dont on recommande la lecture. Ce journal aurait pour but de conserver l'unité entre les associées. »

Voilà qui est bien. Mais les femmes ne commencent à s'apercevoir de l'immodestie des robes décolletées que lorsqu'elles n'ont plus à montrer que la place où fut Ilion. Tant que Troie subsiste, la couturière a

carte blanche ; elle ne coupera jamais de corsage trop
échancré, elle ne fera jamais assez étinceler aux regards le satin des blanches épaules. Voyez Célimène ;
elle a vingt ans, elle est belle, et elle sait qu'elle est
belle ; croyez-vous qu'elle ira chercher chicane à la
bonne faiseuse parce que celle-ci aura donné un au-
dacieux coup de ciseau dans le corsage de la dernière robe ? Et comme Alceste ou Oronte seraient
bien reçus s'ils venaient, sous le prétexte qu'ils veulent épouser Célimène, lui offrir un abonnement au
journal de sainte Élisabeth de Hongrie !

Quand Célimène aura quarante-cinq ans, peut-être
soupçonnera-t-elle l'immodestie des robes trop
courtes par le haut ! Alors, mais alors seulement, elle
réformera sa garde-robe, elle se révoltera contre le
luxe indécent des jeunes femmes, et elle s'enrôlera
dans la pieuse association des dames unitaires. Qu'on
nous montre la liste des femmes qui font partie de
la confrérie somptuaire, et je parie que sur cent,
quatre-vingt-dix-neuf ont déjà descendu l'échelle
des premières illusions. Dans ce temps où les femmes
ont trouvé le secret de prolonger leur jeunesse, il
faut avoir au moins huit lustres carillonnés pour se
réfugier dans le giron réformiste de sainte Élisabeth
de Hongrie.

— La question des femmes est à l'ordre du jour
partout, même en Orient. Il y a peu de temps, le

sultan ne se plaignait-il pas, en un style plein de mélancolie, que les femmes de Constantinople, répudiant toutes les lois de la morale et des bonnes mœurs, se servissent de voiles très-minces et de robes diaphanes? En France, c'est le contraire qui existe; les femmes qui ont passé l'âge équinoxial portent volontiers des voiles très-épais, et en cela elles sont peut-être plus coupables que les dames de Constantinople, à cause des méprises que peut provoquer la vue d'une taille jeune appartenant à un visage qui l'est moins. Quant aux robes diaphanes turques, elles sont probablement un acheminement vers les modes plus savantes de la vieille Europe, où les femmes portent si peu de robe qu'il est à peu près indifférent que la robe soit transparente ou ne le soit pas.

Je ne doute pas de la toute-puissance du sultan. Son empire est un vaste jardin où il peut cueillir, en guise de fleurs, toutes les têtes qu'il lui plaît. Ce souverain absolu n'a que l'embarras du choix pour la composition du bouquet, mais je suis à peu près certain, cependant, que cette toute-puissance se brisera comme du verre contre le rocher de la coquetterie féminine. L'introduction à Constantinople de l'étoffe légère a été le dernier coup porté à l'islam, et cette révolte des femmes me paraît bien plus grave que les conspirations du vieux parti turc.

La conspiration a toujours été un des éléments de la civilisation musulmane. Tout le monde conspire en Orient, depuis le grand-vizir jusqu'à l'homme du peuple ; puis un matin la mèche est éventée, le sultan envoie les conspirateurs se repentir au fond du Bosphore, et tout est dit jusqu'à la conspiration prochaine. Quant à l'étoffe légère, c'est bien autre chose : c'est le fruit défendu, et il n'y a pas de sultan qui puisse empêcher les Èves turques de mordre à ce fruit-là. Ève se promène dans le paradis terrestre ; elle a une robe de drap coupée sur le patron orthodoxe et approuvée par Mahomet. Il fait chaud, et Ève ne sait pourquoi elle est si accablée et si maussade. Tout à coup le serpent fait chatoyer sous le regard d'Ève les plis d'une jolie robe de mousseline blanche qui arrive de Paris... Je vous demande si l'ordonnance impériale... Ève n'aura pas plutôt aperçu la robe de mousseline qu'elle aura été l'essayer dans son cabinet de toilette. Le serpent est encore plus puissant qu'Abdul-Azis.

Je ne ferai point aux Françaises la grosse injure d'établir entre elles et les femmes turques la plus petite comparaison ; la supériorité de notre civilisation est suffisamment démontrée d'ailleurs par quelques articles de l'ordonnance : « Aucune famille ne pourra avoir des équipages au-dessus de ses moyens. » Un pareil article soulèverait chez nous des tonnerres de haro. Cinq cents économistes se lèveraient comme un seul homme pour réclamer au nom de l'industrie frappée et pour prouver que ce frein imposé à la vanité équivaudrait à la mort de la carrosserie nationale. Vive la carrosserie !

Autre exemple : « Les femmes ne porteront ni broderie, ni passementerie, ni autres ornements extérieurs d'aucune sorte. » Cela peut convenir aux femmes turques, ou plutôt au sultan; mais si l'on défendait à Paris l'usage des broderies, la poitrine des femmes ne ressemblerait plus au plastron d'un hussard, et ce serait dommage. Quelques femmes portent même des épaulettes, une mode charmante qui autorise les gens qui les connaissent à les saluer militairement et à leur dire : Bonjour, mon officier ! Quant à l'article suivant : « Les conducteurs ou cochers ne doivent point être choisis parmi les gens dont la compagnie peut offrir des inconvénients pour les femmes, » il est inapplicable chez nous... pour plusieurs raisons que je n'ai pas besoin d'expliquer.

L'ordonnance s'élève contre les femmes qui se permettent de fréquenter la promenade des hommes. En France, on se plaint beaucoup de la négligence de la majorité masculine touchant les relations sociales. Là ce sont les hommes qui ne fréquentent plus la promenade des femmes. Dans un salon, vous verrez quinze femmes sur vingt personnes, et encore les cinq fidèles appartiennent-ils la plupart du temps à une autre civilisation, à d'autres mœurs, à un autre siècle. Les chasseurs manquant, la chasse reste fermée. Si une voix timide s'élève pour demander où sont les jeunes gens, un vieillard répond qu'il n'y a plus de jeunes gens, et tout le monde suppose qu'ils sont au club, à moins qu'ils ne soient ailleurs. La vérité est qu'ils sont ailleurs. C'est un endroit où la jeunesse va beaucoup depuis quelque temps. On entre là botté comme Louis XIV ; on a une redingote et même un paletot si l'on veut. On est à son aise, on est chez soi, et puis pas pour un sou d'esprit à dépenser. Quelle économie ! Un pacha n'a pas plus d'efforts à faire pour passer de sa maison dans son harem ; on est un pacha, et quelquefois le pachalik est en commandite ; et voilà comment les mœurs turques se faufilent à Paris, pendant que les modes françaises s'implantent à Constantinople.

Il ne faut pas croire cependant que cette jeunesse qui fait l'école buissonnière dans les faciles sentiers du monde que vous savez n'ait pas la réplique prompte aux critiques qu'on lui adresse. « Nous allons là-bas, c'est vrai ; nous y vivons même, mais en honnêtes gens, c'est-à-dire pour notre argent, et personne n'a le plus petit mot à dire. Ferions-nous mieux de nouer des intrigues ténébreuses presque autorisées par les mœurs et réprouvées par la morale de tous les peuples? Les maris ont-ils jamais été moins inquiétés qu'aujourd'hui? Qui pense à chasser sur leurs terres? Nous ne savons pas un être plus ridicule, dans toute la zoologie, que l'ancien braconnier de l'opéra-comique. Le vieux théâtre avait juché l'amant sur un piédestal dont la cariatide était le mari. Le théâtre contemporain a relevé le mari trompé et a fait de lui le personnage intéressant du drame. Nous ne l'en blâmons pas, quoique au fond cela nous soit bien égal; mais nous savons par cœur le répertoire de M. Scribe, et ce grand docteur nous a signalé tous les écueils de la passion. Nous sommes des esprits positifs, et nous ne voulons pas repasser, s'il vous plaît, par la ridicule filière des *malheurs d'un amant heureux,* sauter par les fenêtres, nous enrhumer sous les balcons, étouffer dans une armoire, fuir comme un voleur au premier talon de botte conjugale qui retentit dans l'escalier, et vivre dans des transes perpétuelles. Foin des plaisirs illicites qui coûtent tant de fatigues! Votre monde de femmes honnêtes est une honnête pépinière d'honnêtes jeunes filles à marier. Le jour où nous voudrons en finir, comme on dit, nous irons lui faire une visite en habit noir et en cravate blanche; mais, en attendant, nous restons où nous sommes, parce que nous nous y trouvons bien, et si vos moralistes avaient le sens commun, ils nous applaudiraient au lieu de nous blâmer, et les maris, ces ingrats, nous élèveraient des autels. En quel temps la vertu des femmes honnêtes fut-elle plus respectée par la jeunesse ? Est-ce de cela que l'on se plaint ? Nous prétendons, nous, dût cette préten-tion vous paraître extravagante, ébouriffante et pa-radoxale, que l'institution du demi-monde a plus fait que tous les traités des philosophes pour le triomphe de la morale publique. »

Voilà ce qu'ils disent, les sophistes ! ils s'abri-tent effrontément sous le patronage de la morale, et ils vous démontreront quand vous voudrez que Mlle Souris et Mlle Rigolboche ont leur raison d'être et accomplissent une mission. On aura de la peine à croire cependant que c'est l'amour de la vertu qui pousse et retient les jeunes gens d'aujourd'hui dans le monde où ils vont, et l'on sait, à n'en point douter, que c'est le mépris de certaines obligations qui les éloigne du monde où ils ne vont pas ; plus de gêne, plus de politesse, plus d'amabilité, plus de mœurs sociales, voilà le résultat prévu et très-prochain de cette émigration de la jeunesse. Je ne parle pas de l'âme qui se déflore au contact de cer-taines amours, de l'esprit qui s'use au frottement des plaisanteries risquées, des jeux de mots peu vêtus, et sort contrefait de ce moule de conversation où toutes les choses s'appellent par leur vilain nom. Attendez encore quelques années, et si le flot suit le même courant, vous verrez quels fruits portera l'arbre de la génération actuelle, de cette génération aussi bien douée que les précédentes, mais qui a tout sacrifié à trois amours, à trois passions, à trois dieux : le club, l'écurie et le salon interlope.

A ce propos, voici ce que me disait un jour un galant homme de mes amis :

« Vous avez parfois parlé d'une certaine classe de la société parisienne, de ces dames qui s'étalent dans les plus belles loges aux premières représentations et qui, venues au monde sans fortune patrimoniale, achètent les plus beaux attelages, portent les dia- mants les plus précieux, les étoffes les plus coû- teuses, et s'installent dans des mobiliers de cinquante mille écus. Parler de ces dames, c'est fort bien, il n'est plus question que d'elles en haut et en bas, dans le salon et dans la loge du portier ; pourriez- vous me citer, s'il vous plaît, un roman, une nou- velle, une comédie, moins que cela, un vaudeville où la courtisane ne soit pas en scène? Elle partout, toujours elle; mais il serait peut-être mieux encore de dire pourquoi elle existe, non plus comme il y a vingt-cinq ou trente ans, à l'état de champignon social, mais comme une conséquence nécessaire de nos mœurs modernes.

— Elle existe aujourd'hui, répondis-je, comme elle existait hier, et sans remonter aux temps fabuleux de la vieille Grèce et de l'ancienne Rome, le XVIIIe siècle...

— Je vous attendais là, interrompit mon homme, vous allez me citer les petites maisons du faubourg Saint-Antoine, les nids galants des oiseaux de cour, et me fournir, sans vous en douter, le meilleur argument à l'appui de ma thèse, car j'ai une thèse. En attendant que je m'explique plus catégoriquement, permettez-moi de vous faire remarquer, en passant, que la petite maison était exclusivement visitée par les grands seigneurs. La noblesse seule y allait, et c'est peut-être pour y avoir été trop souvent que cette même noblesse s'est trouvée si dépourvue quand la bise est venue; le vent de 1789 a renversé une forêt d'arbres morts.

— Je ne prétends pas le contraire, mais tout cela ne prouve pas que le mal dont vous parliez tout à l'heure soit de date récente.

— Vous n'avez qu'à regarder autour de vous pour être convaincu que s'il n'est pas né d'hier, il fait chaque jour d'immenses progrès. L'exception se généralise, la peuplade est devenue une tribu, la tribu deviendra, si l'on n'y prend garde, une nation.

A mon avis, ce n'est pas la jeunesse qui est coupable : que la jeunesse jette sa gourme, c'est peutêtre ce qu'elle a de mieux à faire. Moi, j'accuse les grands parents, pères, mères, oncles, tantes, tous les personnages soi-disant sérieux de la comédie sociale. S'ils n'ont pas engendré le monstre, ce sont eux qui le nourrissent et l'engraissent. Ce sont eux qui lui donnent ces belles robes, ces riches mobiliers, ces diamants sans prix, cette vie opulente et misérable qui fait quelquefois, assure-t-on, le désespoir et l'envie des femmes du monde. Ils ont parlé à leurs enfants le *langage de la raison*, ces excellents pères de famille; ils leur ont dit que l'amour est un enfantillage, le sentiment une faiblesse, et ils ont inventé cette magnifique spéculation qui s'appelle le mariage d'argent. Le mariage d'argent a tellement réussi, qu'on n'en connaît plus d'autres aujourd'hui. On n'épouse plus ni un cœur, ni un esprit, ni une femme, on se marie avec une dot. Et c'est l'union des dots qui a créé le demi-monde. Ce monde-là a eu sa raison d'être le jour où le prêtre a béni les serments des deux coffres-forts.

Vous souriez; écoutez-moi, je ne serai pas long. Vous me parliez tout à l'heure des petites maisons des grands seigneurs du XVIIIe siècle, et, ainsi que je vous le disais, vous me donniez un argument de plus en faveur de ma thèse. La noblesse ruinée restaurait son blason avec l'or de la mésalliance, puis, la restauration accomplie, elle reprenait son train de vie. Quand un gentilhomme épousait une bourgeoise parce qu'elle avait deux cent mille écus, il ne se croyait pas forcé d'aimer une femme qu'il ne connaissait pas, et il allait aimer ailleurs... dans la petite maison. Aujourd'hui, il n'y a plus ou presque plus de blasons à dorer, mais tout le monde veut dorer sa vie. Tout le monde est devenu gentilhomme au point de vue de la dot. La beauté, la grâce, l'éducation, la vertu même, tout cela ne pèse pas une demi-once dans le plateau de la balance conjugale. — Combien a-t-elle? demande le jeune homme. — Combien a-t-il? demande la jeune fille; et, si le chiffre est honnête des deux côtés, voilà deux cœurs épris et une affaire faite. L'affaire a l'air superbe à la première vue, mais en réalité elle est déplorable. Le mari, qui n'avait seulement pas regardé sa femme la veille de son mariage, s'aperçoit le lendemain qu'elle est moins jolie que Mlle X... avec laquelle il a rompu le mois dernier. La femme, qui ne connaissait pas son mari, le trouve peu empressé, peu aimable et beaucoup moins charmant que M. Z... qui lui a fait une petite cour et qu'elle n'a point épousé pour cause d'incompatibilité de dot. Laissez passer quelques mois, et je vous promets que le mari retournera grossir le flot des adorateurs de

Mlle X... Votre petite maison du xviiie siècle, cachée dans les faubourgs, était une bicoque isolée qu'on ne voyait pas, qu'on soupçonnait à peine, mais le mariage d'argent l'a restaurée, agrandie, embellie, et en a fait un édifice à cinq étages. Aujourd'hui c'est un monument.

Ces dames ne se trompent pas sur les conséquences de ces mariages baclés; elles savent que le mariage, tel qu'on le comprend et le pratique de nos jours, est leur principal pourvoyeur; c'est lui qui leur envoie tous ces maris que l'ennui ou le dégoût chasse de leur foyer. Quant aux jeunes gens, la perspective du ménage s'offre à eux sous un aspect si triste et si froid qu'ils entrent littéralement dans le mariage comme on entrerait en prison : *Lasciate ogni speranza.*

Les grands parents seuls semblent ne rien comprendre à ce qui se passe. Il n'y a pas très-longtemps, une belle dame vint me voir, qui était, comme vous allez en juger, une excellente mère de famille : « Mon ami, me dit-elle, on m'a assuré que vous connaissiez une riche héritière; mon fils a vingt-cinq ans, et nous avons en Touraine un château à restaurer et à conserver. — Mais, madame, cette riche héritière n'est pas jolie. — Oh ! Alfred est raisonnable, il ne tient qu'aux qualités solides. — Quatre cent mille francs de qualités solides; malheureusement elle a un petit caractère... — Oh! elle se formera. Et puis n'oubliez donc pas que ce château a toujours appartenu à notre famille, et qu'il serait bien triste de le voir passer en d'autres mains... » Et à tout ce que je lui disais pour l'engager à réfléchir avant d'entreprendre les premières démarches, elle me répondait : « Château ! » Ce n'était pas son fils qu'elle mariait, c'était son château, et, en effet, le château est marié à l'heure qu'il est, mais Alfred l'est si peu, que ce n'est pas la peine d'en parler. On ne se doute pas, en France, du rôle important que jouent les châteaux dans les affaires matrimoniales.

Je ne sais si vous êtes converti à mon opinion, mais je suis fermement convaincu que le demi-monde pousse à l'ombre du mariage d'argent comme la mousse à l'ombre des grands arbres. Ceci a engendré cela, et la meilleure preuve que je puisse mettre en avant, est que le demi-monde est inconnu partout où le mariage d'argent n'existe pas. On ne le connaît pas en Angleterre, où les femmes valent encore par leur beauté, leur jeunesse, leur grâce, leurs agréments intellectuels et leurs qualités morales; on ne le connaît pas non plus en Allemagne, où Charlotte est toujours restée la joie de la maison et l'ange du foyer. On ne le connaît nulle part en un mot où l'arbre de la famille tient au sol par de fortes racines. Le sol de la famille c'est le mariage. Ne vous étonnez donc pas que, chez nous, l'arbre soit si dépouillé, planté sur un sol si pauvre et si pierreux !

Si je ne craignais d'abuser de vos instants, je vous ferais toucher du doigt tous les vices rédhibitoires du mariage d'argent. C'est lui qui a créé le luxe insolent. Toute femme richement dotée est implacable sur le chapitre de la toilette, et je ne trouve pas qu'elle ait tort. Pourquoi ne serait-elle pas aussi richement vêtue que la maîtresse de son mari ? Et puis, dans la zone d'indifférence où elle vit, les chiffons ne sont-ils pas sa seule distraction innocente? Une robe de mille francs, très-échancrée, console de bien des illusions perdues.

Maintenant détournez vos regards de ce tableau, et voyez ce jeune homme et cette jeune femme. Ils se sont placés sous un patronage dédaigné; ils ont invoqué la déesse antique de l'inclination. O imprudence ! Eh bien non; ils sont heureux. La femme se contente d'une robe de deux cents francs, parce qu'elle aime son mari et qu'elle en est aimée. S'ils ont un jour des enfants, ils en seront respectés. Ceux-là, croyez-moi, ont encore choisi le meilleur lot, et pour peu que vous vouliez réfléchir seulement pendant cinq minutes aux conséquences de la spéculation matrimoniale, vous conviendrez avec spéculation matrimoniale, vous conviendrez avec moi que c'est sur le fumier du mariage d'argent qu'a poussé le champignon du demi-monde. C'est là et non ailleurs qu'il faut aller déterrer la comédie d'aujourd'hui.

— A propos de comédie, ce ne sont pas toujours sur les théâtres que se jouent les comédies les plus intéressantes. Un beau jour une jeune miss arrive à Pau, un jeune homme la voit, et voilà l'amour qui se met de la partie. La jeune fille apprend au jeune homme tous les mots amoureux de la langue de son pays; puis, quand l'élève sait assez d'anglais pour dire à son professeur : *My dear Ellen, I love you,* il part avec elle pour l'Angleterre, il l'épouse à la face du soleil, et c'est alors que le drame commence. La jeune fille n'est point une jeune fille, et Desdémone était servante d'auberge avant d'être princesse de grand chemin. Ses villas, ses cottages, ses livres sterling, son piano d'Érard, tout cela n'était qu'une vapeur plus légère que les brouillards de la Tamise. Quoi! malheureuse! tu n'avais pas seulement de piano! J'avoue qu'à la place de l'épouseur j'aurais passé par-dessus ce détail. Une femme sans piano! le cas est rare, et j'aurais presque pardonné à Desdémone l'absence des livres sterling en considération de l'absence du piano.

Toujours est-il qu'un Anglais ne se serait jamais

laissé prendre aux airs penchés, aux œillades langoureuses, aux soupirs assassins et à toute l'artillerie de son adroite compatriote la servante d'auberge. Je ne veux pas dire que l'Anglais soit plus insensible ni plus clairvoyant que nos beaux jeunes gens de France, mais il est plus armé par son éducation contre les séductions des belles filles qui vont à l'aventure, cherchant un mari dans la foule des amants. En France, on élève les jeunes filles dans la crainte des jeunes gens; on les prémunit de bonne heure contre les piéges de la séduction, on leur montre le malheur et la honte comme le terme fatal d'un attachement irréfléchi. C'est tout le contraire en Angleterre; là, liberté complète aux jeunes *misses.* A seize ans, elles ont la bride sur le col; elles vont et elles viennent seules ; elles voyagent seules, et on les rencontre par bandes sur les bateaux à vapeur et dans les wagons des chemins de fer.

Le droit d'aînesse, qui met toute la fortune de la famille entre les mains du frère aîné, ne leur a laissé, à elles, que la jeunesse et la beauté, — des qualités assez solides aux yeux de nos voisins pour pouvoir figurer sur un contrat sans l'accessoire de la dot, — et c'est à elles à faire valoir ce précieux capital. En revanche, on enseigne aux jeunes gentlemen la réserve et la prudence ; on les prémunit contre les regards langoureux, contre les serrements de main

autorisés par l'usage, contre les doux propos mur-
murés le soir, au clair de lune ; on leur apprend à
éviter la toile tendue dans l'ombre par quelque
belle Arachné de dix-huit ans. Un singulier pays,
direz-vous, où ce sont les jeunes filles qui attaquent
et les jeunes gens qui se défendent !

Oui ; mais si l'Angleterre a déshérité ses jeunes
filles de la fortune paternelle, elle conserve dans
son vieil arsenal des lois très-sévères qui les pro-
tégent. *Ne touchez pas à la reine,* et, en Angleterre,
toutes les jeunes filles sont reines devant les magistrats.

Il y a quelques années, j'allai avec un de mes amis
passer quelques jours à la campagne dans le comté
de Surrey. Nous avions pour voisin un *countryman*
veuf qui avait trois filles, comme dans la chanson.
L'aînée était charmante, la cadette plus charmante
que l'aînée, et la troisième plus jolie que les deux
autres. Mon ami venait de faire ses premières armes
au quartier Latin. Il arrive, il voit, il est vaincu. La
cadette, miss Arabella, qu'on appelait par abréviation
miss Bella, avait décoché tant de flèches à son adresse
qu'il avait le cœur transpercé comme une cible. Miss
Bella était une blonde enfant de dix-sept ans, fraîche
comme une rose du Bengale, blanche comme un flo-
con d'écume, vaporeuse comme le brouillard de sa
patrie, une de ces *misses* aux cheveux dorés, qui

semblent brouter les fleurs de la prairie, boire la rosée du matin, et qui soutiennent en réalité leur frêle existence à l'aide de verres de Porto et de tranches de *rumpsteak*. Ce qui émerveillait le plus mon ami, après l'éclatante beauté de miss Bella, bien entendu, c'était la bonhomie de l'honnête gentleman, qui laissait à sa fille toute liberté d'aller se promener avec un étranger dans le parc, dans les bois, et encore plus loin. Un beau matin, miss Bella écrit à son amoureux une lettre aimable, naïve, presque tendre, une de ces lettres qui demandent au moins trois pages de réponse. Heureusement, l'amoureux était trop amoureux pour écrire. Ses doigts brûlent la plume, il déchire le brouillon commencé, et il accourt auprès de la bien-aimée, qui paraît un peu surprise de n'avoir pas reçu de billet. L'amoureux met ce petit air dépité sur le compte de la pudeur, et tout va bien. Dans la journée, la jeune fille voit une bague au doigt du jeune homme; elle la demande en riant et l'obtient. Comment refuser une bague à une belle enfant qui la désire? Mon ami lui en aurait donné douze et la treizième par-dessus le marché. Mais voilà que le soir le jeune Français reçoit, des sœurs de Bella et des jeunes gens du voisinage, réunis à l'heure de la *flirtation,* toutes sortes de compliments qui le troublent; bref, il apprend que la bague donnée le matin le constitue bel et bien le fiancé de miss Bella ; et je vous laisse à penser quelle fut la stupéfaction du cavalier.

La position était embarrassante. Mon jeune ami s'était légèrement embarqué sur la petite rivière du sentiment, et il voyait tout à coup se dresser à l'horizon le pic de Ténériffe du mariage. Il ne voulait point aller si loin vers ces parages dangereux ; mais comment dire cela à une jeune fille sans que le père vienne dire à son tour : « Monsieur, jusqu'où vouliez-vous donc aller ? » Notre aimable Français se désola, et pesta contre les petites filles britanniques si jolies, mais qui ont le mauvais goût d'être si friandes de ce gâteau indigeste nommé le mariage : un beau jour, il prit le seul parti raisonnable, et il se déroba à son bonheur par la fuite ; mais un Anglais ne se serait point tiré de ce mauvais pas à si bon marché, et il se serait très-certainement trouvé dans le comté de Surrey dix magistrats pour un qui auraient démontré au gentleman récalcitrant que le seul moyen honnête de légitimer le don de la bague, c'était d'offrir sa main par-dessus le marché à miss Arabella.

Il ne faut pas croire que ces jeunes *misses* dressées de si bonne heure à faire tomber le poisson dans la nasse ressemblent toutes à l'héroïne du drame de Pau. Celle-là est une exception, ou plutôt elle appartient à cette classe d'aventurières que l'on rencontre à Paris comme à Londres, à Vienne comme à Berlin. Les mœurs britanniques permettent aux jeunes filles d'avoir recours à toutes les séductions de la grâce, et même à toutes les petites roueries de la finesse pour conquérir un mari ; mais ces jeunes filles savent aussi que le seul moyen d'arriver au but est de ne pas franchir la limite des choses permises : les regards à la dérobée, les sourires qui s'épanouissent sur des lèvres roses, les serrements de main un peu expressifs, toute l'innocente artillerie de cette escarmouche amoureuse qui règne d'un bout à l'autre de la Grande-Bretagne, et qu'on appelle la *flirtation*. Une fois mariées, adieu les airs penchés, les promenades à l'aventure, les soupirs, les coups d'œil et le reste ! *Jam venit hesperus !* Toutes les flèches rentrent dans le carquois pour n'en plus sortir. La jeune évaporée d'hier est aujourd'hui une grave mère de famille. La période romanesque traversée, elle se claquemure dans son intérieur, comme dans une forteresse, précisément à l'heure où les jeunes femmes françaises s'apprêtent à parcourir toutes les étapes du royaume de la liberté ; heure charmante pour celles-ci, heure grave pour celles-là. En Angleterre, la coquetterie expire au moment où elle commence en France, et c'est ce qui fait que la coquetterie anglaise a seize ans, et qu'elle en a trente de ce côté du détroit.

Il serait inutile, je crois, d'insister sur les heureuses conséquences du mariage d'inclination, le mariage normal en Angleterre. Dans la société britannique, le mari est bien véritablement le chef de la famille ; il travaille pour elle ; elle attend tout de lui, et rien que de lui. Sa position est plus digne et plus honorable que celle de la plupart des maris français, qui exigent de leur femme une certaine somme d'argent, la plus grosse possible, avant de l'accueillir dans la maison. Si la race anglo-saxonne s'est conservée si pure et si florissante, soyez convaincus que les mariages d'inclination ont été pour beaucoup dans cette bonne santé morale et physique du peuple anglais. Quand l'œuvre de l'amélioration du cheval sera un fait accompli chez nous, nous songerons peut-être à améliorer la race humaine, et alors il faudra bien en finir avec les mariages d'argent, l'union des sacs d'écus avec les billets de banque n'ayant produit jusqu'à ce jour que d'assez tristes exemplaires.

CHAPITRE II

Les mêmes institutions ramènent les mêmes idées, les mêmes modes, les mêmes plaisirs. Le premier Empire a été la grande époque de la comédie bourgeoise : tel colonel de ce temps-là revenait d'Iéna à bride abattue pour jouer le personnage de Saint-Phar ou de Blinval devant un parterre de femmes. Dunois était un garçon fort rude et même assez grossier à la tête de son escadron, mais le soir il soupirait tendrement la romance en s'accompagnant sur la guitare. Un vieux général qui était un brillant colonel à Wagram me disait un jour : « Dans mon régiment, nous étions tous des Elleviou. » Qui se douterait en lisant l'histoire que ces sabreurs, rentrés dans la coulisse, fussent des ténors d'Opéra-

Comique? Du reste, en ce temps-là comme aujour-
d'hui, la tarentule dramatique avait piqué tout le
monde. Je lis dans les Mémoires de M. Guizot que,
traversant la Suisse en 1807, il alla à Coppet faire
une visite à Mme de Staël, et que cette femme illustre
voulut à toute force l'engager dans sa troupe, en
lui offrant un rôle dans la tragédie d'*Andromaque*...
« C'était là, dit M. Guizot, le goût et l'amusement
du moment. » C'est encore le goût et l'amusement
d'aujourd'hui, seulement M. Octave Feuillet a remplacé Racine.

Mais ce qui existait encore sous le premier Empire, et ce qui n'existe plus, c'était le salon lettré
où se conservaient, comme un legs du dix-sep-
tième et du dix-huitième siècle, le goût désinté-
ressé des plaisirs de l'esprit et cette promptitude
à la sympathie, cette curiosité bienveillante et em-
pressée, ce besoin de mouvement moral et de libre
entretien, qui répandent sur les relations sociales
tant de fécondité et de douceur. Des hommes et
des femmes, qui appartenaient moins à l'ancien
régime qu'à l'ancienne société française, réunis-
saient autour d'eux les esprits délicats et cultivés,
les gens de goût de cette compagnie aimable, polie,
intelligente, qui ne fait pas défaut à notre temps,
j'aime à le croire, mais qu'on soupçonne à peine,
parce qu'elle vit dispersée faute de centres de réu-

nion. J'entends dire partout que c'est le club qui a tué le salon. N'est-ce pas là un de ces propos jetés avec légèreté et qu'on répète sans réflexion? Les hommes dont je parle ne fréquentent pas exclusivement les clubs, que je sache, et, s'ils le voulaient bien, qui pourrait les empêcher de se voir, et d'échanger le pain et le vin de la communion spirituelle et morale?

A toutes les époques de notre histoire, ce qu'on nommait, il n'y a pas encore très-longtemps, la bonne compagnie, a exercé sur les lettres une influence décisive, et, au dix-huitième siècle, l'écrivain était doublé de l'homme du monde. Si l'un des princes littéraires de ce temps-là revenait parmi nous, il lirait peut-être avec plaisir nos romans et nos drames; mais, tout en comprenant la langue qu'on écrit de nos jours, peut-être trouverait-il aussi que nos écrivains ont une sorte d'*accent;* nous produirions sur lui l'effet que font sur nous nos compatriotes du Midi. Cet accent, presque tous les auteurs contemporains l'ont plus ou moins prononcé, plume en main, bien entendu, précisément depuis qu'on ne cause plus et qu'on ne sait plus causer. Est-ce leur faute? Je ne dis pas cela, et je trouve même souverainement injustes les critiques journellement adressées aux romanciers et aux auteurs dramatiques qui exposent dans les livres ou sur la scène le tableau des mœurs et des habitudes d'une société spéciale. L'écrivain prend la vie de son temps où elle est ; il ne peut raisonnablement la chercher ailleurs, et ce n'est point à lui qu'il faut s'en prendre si les hommes et les femmes du monde bannissent de leurs salons, où l'ennui règne en souverain, les divers éléments qui concouraient si puissamment jadis au charme de ces relations privées dont le livre et le théâtre n'étaient que le reflet.

L'art de causer est perdu depuis longtemps déjà chez nous, non que l'esprit ne soit aussi vif, aussi primesautier qu'autrefois, mais on ne sait plus écouter, et par conséquent on ne sait plus répondre. Quand trois personnes sont réunies, il y en a toujours une qui débite son monologue pendant que les deux autres préparent le leur. L'envie de briller, de *poser* (un vilain mot et une vilaine chose), de se faire remarquer, a singulièrement modifié les relations sociales.

Le salon, tel qu'on le comprenait autrefois, réunissait un certain nombre d'hommes et de femmes qui se connaissaient, se convenaient et se préoccupaient moins de briller que de se distraire. C'était une sorte de tontine intellectuelle où l'on se risquait au petit bonheur, et où l'esprit, se recrutant à la ronde, se multipliait par le contact. Nous avons encore des fêtes, des réunions de trois cents personnes, mais le salon proprement dit n'existe plus que dans le souvenir de la génération qui nous a précédés. Aujourd'hui un maître de maison donne des bals parce qu'il a des filles à marier, et que la contre-danse est, après M. de Foy, le meilleur agent matrimonial. Le piano est ouvert, les jarrets sont tendus; trémoussez-vous, aimables bergères. Le quadrille peut vous conduire à la mairie. Il ne faut pas oublier non plus les soirées à grand orchestre, et qui n'ont pour but que de mettre en relief la vanité de l'amphitryon. Cinq cents invitations ont été lancées dans toutes les directions. Au jour dit, les salons regorgent de gens arrivés des quatre points cardinaux et qui ne se sont jamais vus. Les siéges réservés aux femmes sont entassés sur plusieurs rangs dans toute la longueur de la pièce, et ne laissent aucun espace où l'on puisse circuler. Le flot des invités grossissant toujours, on se heurte, on se bouscule, on marche sur les pieds du voisin, on reçoit un coup de coude dans la poitrine, et la soirée se passe à offrir et à recevoir des excuses. O fortune inespérée! vous venez d'apercevoir une femme de votre connaissance, mais elle est internée à l'autre bout du salon, pendant que vous êtes vous-même bloqué dans une encoignure. Vous ne pouvez donc ni lui parler ni la saluer, et vous déplorez cette mode toute nouvelle qui, parquant les hommes d'un côté et les femmes de l'autre, sépare les deux sexes par un cordon sanitaire de chaises et de fauteuils. De quoi s'agit-il, en somme, et quel est le prétexte de cette réunion, qui ne serait pas complète si tous les invités pouvaient pénétrer dans l'appartement? de la représentation d'un proverbe, ou d'une scène lyrique chantée par les artistes italiens. Dans l'un ou l'autre cas, les trois quarts des auditeurs n'entendent pas un mot de ce qui se dit ou de ce qui se chante, et, après quatre heures passées au milieu d'une atmosphère étouffante, chacun se retire en déclarant que la soirée a été magnifique, splendide, admirable, et en ajoutant tout bas qu'il s'est considérablement ennuyé. Tels sont les plaisirs dont se contente la société parisienne, plaisirs de convention, désœuvrement factice où le bâillement se dissimule sous un sourire satisfait dont personne n'est dupe, sauf celui qui paye les violons.

Franchement, il ne faut pas trop en vouloir aux jeunes gens s'ils s'exilent volontairement de ces banales soirées, où un mannequin revêtu d'un habit noir vaut tout autant qu'un homme de génie, où une poupée de Nuremberg tiendrait tout aussi convenablement sa place qu'une femme spirituelle. Le malheur est qu'à côté de ce que l'on nomme le monde, il y a un autre monde qui est l'ennemi-né du premier, et qui profite de ses fautes et de son inintelligence pour recruter les transfuges. Quand on s'est cordialement ennuyé au faubourg Saint-Honoré, on va se distraire derrière la Chaussée-d'Antin. Là, les réunions ne sont ni roides ni gourmées, et l'on pourrait même leur reprocher d'exagérer la qualité qui manque aux salons d'aujourd'hui. Les femmes et les hommes ne forment pas deux camps séparés comme les choristes à l'Opéra. On cause beaucoup, on rit beaucoup, et il arrive tout naturellement qu'entre la bonne compagnie qui ennuie et la moins bonne qui amuse, on ne choisit pas la meilleure. Ce monde à part qui a eu ses historiens, ses écrivains et ses poëtes, gagne du terrain chaque jour, et c'est un peu la faute de tout le monde. Je sais bien qu'on n'a encore aujourd'hui qu'une médiocre estime pour le *panier de pêches à quinze sous*, mais laissez faire le temps, et, si l'on n'y prend garde, vous verrez qu'il ne se trouvera bientôt plus personne pour apprécier la fraîcheur, la beauté et la finesse des pêches de qualité supérieure.

— Mais, me dira-t-on peut-être, vous en parlez bien à votre aise. Qui vous dit que tous les salons sont morts, et qu'il n'en existe pas encore deux ou trois tout au fond du faubourg Saint-Germain? Ignorez-vous donc que le duc de L... reçoit une fois par semaine de vingt à vingt-cinq personnes, et que ces vingt-cinq personnes représentent tout simplement la fine fleur de l'aristocratie? Les portes de l'hôtel s'ouvrent à neuf heures et se referment à minuit sonnant. En dehors du petit groupe des invités, nul ne pourrait être admis dans ce cénacle d'intimes, où pas un regard profane n'a encore pénétré.

Que répondre à cela ? — Un jour j'allai visiter, à quelques pas de Braubach, un rocher au pied duquel se dressent quatre grosses pierres. Le paysan passe là sans se douter que ce rocher fut le fameux Kœnigstuhl, ce siége royal où les électeurs proclamaient en plein air, sous les souffles et les rayons du ciel, le César d'Allemagne. Je m'efforçai de rendre, pour un instant, par la pensée, la vie à cette place déserte. Je me représentai les princes de Hohenzollern, de Wittelsbach, de Nassau, s'approchant en grande pompe revêtus de cuirasses et de casques empanachés, les électeurs avec leurs robes d'hermine gravissant les degrés de l'estrade, et tout cela, vu par la lorgnette sceptique du dix-neuvième siècle, me semblait à la fois majestueux et grotesque. Eh bien ! quand on me parle de ces inaccessibles salons qui existent encore et qui cependant ne vivent plus, cela me rappelle le Kœnigstuhl ! Je vois les invités assis sur leurs fauteuils, autour de la table de thé, comme les sept électeurs autour de la table de pierre. Ces invités privilégiés doivent porter la robe d'hermine des rigides rhingraves, et, s'ils n'ont pas la longue barbe de Frédéric Barberousse, on doit voir très-certainement frétiller, sur le collet de leur habit, cette petite queue en salsifis que vous portiez avec tant de grâce, ô voltigeurs de Coblentz !

Et pourtant on y revient souvent, à ce monde évanoui, à ce monde qui croyait encore à la toute-puissance de l'esprit et du goût, et qui savait se délasser le soir de la préoccupation du jour dans l'exercice de la causerie intellectuelle. Les salons littéraires, depuis Aspasie à Athènes jusqu'à Mme Récamier à Paris, font certainement partie de la littérature ; ces salons sont le foyer du génie, le coin du feu de la gloire. La gloire a-t-elle encore aujourd'hui sa place marquée à quelque foyer discret? On désigne telle maison où la gloire, en frac à palmes vertes, aiguise à huis clos la pointe de ses épigrammes, mais les cercles dont l'influence ne rayonne pas au dehors ne sont-ils pas moins des salons que les conciliabules d'une coterie?

Sous la Restauration, l'astre brillait encore, mais c'était déjà un soleil couchant; l'esprit se hâtait de fleurir comme s'il eût compris que la saison serait courte. Il y avait le salon de la duchesse de La Trémouille, salon d'ancienne cour où l'on se calfeutrait dans les souvenirs et les regrets du passé, salon de grands seigneurs mécontents qui, revenus de l'émigration, étaient tout étonnés que l'aiguille eût marché pendant leur voyage à l'étranger, et que le cadran du dix-neuvième siècle ne marquât plus l'heure du dix-huitième; puis le salon de Mme de Montcalm, sœur du duc de Richelieu, et centre de son parti politique : M. Lainé, M. Molé, l'ambassadeur de Russie Pozzo di Borgo, l'abbé de Féletz, l'oracle du goût dans le *Journal des Débats,* M. Villemain, en étaient les habitués; puis le salon de Mme de Duras, plus littéraire que les précédents; puis le salon de la fille de Mme de Staël, Mme la duchesse de Broglie, où se rencontraient La Fayette, Benjamin Constant, M. Guizot, les parlementaires, les publicistes; puis le salon éclectique de Mme de Sainte-Aulaire, ouvert à presque tous les jeunes hommes de lettres, poëtes, écrivains, orateurs, publicistes, qui devaient un jour illustrer la presse et la tribune. On voyait là M. de Barante, M. Cousin, M. de Staël, enlevé dans sa fleur à la vie, M. Beugnot, la plus spirituelle des chroniques vivantes de la Révolution et de l'Empire. Ce fut dans ce salon de Mme de Sainte-Aulaire que M. de Lamartine encore obscur. (Mme de Sainte-Aulaire savait distinguer l'espérance même dans l'obscurité) récita pour la première fois quelques vers encore inédits des *Méditations* et *des Har-*

monies. Reportez-vous au temps, et représentez-vous la stupeur et le ravissement des esprits quand retentirent les premiers accents de cette divine musique succédant tout à coup aux notes chevrotantes de ce vieil orgue de Barbarie dont les lyriques du Directoire et de l'Empire tournaient encore la manivelle.

Je n'ai point épuisé la liste de ces réunions choisies qui n'existent plus que dans le souvenir et les mémoires des contemporains; le salon de Mme Sophie Gay, où la noblesse de naissance coudoyait la noblesse de nature, le génie : Victor Hugo, Balzac, Nodier, Sainte-Beuve, Alfred de Vigny, les deux Deschamps, Delphine Gay, Mme Malibran; le salon de Mme Récamier, cette académie qui tenait séance dans un monastère. L'arrangement et l'étiquette y classifiaient trop les rangs; si le salon de Mme de Broglie était une chambre des pairs, si celui de Mme de Sainte-Aulaire était une chambre des députés, si celui de Mme de Girardin était une république, celui de Mme Récamier était une monarchie. On voyait un trône dans un fauteuil. Ce trône, entouré de tabourets de duchesses, était celui de M. de Chateaubriand. Des courtisans littéraires ou politiques se rangeaient autour de ce trône. « C'était une cour, mais une vieille cour, dit M. de Lamartine. On y parlait à voix basse, on y chuchotait à peine. » Une seule voix

avait le privilége de s'y faire entendre : la voix altière
et sonore de ce génie ennuyé, mélancoliquement
drapé dans sa gloire, accueillant ses admirateurs,
j'allais dire ses sujets, avec une majesté théâtrale.
Les éloges les moins délicats résonnaient délicieu-
sement à ses oreilles comme les grelots anticipés
du carillon de la postérité. Mme Récamier s'inclinait
devant lui dans une admiration plus résignée qu'ef-
fective ; la prêtresse bâillait parfois devant l'idole.

Je ne le vis qu'une fois dans son petit hôtel de la
rue d'Enfer, et je rapportai de cette visite, où la curiosité n'avait aucune part, une impression pénible
et décevante. J'avais remarqué entre son visage et
ses paroles une contradiction trop apparente. Il avait
le visage altier et la parole modeste ; son regard dé-
mentait sa bouche. « Je ne veux plus que le monde
entende parler de moi ; j'ai fait peu de chose, d'autres viendront qui feront mieux, et cela me console. »
Et beaucoup d'autres phrases aussi peu sincères. Il
eût été désolé qu'on acceptât comme argent comptant cette fausse monnaie qu'il distribuait à la
ronde, et j'ajouterai, puisque je suis sur ce sujet,
que Chateaubriand n'a pas été, parmi les grands
hommes contemporains, le seul faux-monnayeur de
modestie. Presque tous ceux qui sont venus après
lui ont mis aussi en circulation leurs sous de mauvais aloi. Rappelons-nous ces lettres et ces préfaces

où le plus incommensurable orgueil se pavanait sous le masque d'une feinte humilité. Triste comédie qui n'amuse personne et qui se joue encore aujourd'hui à tous les échelons de la littérature et des arts! O Diogène! c'est toujours l'orgueil qui perce à travers les trous de ton manteau!

Tous ces salons se sont fermés l'un après l'autre, et le club traversant la Manche s'est installé sans façon à la place qu'ils occupaient jadis. La société contemporaine a remplacé les réunions intimes par des séances de lanterne magique. On traverse un salon, on n'y reste plus. Trois mots dits à la maitresse du lieu, et le tribut est payé. L'intimité tient si peu de place dans l'existence moderne qu'on a inventé, dans ces dernières années, une mode ingénieuse de réception à jour fixe où l'on expédie l'amitié comme un courrier d'affaires.

On pourrait croire que toute femme doit être trop heureuse de recevoir ses amis quand ils se donnent la peine de lui faire visite; mais la vie parisienne a ses exigences qu'on ne comprendrait pas partout ailleurs, et dans la capitale du monde civilisé, pour parler comme les Russes et les feuilletons, l'amitié n'a le loisir de s'épancher qu'un seul jour par semaine, de trois heures à six heures. On a donc son lundi, son mardi ou son vendredi, et ce n'est que ce jour-là qu'on s'abandonne aux plus tendres effusions ; aussi les domestiques ont endossé la grande livrée et le salon est ouvert à deux battants ; à trois heures, le cœur est prêt. Mollement étendue sur une causeuse, on attend les épanchements de l'amitié ; l'amitié se présente armée de toutes pièces, — chapeau frais, robe nouvelle, cachemire acheté la veille ; elle s'asseoit, cause pendant cinq minutes, se lève et court s'épancher ailleurs. Quand la maîtresse du logis a reçu pendant trois heures ces visiteurs qui entrent et qui sortent, elle est en règle et elle a six grands jours devant elle pour ne plus penser à ses amis.

Voilà comme tout se perfectionne et comme les sentiments, qui tenaient tant de place dans la vie d'autrefois, n'ont plus besoin, pour se donner une entière satisfaction, que de quelques minutes par semaine.

— Parlons maintenant de l'homme *bien élevé*. Vous êtes-vous jamais demandé ce que nous deviendrions si l'homme *bien élevé* disparaissait tout à coup de la société ?

Les gens graves, les sages, les philosophes ont-ils jamais songé aux cataclysmes qui résulteraient de la disparition de l'homme bien élevé ? Autant vaudrait, il me semble, une éclipse perpétuelle du soleil. L'homme bien élevé est tout simplement la clef de voûte de l'édifice ; le jour où il manque, tout manque, et ce jour-là je ne vois plus autour de nous que ruines, décombres, démolitions et gravois.

Comme je ne suis point assez sûr de l'intelligence du lecteur pour être convaincu que les réflexions qui précèdent lui ont démontré toute l'importance du rôle de l'homme bien élevé sur la scène sociale, je demande la permission de procéder à la façon des pédagogues, qui citent toujours quelques exemples comme preuves à l'appui de leur argumentation.

Prenons un de ces hommes que la nouvelle loi sur la noblesse a un peu contrariés, et désignons-le, pour ne point éveiller la susceptibilité des aristocrates s. g. d. g., par la lettre la plus algébrique de l'alphabet.

X vous a dit vingt fois par jour, depuis vingt ans que vous le connaissez, qu'il descend en ligne directe de Roland de Roncevaux ou de Richard de Palestine, et qu'il défie le premier roi d'armes venu de lui prouver qu'il n'a pas le droit de porter trois merlettes d'argent sur champ d'azur. Comme vous êtes un homme bien élevé, vous croyez parfaitement que X a eu Roland ou Richard pour aïeul, et, bien loin de suspecter son titre et ses merlettes, vous êtes le premier à proclamer qu'il sort de la cuisse de Jupiter.

Mais un jour, par mégarde, vous mettez la main sur un document authentique qui prouve que X ne sort ni de la cuisse ni de la rotule de Jupiter, et qu'il est le fils d'un tout autre gentleman. Une fois en possession de ce secret, irez-vous dire à ce diamant faux qu'il n'est que du strass? En votre qualité d'homme bien élevé, vous ferez semblant d'ignorer que le *ko-i-nohor* est un bouchon de carafe; bien plus, pour prouver à *X* que vous n'avez aucun doute sur la noblesse de son origine, vous ne laisserez échapper aucune occasion de flatter son dada, vous lui parlerez de Roland, de Richard, des merlettes d'argent sur champ d'azur, et vous aurez soin d'éviter toute allusion directe ou indirecte qui, de près ou de loin, rappellerait le bouchon de carafe.

Et en agissant ainsi, homme bien élevé, il n'y a pas de votre part un très-grand mérite. Que vous importe, en effet, que *X* descende de Richard ou de Mathurin, et qui peut prouver d'ailleurs que Mathurin ne valait pas tout autant que Richard? Pour ma part, je fais le plus grand cas du diamant, mais on ne distingue pas toujours les pierres vraies des pierres fausses de l'écrin universel.

J'étais à Londres au commencement de la dernière saison, et Londres présente, comme on sait, pendant deux mois, chaque année, l'étalage le plus complet des améthystes, des opales, des rubis, des émeraudes et des perles fines. — « Pourriez-vous me dire, demandai-je à mon voisin, quel est ce long col au bout duquel se balance une petite tête si grotesque?—Ne parlez pas ainsi de l'une de nos plus grandes ladies, me répondit-on, d'une lady fille et femme de pair, de l'un des plus magnifiques joyaux de l'écrin britannique. — Une perle fine! pensai-je à part moi. Et à qui appartiennent ces splendides épaules et ce joli visage?—Ça! à une simple mistress. » Eh bien! si j'avais eu à me prononcer avant d'être si bien renseigné, j'aurais cru que les belles épaules appartenaient à la lady et que le long col était à la bourgeoise; et voilà comme on est exposé à prendre le vrai pour le faux, le faux pour le vrai, et les pierres précieuses pour les pierres sans valeur de la grande verroterie humaine.

Mais je me hâte de revenir à ma démonstration, c'est-à-dire au rôle important que joue dans le monde l'homme bien élevé.

Cet homme est très-lié avec une dame qui donne trois grandes soirées par hiver, de ces soirées dont il est si fort question dans les Revues de modes et autres recueils élégants; la dame a un hôtel, trois domestiques en livrée et un équipage loué au mois chez Briard, cette Providence des demi-fortunes qui veulent passer pour des fortunes.

Comme les trois soirées, les trois domestiques, l'hôtel et la voiture absorbent presque tous les revenus de cette dame, elle réalise quelques petites

économies sur sa table, laquelle est si pauvrement
servie, qu'on assure que ses enfants ont à peine de
quoi se nourrir. L'homme bien élevé sait cela. S'il
était un grossier personnage, il dirait un jour à son
amie : « Chère madame, vous feriez peut-être bien
de supprimer un de vos domestiques et de donner
une côtelette de plus à vos enfants; » mais il a lu
tous les manuels du bon ton, et il sait que le premier précepte de ces jolis petits livres lui recommande de ne jamais intervenir dans les affaires qui
ne le concernent pas.

Je rencontrai un jour un ami que je n'avais pas
vu depuis plusieurs années, peut-être parce que
depuis plusieurs années il a fait une grosse fortune.
« Je parie, me dit-il, que tu n'as pas encore vu mon
hôtel, » et comme en effet je n'avais pas encore vu
l'hôtel qu'il vient de faire bâtir, il m'emmena avec
lui pour le visiter dans tous ses détails.

Vestibule en marbre blanc, avec colonnes en
marbre blanc et escalier en marbre blanc. Le salon
est aussi étincelant de glaces et de dorures que les
cafés du boulevard; les chambres à coucher sont
encore plus dorées que le salon, et les boudoirs encore plus que les chambres à coucher. Pour visiter
ce palais, d'un goût contestable, qui étincelle à l'intérieur comme un soleil factice, il faudrait mettre
des lunettes vertes. Mais je me pique d'être un

homme bien élevé, et je ne manquai pas de déclarer à mon ami, après m'être suffisamment frotté les yeux, que son hôtel était splendide, merveilleux, fulgurant, féerique, et encore plus éblouissant que tous les palais orientaux des *Mille et une nuits*.

Je ne finirais pas si je voulais démontrer les uns après les autres tous les avantages de la bonne éducation. L'éducation, telle qu'elle est enseignée par les bouquins élégants et beurre frais, est une sorte d'assurance mutuelle contre les défauts et les ridicules de la société. Être un homme bien élevé, c'est prendre l'engagement tacite de ne voir que le beau côté des personnes et des choses, c'est coller un masque sur son visage et un perpétuel sourire d'adhésion sur ses lèvres. C'est jouer pendant toute sa vie un rôle de dupe volontaire et souvent de martyr. Je ne sais plus quel grand seigneur français se trouvait à Londres : un lord, son hôte, l'engage à goûter d'un vieux vin de Porto; mais, le sommelier s'étant trompé de bouteille, on verse dans le verre du gentilhomme de l'huile de foie de morue. Celui-ci avale le breuvage d'un trait, sans sourciller, et déclare qu'en effet ce vin est excellent. Voilà le prototype de l'homme bien élevé.

Il est vrai que cet homme a quelques dédommagements; il est de toutes les parties, de tous les bals, de toutes les soirées intimes, de tous les dîners chinois, japonais et moscovites. Aussi est-il dans la dure obligation d'aimer le potage aux nids d'hirondelles, le riz au karich, les olothuries à la mandarine, et de se passionner pour l'aileron de requin.

Dans un bal, il restera bloqué pendant une heure, sans permettre la moindre contraction à son visage, et si un plateau passe à sa portée, il poussera l'aménité jusqu'à voir une glace à l'ananas dans cette chose blanche liquide qui déborde la soucoupe. Que les crinolines s'étalent despotiquement et s'emparent de toute la place, ce n'est pas lui qui s'en plaindra. Il accepte toutes les extravagances fashionables, il approuve toutes les toilettes excentriques, et il a même des trésors d'indulgence pour les coiffures à l'oiseau de paradis.

Permettez-moi de vous présenter maintenant l'homme répandu. L'homme répandu est une victime des relations sociales, qu'il ne faut pas confondre avec l'homme à la mode. L'homme à la mode donne le ton, impose ses fantaisies, et ne s'astreint point aux conventions du monde. C'est un premier rôle envers lequel on ne saurait se montrer trop indulgent; mais en revanche, on exige beaucoup de l'homme répandu, qui joue les grandes utilités sur le théâtre des salons parisiens. Celui-là doit avoir un estomac toujours prêt, une jambe toujours prête, un bras toujours arrondi, un sourire toujours en fleur : il n'existe qu'à cette condition. Dans la saison des quadrilles, il reçoit quarante invitations par semaine, et il n'a pas le droit de manquer à une seule ; on compte sur lui comme sur le pianiste. A ce jeu-là, il dépense vingt francs de coupé par soir, et trois paires de gants, mais il est un homme répandu. Il est reçu chez tous les saints du calendrier ; il connaît toutes les lettres de cet aristocratique alphabet qui voltige à l'horizon de toutes les chroniques. Vous le rencontrerez chez la belle Mme d'A., chez la charmante Mme de B., chez la spirituelle Mme de C., et ainsi de suite jusque chez la ravissante Mme de Z. inclusivement. Il est le même soir au faubourg Saint-Germain, au faubourg Saint-Honoré, à la Chaussée-d'Antin et dans les réunions du monde officiel. Il possède au plus haut degré l'art si difficile d'entrer dans un salon et l'art encore plus difficile d'en sortir. Il s'avance le pied sûr, l'air souriant, salue la maîtresse et le maître de la maison, adresse un compliment aux femmes, donne une poignée de main aux hommes, fait le tour du cercle et, revenu vers la porte, gagne à pas de loup l'antichambre pour aller porter dans un autre salon ses salutations, ses compliments et ses poignées de main. Partout où il va il ne reste guère qu'un quart d'heure, mais il fait un si bon emploi des minutes que tout le monde l'a vu, lui a parlé, et que chacun peut se dire le lendemain en récapitulant les souvenirs de la soirée de la veille : « Il était là. » C'est tout ce que veut l'homme répandu. C'est pour qu'on puisse dire : « Il était là, » qu'il se multiplie, qu'il se coupe en quatre et qu'il se résigne à passer la moitié de la soirée dans trois ou quatre salons, et l'autre moitié dans la voiture qui le transporte du bal de celui-ci au bal de celui-là.

— La vieillesse des peuples ressemble beaucoup à leur enfance, et c'est pourquoi nous devenons aussi superstitieux que nos ancêtres : la chirognomonie est très à la mode. C'est, du reste, une science facile, agréable, et qui a d'autant plus de chance de faire fortune qu'elle permet aux femmes de se déganter et de montrer une belle main couronnée d'ongles roses. Il n'est pas de salons où l'on ne rencontre deux ou trois chirognomoniens, et, quand on ne les a pas vus dans l'exercice de leur art, on ne peut se faire une idée de toutes les histoires merveilleuses qu'ils lisent couramment dans la paume de la main. Toute forme de mains a une signification, et la science les classe en sept familles, s'il vous plaît. Le moindre détail ne peut être indifférent. Il y a toute l'épaisseur d'une destinée entre un ongle long et un ongle court. Avez-vous un nœud saillant entre la première et la seconde phalange? Vous ne serez jamais le rival de M. de Lamartine, quoi que vous fassiez, mais vous pourrez, si vous le voulez bien, devenir à l'Institut le collègue de M. Flourens et de M. Babinet. Les lyriques ont les doigts pointus comme Alfred de Vigny et Alfred de Musset. Quant aux doigts carrés, ils remontent des effets aux causes. Ce sont ces doigts-là qui reconstituent, à l'aide d'un fragment trouvé à cent pieds sous terre, tout un monde disparu. Cuvier avait les doigts carrés. Et vous, madame, voulez-vous me montrer votre main? Elle est potelée, les doigts sont lisses et un peu gonflés à la base de la troisième phalange. La peau en est blanche, unie, la paume en est forte, charnue, la racine du pouce est surtout développée. Remettez bien vite votre gant, madame, vous avez la main de Cléopâtre. Vous savez où cela vous conduit fatalement, mais Dieu vous garde de l'aspic !

Voici une main dont la peau d'un blanc mat ne se rougit pas à l'air, et semble insensible à l'action du chaud et du froid; elle est belle, mais elle est la preuve irréfutable d'un profond égoïsme et d'une audace que rien n'arrête. C'est la main de Catherine de Médicis. Défiez-vous de cette splendide main florentine.

A la première vue, celle-ci ressemble beaucoup à la précédente, mais un œil exercé ne s'y trompe pas. Cette main est conique, et le cône corrige bien des choses. Cette main-là a des aspirations idéales, elle vit dans le bleu avec les oiseaux et les anges. Ne lui parlez pas des détails du ménage ; elle ne sait rien de l'arithmétique, elle a horreur de cette vulgarité ; c'est la main incomprise, une main délicate, impressionnable, poétique, et au demeurant fort ennuyeuse.

Il ne faut pas confondre la main conique avec la main psychique. Celle-ci est la main par excellence ; elle a toutes les qualités dont l'autre n'a que les apparences ; elle est fière, tendre, sensible, exaltée ; elle peut faillir, mais elle ne tombe que pour se relever, — comme Héloïse et La Vallière.

Il y a aussi la main mixte, qui tient le milieu entre les doigts carrés (la raison) et les doigts pointus (l'exaltation) ; puis la main élémentaire, qui se laisse gouverner par l'usage, et qui a plus d'habitudes que de passions ; cette main est très-commune en France, assez rare en Angleterre, et en immense majorité chez les Lapons.

Tout ceci doit vous prouver combien la philosophie grecque était naïve lorsqu'elle recommandait à l'homme de s'enfermer en lui-même et de méditer longtemps pour apprendre à se connaître. La vérité tant cherchée par les sages est dans le creux de votre main. Étudiez votre pouce, apprenez à connaître les phalanges de vos doigts, tout est là.

Quand les peuples ont la prétention de ne plus croire à rien, ils se laissent volontiers subjuguer par l'apparition de phénomènes bizarres dont l'explication est encore un mystère. Le merveilleux est un aliment nécessaire à l'esprit de l'homme, et vous verrez dans tous les temps l'imagination des masses s'enflammer pour ce qu'elle ne comprend pas. Hâtons-nous de reconnaître pourtant qu'à toutes les époques les mêmes faits surnaturels se sont reproduits à peu près dans les mêmes conditions, sous la même forme, et que le dix-neuvième siècle n'aura pas même l'honneur d'avoir assisté à la première représentation de cette comédie qui s'est jouée pendant trois ou quatre ans dans tous les salons, la comédie des tables tournantes, parlantes et dansantes. Les tables parlaient, tournaient et dansaient longtemps avant l'existence de la secte américaine qui prétend leur avoir donné naissance. Ce bal des tables était déjà célèbre à Rome dans les premiers siècles de notre ère, et voici comment, dans le chapitre XXIII de l'*Apologétique*, s'exprimait Tertullien en parlant des *mediums* de son temps : « S'il est donné à des magiciens de faire apparaître des fantômes, d'évoquer les âmes des morts, de forcer la bouche des enfants à rendre des oracles ; si ces charlatans imitent un grand nombre de miracles qui semblent dus *aux cercles ou aux chaînes que des per-*

sonnes forment entre elles ; s'ils envoient des songes, s'ils font des conjurations, s'ils ont à leurs ordres des esprits mensongers et des démons par la vertu desquels *les chaises et les tables qui prophétisent sont un fait vulgaire, etc., etc.* »

Voilà la table prise en flagrant délit de prophétie vers la fin du deuxième siècle, au moment même où retentissait au milieu des gémissements et des plaintes ce cri poussé par une voix inconnue et qui glaça les païens d'épouvante : *Le grand Pan est mort.* Si les tables et les chaises, déjà si instruites à cette époque qui allait voir mourir les derniers vestiges des croyances de l'antiquité, n'ont pas cru devoir montrer leur savoir-faire pendant toute la durée du moyen âge, c'est que probablement elles craignaient le bûcher. Le moyen âge n'était pas tendre à l'endroit des sorciers.

Les sorciers ont existé dans tous les temps, mais la Renaissance donna une impulsion nouvelle à la sorcellerie, et l'on peut dire que le seizième siècle fut véritablement l'âge d'or du merveilleux. Le diable était le personnage le plus considérable en Europe ; héros de toutes les légendes, son pied fourchu trottait incessamment dans l'imagination des peuples. Il ne se contentait pas d'être toujours présent à l'esprit terrifié des hommes, il entrait dans le corps du premier venu, s'y établissait comme dans une forteresse, et il fallait tous les canons de l'Église pour l'en faire déguerpir. Les tribunaux ecclésiastiques et les tribunaux civils n'étaient occupés qu'à exorciser et à brûler. On brûlait pour un oui, on flambait pour un non, et des cendres de chaque bûcher naissait une myriade d'illuminés. « Je tiens, dit un légiste du temps de Henri IV, que les sorciers pourraient dresser une armée égale à celle de Xerxès, qui était néanmoins de dix-huit cent mille hommes... L'Allemagne n'est quasi empêchée à autre chose qu'à leur dresser des feux; la Suisse à cette occasion en dépeuple beaucoup de ses villages; la Lorraine fait voir aux étrangers mille et mille poteaux où elle les attache, et pour nous, nous voyons les exécutions ordinaires qui se font en plusieurs pays. » En Italie, des femmes se croient métamorphosées en chattes. En France, des hommes se croient changés en loups, et ils avouent que, sous cette apparence, ils ont tué et dévoré une multitude de femmes et de petites filles. On ne trouve, il est vrai, ni ossements ni débris, mais on tient pour authentique la parole de ces pauvres insensés, et, ici comme là, on n'oppose à cette folie épidémique d'autre remède que le bûcher. Chattes et loups-garous sont condamnés. Au delà comme en deçà des Alpes, tout flambe. La papauté lance bref sur bref contre l'esprit du mal, mais le diable tient bon, et, non content de tourmenter la société laïque, il pénètre un beau jour dans les couvents et s'y comporte comme un démon. Novices, nonnes, supérieures, il prend possession des plus belles, des plus jeunes et ne respecte que l'âge et la laideur. Les chanoines, à bout d'exorcismes, ne savent plus à quel saint se vouer. Ces attaques hystériques éclatent successivement en Poitou, en Bourgogne, en Saintonge, dans les Flandres, à Cologne, partout. L'exorcisme étant impuissant, on a un jour l'idée d'appeler les médecins, et le diable, qui avait résisté aux signes de croix des prêtres et même au bref du pape, bat aussitôt en retraite devant les médicaments et le régime. L'enfer est vaincu par Hippocrate.

Le diable joue-t-il encore un rôle dans la comédie moderne? Ce ne doit être en tout cas qu'un rôle de comparse. Cet infernal Agamemnon, qui tenait à lui seul presque toute la scène, n'est plus qu'un acteur déchu. Tout passe, et il a passé. On ne le rencontre plus guère aujourd'hui qu'au fond des boîtes à surprise.

— Toutes ces distractions fantasmagoriques, tous ces appels aux médiums, aux spirits, prouvent que le salon agonise. Ainsi que je le disais tout à l'heure, si le salon s'en va, le club a la prétention de lui succéder.

Nous avons pris aux Anglais ce mot *club*, et nous

leur avons laissé la chose. Un grand nombre de réunions plus ou moins hétérogènes portent le nom et la livrée du club sur le continent. Vastes et riches salons, laquais en livrée et en bas de soie, rien n'y manque ; mais tous ces établissements ne ressemblent pas plus à un club anglais que Paris ne ressemble à Londres : salles de jeu et pas autre chose. Le véritable club du Français, c'est le café.

Quant à l'Allemand, enfermez-le au milieu d'une fumée âcre et épaisse, avec sa pipe et son pot de bière, et qu'il soit prince, conseiller aulique, professeur ou étudiant, il n'en demande pas davantage.

L'Anglais est le seul peuple véritablement *clubbable*, c'est-à-dire fait pour la vie du club. Le club n'a pas même pu prendre racine dans la jeune société américaine. L'Américain aime trop à questionner, il ignore le grand art de rester assis pendant une heure à côté d'un ami intime sans lui adresser une parole. Il a en outre l'habitude de boire debout. J'ai beaucoup entendu parler du confort des postes et stations des volontaires de New-York et des gardes contre l'incendie ; mais de ces établissements aux clubs de Pall-Mall, il y a loin. Les Américains ne sont ni assez exclusifs, ni suffisamment organisés, ni assez soumis à la discipline rigide et salutaire de cette *rempublicam in republica,* le comité du club.

Les institutions d'un peuple ne s'improvisent pas.

Les clubs de Londres, qui depuis deux cents ans sont un des traits les plus caractéristiques de la vie britannique, ont été l'œuvre du temps, des circonstances et du caractère particulier du peuple anglais.

La restauration de Charles II donna une singulière énergie aux goûts et aux habitudes du club en Angleterre. Chassés de leurs conventicules, les puritains et les indépendants se réunirent dans les lieux les plus secrets de la métropole ; les cavaliers aussi eurent leurs tumultueuses réunions, où ils chantaient le fameux *Down among the dead men,* et buvaient à genoux la santé du roi. La renaissance de la littérature et du théâtre remplit les tavernes de beaux esprits et de railleurs, qui en chassèrent les théologiens et les pédants. Les compagnons de table se formèrent en groupes, les groupes en cercles, les cercles en clubs, où l'on pouvait discuter, critiquer et plaisanter sans crainte d'être troublé par des intrus.

Le passage de la succession à la révolution ne fit qu'ajouter à l'esprit exclusif des clubs. Tant que vécut Guillaume, la plupart des tavernes abritèrent dans leurs salles les plus secrètes les clubs dont les membres ne portaient que des noms de guerre. Une fois la porte bien fermée, le capitaine Henehman, du régiment de Roper, devenait le père Slyboots, de la compagnie de Jésus. Là, on avouait ouvertement sa sympathie pour sir John Fenwick ; là, les exilés de Saint-Germain étaient toujours les souverains de l'Angleterre.

Le règne d'Anne, qui vit briller cette pléiade : Swift, Pope, Addison, Gay, Bolingbroke, Somers, etc., vit aussi les clubs prendre une organisation plus complète, et c'est de cette époque que datent plusieurs des plus fameux clubs britanniques. L'accession de Georges Ier au trône, en réveillant la question de succession, donna une nouvelle popularité aux clubs des jacobites, qui, sous la reine Anne, avaient langui sans pouvoir conspirer. A ce moment nous voyons revenir notre vieil ami, le capitaine Henehman, *alias* père Slyboots, vieilli dans les conjurations, toujours en correspondance avec Rome, Saint-Germain, Douai et Saint-Omer, toujours poursuivi par les limiers de M. le secrétaire de Sa Majesté à Whitehall ; voilà aussi les vieux baronnets et les vieux squires catholiques romains du Lancashire et du Cheshire, qui auraient plutôt renié les écussons de leurs ancêtres que la cause des maladroits et malheureux Stuarts ; voilà les jeunes conseillers du Temple à la tête chaude, et ces paisibles et solides jacobites marchands de drap, bijoutiers, épiciers, dont les descendants arborent aujourd'hui l'écusson d'or, d'azur et de gueules avec le talisman : *By ap-*

pointement to her most gracious Majesty. Là circu-
lait à la ronde la coupe à laquelle tout le monde
buvait, la main dans la main, en portant le toste :
The king over the water, « au roi de l'autre côté de
l'Océan. » Heureux quand ils n'étaient pas interrom-
pus, ces fiers compagnons, par l'invasion d'une
troupe de gardes arrivés par les toits des maisons
voisines. Mais alors le père Slyboots glissait entre les
mains des limiers, s'embarquait avec des contre-
bandiers pour Dunkerque ou Fécamp, ou se cachait
dans quelque vieux manoir catholique du Nord.
Il arrivait aussi (les temps étaient si mauvais!) que
les fugitifs n'avaient d'autre alternative que d'acheter un bon cheval et d'aller se placer sur la grand'-
route, avec le capitaine Macbeath et le lieutenant
O'Gibbet, — histoire de rançonner les voyageurs
qui tenaient pour la famille de Hanovre. N'était-ce
pas après tout dans l'intérêt de la cause du roi et de
l'Église? Et quand on pouvait de nouveau se réunir,
quels vides dans les rangs! « Où êtes-vous, sir William Flowerclice? — Fusillé à Sheriffmuir. — Et le
colonel Belmain? — Pendu à Carlisle. — Et le jeune
Christophe Layer, l'avocat dévoué de la bonne
cause? — Sa tête se dessèche, plantée au bout d'une
pique, près de Temple-Bar. — Et toi, Jemmy Daw-
son, toi l'orgueil et l'enfant gâté des Jacobites, toi la
première lame du malheureux régiment de Town-

ley? le bourreau a arraché ton cœur de ta poitrine et l'a jeté palpitant aux pieds de ta maîtresse, qui est tombée morte de douleur à côté de ton cadavre! »

Le temps a balayé toutes ces funèbres images, et c'est devant les somptueux palais de Pall-Mall que nous nous retrouvons aujourd'hui. Le club moderne est le miroir de notre temps utilitaire, matérialiste, mais aussi poli, brillant et raffiné. Voilà le luxe dans tout son éclat. Quel palais princier vaut ces habitations splendides? Le pauvre capitaine à demi-solde ou le jeune cadet, le ministre d'un village des environs de Londres ou le fils d'un squire campagnard se rencontrent là avec les ministres de Sa Majesté et les princes du continent. Chacun va et vient dans cette immense et splendide habitation dont il sait qu'il est propriétaire pour une fraction d'un sur mille, où il peut vivre comme le lord le plus riche au prix de vingt guinées d'entrée et d'une souscription annuelle de dix guinées.

Oui, le clubman est le propriétaire de toute cette splendeur royale ; ces nobles vestibules, ces vastes salons, cette bibliothèque, ce cabinet de lecture, ce café, ce fumoir, ces boudoirs, ces cabinets de toilette, cette cuisine meublée de tous les ustensiles les plus inconnus, cet office qui regorge de vaisselle d'or et d'argent, tout cela est à lui; il est aussi copropriétaire de cet artiste parisien, de ce *chef* qui

aligne ses additions sur du papier à dentelle, qui a
son piano et sa galerie de tableaux à côté de la
cuisine, et qui lui-même est membre d'un club
moins aristocratique, mais presque aussi somptueux
que celui dont il est le cuisinier. Depuis ce majestueux valet de chambre dont les mollets saxons
sont emprisonnés dans des bas de soie rose, et qui
ferait envie aux laquais des duchesses, depuis ces
livres rares jusqu'à cette splendide argenterie, depuis la cave jusqu'au grenier, tout appartient au
clubman; il ne peut pas vendre, il ne peut aliéner,
il ne peut rien changer, mais il peut jouir. Les
grandes propriétés des pairs d'Angleterre ne sont-
elles pas soumises aux mêmes conditions? Il est
propriétaire d'un patrimoine à charge de substitution. Mais il est bien dans sa maison, sous son
toit, et il dîne à sa table entouré de ses domestiques. Admirable organisation sociétaire qui permet
à l'homme relativement pauvre de mener la vie
d'un grand seigneur !

Et quels vins il boit, notre clubman ! S'il demandait un seul de ces grands vins dans un hôtel, on
croirait qu'il est plus riche que le marquis de Westminster. Les vins d'Oporto les plus rares, les vins de
Xérès amers et inconnus, les vins du Rhin des plus
grands crus, les vins de Bordeaux qui ont ruiné les
propriétaires des vignobles et les ont rendus fous, et

pas d'ennuis, pas de tracas, pas même de préoccupations! C'est son sommelier qui le fournit, son sommelier, — un prince de la dégustation, qui court pour lui les ventes les plus célèbres, visite les plus vieux caveaux, et achète, argent comptant, les plus rares collections, — des trésors liquides, — et ainsi de tout le reste. Ce n'est point à la Havane qu'on fume les meilleurs cigares, c'est au *Reform club* ou à l'*Army and Navy club*, et nulle part au monde on ne fume à meilleur marché.

Le clubman peut, s'il en a la fantaisie, faire de son club son *home*; en un mot, y vivre du matin au soir et du soir au matin. Le linge, les brosses, les savons parfumés, les essences, les poudres garnissent les cabinets de toilette. Certains clubs ont des chambres à coucher aux étages supérieurs.

Aussi la génération actuelle a-t-elle créé ce type original fait et façonné par et pour le club, le « clubman. » Il est tout entier un homme de club, il connaît toutes les intrigues du club, il fait partie de toutes les coteries du club, il prend part à toutes les querelles du club, il ne trouve ses dîners bons qu'au club, ne lit les journaux qu'au club, n'écrit ses lettres que sur le papier du club, et ne les envoie que dans des enveloppes du club, après y avoir apposé le cachet du club. Il voudrait à sa mort être placé dans un cercueil du club et enterré dans le

cimetière du club, suivi par les membres du club,
les coins du voile portés par le comité du club. Un
homme heureux, ce clubman un peu personnel, un
peu étroit, un peu formaliste, un peu égoïste, au
demeurant le meilleur fils du monde. On aura beau
faire, en France, en Allemagne ou ailleurs, pour le
transplanter sur le continent, on n'y parviendra pas.
Le clubman ne peut exister que là où il y des clubs,
et il n'y a de vrais clubs qu'en Angleterre... heureusement !

— L'Académie française a aussi la prétention
d'être un salon. C'est même le plus ancien salon qui
existe. M. de Tocqueville disait dans son discours de
réception : « Tout est nouveau en France, excepté
l'Académie. » Un joli mot et un mot juste. Mais c'est
aussi parce que l'Académie est une vieille institution
au sein d'une société nouvelle qu'elle ne répond plus
qu'à demi aux idées, aux tendances, aux aspirations
de cette société. La tradition toujours invoquée est
sans doute une belle chose, mais le culte excessif
de la tradition pourrait avoir des inconvénients. Il
supprimerait tout progrès en ne permettant pas que
l'on perfectionnât dans l'ordre moral aussi bien que
dans l'ordre physique les vieux rouages de la machine de Marly.

A la veille de chaque élection, l'Académie est ob-
sédée d'une préoccupation toujours la même. Elle

se demande ce qu'auraient fait les académiciens du XVIIe siècle, elle évoque les glorieux fantômes, et elle pousse à ce point la préoccupation du passé qu'elle ne s'aperçoit pas que tels usages parfaitement justifiés par l'organisation de l'ancienne société française ne sont plus aujourd'hui que des préten- tions puériles. Elle semble croire, on pourrait du moins le supposer, que le temps n'a emporté du siècle de Louis XIV que les signes extérieurs : l'habit et la perruque. Ainsi l'Académie est très-friande de grands seigneurs, alors que les grands seigneurs n'existent pour ainsi dire plus. Que le duc de Richelieu et quelques autres, qui ne savaient pas l'orthographe, fussent conviés à l'honneur du fauteuil, cela allait de soi. L'Académie était le seul salon où les gens de lettres et les grands seigneurs pussent se voir et se parler sur le pied d'une certaine égalité. Les gens de lettres reçus dans la noblesse avaient une maison où, à leur tour, ils recevaient la noblesse, et ces rencontres de littérateurs et de cordons bleus ne contribuaient pas peu, en un temps où l'aristocratie avait des droits et des devoirs particuliers, à jeter un vif éclat sur les lettres. Être le collègue d'un duc et pair était pour l'homme de lettres un très-grand honneur. Il faut croire, quoique tout soit bien changé, que l'honneur n'est pas moindre aujourd'hui, car si les

ducs qui siégent à l'Académie subissent plus volontiers que le vainqueur de Mahon le despotisme de
l'orthographe, on peut·dire, sans vouloir les bles-
ser, que c'est leur titre plus encore que le mérite
éclatant de leurs œuvres qui leur a frayé la voie.

En dépit des révolutions accomplies dans les faits
et les idées, l'Académie est donc restée inaccessible
aux courants de la société nouvelle, comme ces
citadèlles qui résistent encore quand le pays tout
entier est depuis longtemps soumis au vainqueur.
Qu'arriverait-il pourtant si l'Académie persistait
dans la poursuite de la tradition? Au train dont
vont les choses, l'ancienne aristocratie, déjà si clair-
semée, sera bientôt submergée par une autre, par
l'aristocratie du coffre-fort. A la place des ducs nous
aurons les banquiers, le Noailles de l'avenir s'ap-
pellera million. Ne riez pas : le jour où le sac
d'écus aura définitivement vaincu le parchemin,
c'est lui qui sera l'aristocrate, et en cette qualité il
aura droit au fauteuil en vertu de la tradition.

Tout ceci doit vous prouver, ô lecteur ! que s'il y
a encore des réunions à Paris et en France, le salon
proprement dit n'existe plus.

CHAPITRE III

Paris est rebâti de fond en comble, les monuments
respirent plus à l'aise, débarrassés des échoppes qui
les étouffaient ; mais le style a disparu des maisons
particulières. Le rapport étant la grande raison d'être
des ruches en moellons de nos jours, toute maison
qui se construit tient le milieu entre le palais et
la caserne, et rappelle vaguement la manufacture ;
l'amoindrissement et l'éparpillement des fortunes, le
petit luxe général qui agit si mesquinement sur les
fabrications, le manque de goût de la plupart des
architectes, l'absence d'artistes distingués voués
spécialement aux peintures de décors, toutes ces
causes réunies sont un obstacle au développement
du style dans les habitations. Quelques rares pro-

priétaires, gens de goût, se contentent d'imiter le
passé, de réparer les désastres, de déblayer les ruines, trop heureux de faire revivre quelques restes
de ce luxe de la grande époque française, en le
reproduisant à peu près.

Mais c'est surtout de l'intérieur des habitations
que le style a été rigoureusement banni. Toutes les
pièces se ressemblent : tant de mètres sur tant de
mètres. Rien de varié dans la forme, d'inattendu
dans la perspective, — des boîtes carrées. — Le
goût financier dominant, le style est remplacé par le
luxe. Tout salon d'aujourd'hui est un magasin de
bric-à-brac; partout les mêmes étoffes, les mêmes
tapis de moquette parsemés de perroquets, les
mêmes bronzes tirés à des milliers d'exemplaires,
les mêmes pendules, les mêmes plafonds nus et
de ce blanc éclatant qui fait tache au milieu des
tentures bariolées qui les encadrent; puis des fauteuils sculptés, à dos ogival, se prélassent à côté de
canapés du temps de Louis XV; des tables à pieds
tors, faisant vis-à-vis à un meuble de Boule, et partout, en haut, en bas, sur les étagères, sur les consoles, dans les encoignures, du vieux Saxe, du vieux
Sèvres et des potiches chinoises.

La potiche est un luxe d'autant plus estimé que
messieurs les Chinois se mettent à faire concurrence
aux amateurs européens, et à payer plus cher que

nous les porcelaines qu'ils nous expédiaient il y a deux siècles. Ces habiles imitateurs, qui renvoyaient en Europe tout un service ébréché de la même manière et à la même place qu'une assiette qu'on leur avait remise comme échantillon d'une commande ; ces consciencieux faussaires qui usaient avec une tuile les coutures d'une soutane neuve pour la rendre en tout semblable à la vieille soutane qu'un missionnaire voulait remplacer, ne savent plus aujourd'hui reproduire ni les formes ni les couleurs de leurs anciennes porcelaines. Leurs produits actuels, dont la Compagnie des Indes infecte l'Europe entière, ne sortent plus d'une gamme de rose, de bleu et de vert-pomme d'une crudité agaçante, et seront bientôt dépassés par les pièces qui ornent nos boutiques à vingt-cinq sous. Ce n'est plus guère qu'en Hollande et dans quelques rares magasins du quai Voltaire que l'on peut se procurer de la porcelaine de Chine des belles époques, et les amateurs n'ont qu'à se hâter. Depuis que le bric-à-brac est devenu cosmopolite, messieurs de la curiosité ont établi des agences, des correspondances et des échanges à travers l'Europe. Ils ont déployé un vaste filet dont les mailles laissent échapper bien peu d'objets pour le simple pêcheur à la ligne qui jette de temps en temps son hameçon dans leurs eaux. La solidarité des juifs et des Auvergnats s'étend depuis

Londres jusqu'à Saint-Flour, depuis la Haye jusqu'à Nuremberg, depuis Paris jusqu'à Naples.

Cette manie de mobiliers archéologiques ou exotiques ne fait-elle pas un procès mortifiant à notre goût et à nos industries actuelles? Ne démontre-t-elle pas assez victorieusement l'impuissance de notre époque à rien inventer? Aujourd'hui on est étranger, on est Grec, on est Arabe, on est Chinois, on est Romain, XIIIe siècle, Renaissance, Louis XIII, Louis XIV, Louis XV, Louis XVI; on dit même, et j'en frémis, que les partisans du style Empire s'agitent dans l'ombre et songent sérieusement à faire sur les ameublements une nouvelle levée de glaives et de boucliers. Le XIXe siècle vient d'entamer son douzième lustre; le voilà arrivé à un âge tout au moins raisonnable ; il serait bien temps, ce me semble, qu'il prît son parti et qu'il se décidât à trouver lui aussi une livrée, un style qui servent à le faire reconnaître aux futurs antiquaires aussi facilement qu'on reconnaît aujourd'hui le style et la livrée des époques qu'il s'évertue à copier, faute de mieux.

Si nous sommes des copistes dans nos ameublements, les femmes, elles, sont, dans leurs toilettes, les copistes de leurs grand'mères. A une certaine époque, il eût été indécent pour une femme de qualité de sortir sans rouge sur le visage ; aujourd'hui, il n'y a plus que des femmes de qualité ; du haut en bas on tempère l'éclat du rouge par du blanc pour aviver la peau, par du bleu pour simuler la transparence des veines, par du noir pour se peindre le bord des paupières et s'allonger les cils, et, grâce à ce système de peinture appliqué à la toilette, il n'y a plus de visages, mais des pastels. Le séchage d'une jolie figure prend au moins une bonne heure de la journée. Quand on met tant de complaisance pour faire mentir sa figure, il serait ridicule de se gêner pour faire mentir sa taille et sa tournure.

Les femmes d'autrefois, avec leurs paniers, qui n'exagéraient que les hanches, ressemblaient à des battoirs de blanchisseuses; mais la crinoline d'aujourd'hui, ou mieux que cela, le jupon à lames de fer, en gonflant outre mesure toute la partie du corps au-dessous de la taille, leur donne l'air majestueux de cloches ambulantes. L'exiguïté de notre monde moderne a beau protester de toutes les façons contre un tel encombrement, il faut se soumettre à cette nouvelle tyrannie de la sous-jupe tubulaire. On ne peut plus s'asseoir à deux sur un canapé ni à un dans un fauteuil. A l'époque où régnaient les paniers, qui s'appelèrent successivement le *boute-en-train,* la *culbute,* les *poupettes* et d'autres noms dont s'effaroucherait la pudeur contemporaine, les appartements étaient vastes, les portes larges et à deux battants; auprès des carrosses anciens, nos voitures sembleraient de petites vinaigrettes. Les paniers étaient donc une mode ridicule, mais ils avaient de l'espace pour vivre et se mouvoir.

Je disais tout à l'heure que notre époque n'a pas de style qui lui soit propre, et qu'elle ne laissera ni un monument vraiment nouveau, ni même un buffet original. Nos maisons sont des manufactures, et la plupart des hôtels particuliers semblent avoir été construits sur le modèle d'un coffre à avoine, par un palefrenier qui s'est fait architecte. On comprend donc que les gens riches aillent chercher dans le garde-meuble du passé les dressoirs, les crédences, toutes ces belles choses des âges précédents; mais encore faudrait-il que ces objets fussent à leur place, qu'une certaine harmonie présidât à cette résurrection de l'ameublement, et que les appartements les plus vantés se distinguassent, par la distribution intelligente des objets, du magasin d'un marchand du quai Voltaire.

Je reconnais cependant que cette entente savante, que ce goût si rare de l'ameublement ne sont pas encore tout à fait perdus. J'ai vu quelques habitations exceptionnelles, une entre autres dont je vais dire quelques mots. Elle se fait remarquer non-seulement par la rareté, la richesse, le nombre et la supériorité des objets d'art, mais aussi par l'intelligente mise en pratique de cette règle, trop souvent violée : une place pour chaque chose et chaque chose à sa place.

Tous ces objets, rangés partout ailleurs comme objets d'art collectionnés, reprenaient là leur véritable emploi : ils redevenaient meubles.

Dans une des premières pièces, c'était d'abord une vaste cheminée du XVIe siècle, en pierre sculptée par un grand maître lorrain, Ligier Richier, à qui l'on doit le *Christ au tombeau,* un chef-d'œuvre qui est la gloire et l'ornement de l'église de Saint-Mihiel. Cette cheminée avait les chenets, la pelle, les pincettes, le tisonnier, la sonnette en bronze ornée de figurines, le soufflet et tous les autres accessoires de la même époque. Dans la même salle, des armoires renfermant de magnifiques verreries de vieux bohême, des coffres, des crédences, des buffets, des dressoirs, des tables en chêne et en noyer sculptés et fouillés, et sur ces meubles des vases, des aiguières, des coupes, des figurines, des flambeaux ; sur les murs des encadrements, des plateaux, des assiettes, des bas-reliefs de Lucca della Robbia, de Maestro Giorgio, de Xanta et de Bernard Palissy.

Dans le salon qui suit, les siéges sont recouverts d'étoffes anciennes de Gênes ; voici les consoles, les bonheurs du jour, les tables en mosaïques anciennes de Florence, plates et en relief, et de superbes émaux de Limoges. La peinture est représentée par Wouvermans, Paul Potter, Mieris, Van Dyck, Velasquez, Mignard, Van Ostade, Cuyp, Boucher, Van der Neer, Teniers, etc., tous les grands seigneurs du pinceau. Dans les salons, qui se succèdent, et dans la galerie du bal, des tentures entières en tapisseries anciennes, les unes or et soie, les autres des Gobelins. Partout des laques de Martin, des meubles de Goutorer, des vases, des groupes de vieux Saxe, de vieux Sèvres, en pâte tendre, de Chine, du Japon, de Woodwood, des bronzes de Florence à cire perdue, des pendules et des coupes en lapis-lazuli, en agate orientale, en pierre des Amazones, en malachite, etc., à ne pas les compter. Puis des statues, des hauts et des bas reliefs en marbre de Canova, Jean Goujon, Falconnet, François Flamand, Clodion, Pigalle, Gobert, Théodore Zacchi, etc., et des gaînes en marbre rare de Sicile supportant des bustes en pierre de touche. Je ne parle pas des lustres en cristal de roche, et il en est un pourtant qui peut passer pour une merveille. Ce lustre est beaucoup plus grand que tous ceux qui ont été inscrits et décrits dans les vieux catalogues, et qui se sont vendus jusqu'à 180,000 francs.

Pour peu qu'on les regarde avec attention, on reconnaît que dans ces belles porcelaines de Sèvres ancien, dans ces étonnantes tapisseries des vieux

Gobelins, les couleurs n'ont rien de forcé et qui écrase les objets, tant elles se nuancent et se fondent avec harmonie. On assure que le secret des anciens ouvriers a été perdu à l'époque de la Révolution par suite de la fermeture des manufactures; cela est peut-être vrai, mais il faut attribuer à d'autres causes l'infériorité de nos produits actuels d'ameublement. Dans l'ancien régime, les lois de primogéniture et de substitution, immobilisant les fortunes, entretenaient aussi dans les familles des traditions de goût, dont la première règle était l'unité, l'ensemble, l'harmonie. Tout ce qui brisait cette harmonie pour les personnes ou pour les choses était immédiatement rejeté, quels que fussent le prix et la valeur artistique de l'objet, et cela est si vrai qu'au xviie siècle, celui qu'on nomme le grand siècle, la première de toutes les qualités de l'art, la qualité originale, était presque confondue avec le bizarre, avec le *shocking* des Anglais. De ce goût un peu froid mais épuré naquit la concordance des objets d'ameublement entre eux, leur harmonie, leur supériorité, leur recherche à l'étranger, la mode que la France imposa à l'Europe, l'énorme débit de ses objets de luxe, les immenses avantages qu'elle retira de ce luxe, cause de ruine pour les pays consommateurs et de richesse pour le pays producteur. Au xviiie siècle, un petit prince d'Allemagne, voulant meubler convenablement son palais, fit venir des meubles de Paris pour une somme de huit millions de livres. La somme était insuffisante; il fut obligé de faire une commande supplémentaire de trois millions.

Le luxe français est encore tout-puissant en Europe; mais pour conserver sa supériorité, il faut que ses produits se régularisent, qu'ils reprennent les anciennes conditions d'ensemble et d'harmonie. Ce ne sont ni les manufactures, ni les ateliers, ni les artistes, ni les ouvriers qui manquent, ce sont les gens de goût. Acheter des meubles magnifiques, acquérir à n'importe quel prix des objets somptueux, ce n'est rien si l'on ne sait leur donner la vie. Or, la plupart des salons d'aujourd'hui sont des salons où tout est mort, la conversation, l'esprit et l'ameublement.

Et surtout défiez-vous du *trucageur*, ô Millionnaires! *Trucage!* voilà un mot nouveau pour le Dictionnaire de l'Académie; mais quand l'Académie en sera à la lettre T, ce mot aura au moins un siècle de date. Donc, le trucageur est un artiste modeste, bien différent des autres artistes ses confrères; il fait du vieux avec du neuf, l'innocent! Ces émaux du moyen âge, cette poterie byzantine, cette verroterie antique, ce temple chinois, cette sculpture romaine, cette pagode hindoue, ce bahut du xiiie siècle, cette dague de Tolède, ces porcelaines, ces meubles, ces vitraux héraldiques, toutes ces belles épaves du temps passé, dont on est si friand dans le temps présent, c'est lui qui est l'auteur de tout cela! Ce qu'il peut faire avec ses dix doigts, cet homme habile, on ne s'en doute pas. Il est à la fois peintre et sculpteur, orfévre et potier, Benvenuto et Bernard Palissy. Mais vous comprenez quel doute et quelle perturbation a dû jeter dans l'esprit des innombrables collectionneurs la révélation de cette industrie! Tel antiquaire qui se complaisait dans l'admiration de ses richesses ne regarde plus qu'en tremblant cette épée qui a appartenu à François Ier, ce casque que portait Henri IV, ce bouclier commandé par un Médicis, cette petite table sur laquelle déjeunait Diane de Poitiers, et cette belle bague, souvenir galant et platonique de Buckingham à la reine Anne d'Autriche. Le soupçon du trucage s'est glissé dans l'âme de l'infortuné possesseur. Il voit le trucage dans cette armure brisée, dans ces colonnes torses cassées, dans ces vieux meubles boiteux, et plus les meubles boitent, plus l'armure est bossuée, plus les colonnes sont en mauvais état, plus il croit découvrir sur tous ces objets la trace diabolique de la science du trucageur. A toute maîtresse de maison qui étale sa bimbeloterie artistique aux regards d'un nouveau visiteur, celui-ci répond *in petto :* « Trucage! » et la dame lit cette réponse dans le sourire de son interlocuteur. Aussi la vieille céramique, la vieille émaillerie, la vieille orfévrerie, la vieille joaillerie, toute la potichomanie antique et gothique a baissé de cinquante pour cent depuis que le trucage a fait son apparition au grand jour ; et si tu contribues par ta savante supercherie à débarrasser les salons de tous ces bahuts qui tiennent tant de place et de toutes ces vieilleries qui les encombrent, si tu nous délivres enfin des pots étrusques, des magots japonais, des miséricordes allemandes, des colichemardes italiennes, des guitares espagnoles, des Vénus aux seins brisés, des Pharaons camards, et de tout ce bric-à-brac absurde et prétentieux, par les dieux immortels ! ce n'est pas moi qui t'accuserai, ô trucageur ! ô grand homme !

Il me semble que cette mode, ou plutôt cette manie de bric-à-brac, qui s'est emparée de tous les étages, a sa raison d'être dans l'indifférence qui préside aux relations sociales ; les vieux meubles sont une ressource précieuse pour les maîtresses de maison, en ce sens qu'un salon encombré de curiosités est un inépuisable texte de conversation. Un homme bien appris, qui fait une de ces visites de politesse imposées par l'usage, et dont le visiteur se soucie aussi peu que le visité, trouve dans les objets qui l'entourent un thème fécond en variations banales ;

son esprit s'égare sans fatigue sur ces trésors domestiques, comme des doigts distraits sur un clavier.
« Ah! madame, le beau vidrecome allemand que
vous avez là! je n'en ai pas vu dans la collection de
M. Sauvageot qui puisse lui être comparé. » Voilà
une femme heureuse; on la flatte, on ouvre la porte
à une ribambelle de phrases apprises par cœur
qui n'attendaient que l'occasion pour prendre leur
volée. — « Oui, c'est assez joli, mais j'ai mieux que
cela; regardez cette aiguière, dont les bas-reliefs et
les médaillons sont merveilleux; elle est de Briot,
un contemporain de Bernard Palissy, et elle a appartenu à Marie de Médicis. J'ai aussi des majoliques
italiennes dont les connaisseurs font le plus grand
cas. Ceci a été rapporté d'Espagne, cela est venu de
Constantinople; voici un buste en ivoire de Diane de
Poitiers, voilà un médaillon en buis sculpté qui fut
enlevé au margrave de Bade pendant la guerre du
Palatinat... » et patati, et patata. On vous fait la
description de tout l'ameublement; les potiches, les
faïences, les émaux, les tentures, le tapis, tout y
passe. On ne vous fait pas même grâce d'une vieille
râpe à tabac. Mais vous avez écouté avec attention,
vous avez plaqué sur vos lèvres ce sourire d'adhésion qui permet à votre esprit de voyager à cent
lieues de ce qu'on vous dit, et comme le quart
d'heure officiel de la visite est écoulé, vous pou-

vez vous retirer, vous êtes un homme charmant.
Si, en sortant de cette maison, vous allez dans
une autre, vous retrouverez les mêmes bahuts, les
mêmes vidrecomes, les mêmes aiguières, les mêmes
émaux, les mêmes terres cuites et la même conversation, à moins que votre bonne étoile ne vous con-
duise dans un de ces salons fraîchement décorés et
ornés de glaces. Alors vous tomberez du moyen âge
dans la régence, de Bernard Palissy dans Watteau,
et de Diane de Poitiers dans Mme de Pompadour. Quel
esprit ne faudrait-il pas à une femme qui aurait
l'audace de recevoir dans une pièce meublée d'a-
cajou?

Aujourd'hui toutes les personnalités s'effacent de
plus en plus devant la loi des conventions. Chacun
agit comme son voisin, sans se demander pourquoi
le voisin fait plutôt ceci que cela. A l'époque où la
Bourse était l'entrepôt des millions ouvert à toutes
les convoitises, un libraire me disait : « Je vends en
ce moment beaucoup de livres aux coulissiers qui
font fortune. — Les coulissiers lisent donc? — Non;
mais quand ils se sont fait bâtir un hôtel et qu'ils
l'ont meublé, ils veulent avoir une bibliothèque. Les
livres meublent comme les tableaux. Un jour un
de ces messieurs vint me voir et me dit : « Il me
faut des livres pour garnir ma bibliothèque en bois
de chêne sculpté; vous m'enverrez trois cents vo-

lumes environ, et tous grands comme celui-là. » Il me montrait un in-8°. « Pour le choix, je m'en rapporte à vous; vous me choisirez des ouvrages de bibliothèque, des classiques : Voltaire, Rousseau, Montesquieu, Racine, quelque chose dans ce genre-là, et vous ferez relier le tout très-convenablement. » Il fit quelques pas pour s'en aller, puis il revint : « Ah! j'oubliais de vous dire... vous mettrez aussi dans le ballot quelques romans amusants; mais il ne faut pas faire relier ceux-là, parce que je veux les lire. »

Eh bien! la plupart des gens qui vivent au milieu du bric-à-brac n'ont pas le droit de se moquer de cet enrichi illettré; ils ont des bahuts, des panoplies, des ivoires, des plats à reptiles, comme lui il voulait avoir des livres..., pour la montre.

CHAPITRE

On a souvent dit que l'idée est le plus court chemin qui mène à la fortune. Vous n'avez pas d'argent, vous voulez en avoir : ayez une idée. C'est
l'idée qui groupe les esprits, concentre les intérêts,
réunit les capitaux et fait du pauvre diable de la
veille un collègue de M. le baron de Rothschild.
L'idée est le levier qui soulève les millions, et je
vous laisse à penser si, dans un temps où tout le
monde veut être riche, les idées battent des ailes
dans le vaste éther de la spéculation! Qui n'a pas
une idée? Il y a dix ans, l'idée n'était pas plus
rare que maintenant, mais elle planait plus haut :
l'idée était surtout politique, sociale, religieuse,
philosophique. On inventait des religions, des sys-

tèmes, des programmes de gouvernement, comme on organise aujourd'hui des crédits et des sociétés industrielles. Il ne s'agissait pas de pêcher, à l'aide de cet hameçon qu'on nomme là commandite, des millions dans la poche des actionnaires ; on voulait exercer une action intellectuelle ou morale, réformer la société, ou tout simplement sauver le monde. Que de voyages entrepris par toute une caravane de rêveurs au beau royaume d'Utopie ! Pour le quart d'heure, l'x social est au rancart, et le rêveur de ce matin, descendu des nuages de la métaphysique, est à la recherche du *sac*. Le sac ! le sac ! mon royaume pour un sac ! Le sac est passé dieu, et il faut dire qu'il est même le seul dieu de notre intéressante génération.

Cependant le rêveur n'est pas mort, comme on pourrait le croire ; il n'a fait que se transformer. J'ai connu un financier de haut parage, je veux dire quatre ou cinq fois millionnaire, qui a bien voulu m'indiquer le courant qu'a pris dans ces dernières années le fleuve de la rêverie contemporaine. Ce financier reçoit chaque matin des hommes d'idées qui lui apportent des idées, et il jette toutes ces idées dans un vaste carton qu'il appelle le carton sépulcre. Là, en effet, dorment d'un éternel sommeil les projets enfantés par la fièvre et le cauchemar. Plans gigantesques, entreprises gigantesques, sociétés gigantesques, les millions coulent à pleins bords sur ces pages lugubres.

« Ne croyez pas, me dit-il, que l'imagination s'arrête quand les affaires languissent ; tous les esprits qui tournent dans le diamètre du billet de mille francs n'ont jamais été plus excités que depuis qu'on a rétréci le champ de la spéculation. Chaque jour je suis bombardé de projets, de plans, de mémoires, et mes cartons regorgent d'idées dont l'exécution pourra défrayer l'activité de deux siècles. L'imagination, cette qualité si rare chez les écrivains de notre temps, s'est réfugiée chez les gens qui sont mordus par l'âpre désir du gain. Si la fantaisie ne circule plus dans les récits du romancier, dans les œuvres du dramaturge et dans les vers du poëte, c'est qu'elle a élu domicile dans le cerveau des spéculateurs. En voulez-vous une preuve ? Fouillez avec moi dans ce carton où j'ai jeté pêle-mêle tous les extravagants projets qui m'ont été apportés depuis un an, et vous reconnaîtrez que les poëtes, les rêveurs, tous ces chérubins de l'humanité que Platon voulait mettre à la porte de sa république ont complétement désappris le chemin de l'Hélicon, et que s'ils se réunissent encore quelque part, c'est sous le péristyle de ce Parthénon parisien d'où étaient naguère exclus les profanes qui n'avaient pas vingt sous dans leur poche. »

Ayant dit cela, mon homme prit au hasard dans le carton un cahier assez volumineux, sur le premier feuillet duquel je lus ce titre alléchant : *le Troisième Monde.*

« L'auteur de ce projet, reprit l'homme d'affaires, n'est pas le premier venu ; c'est un membre de l'Académie des sciences, un chimiste distingué, qui prétend avoir inventé un appareil respiratoire à l'aide duquel l'homme peut vivre au fond de l'Océan comme le poisson dans l'eau, et il est venu me proposer d'exploiter en commun ce troisième monde, qui n'a été visité jusqu'à ce jour que par les marsouins et les baleines. Il ne lui faut qu'une première mise de fonds de cinq cent mille francs pour établir son appareil ; cela fait, il enrégimente une armée de travailleurs, il se met à leur tête, et il va ramasser tous les trésors que la mer a engloutis depuis que le premier navigateur a confié sa coquille de noix à l'élément perfide. Savez-vous à quelle somme il estime les richesses éparpillées sur la seule route des Indes ? A une dizaine de milliards. Vous voyez que cela vaut presque la peine de hasarder un demi-million. Mais ce n'est pas tout ; notre homme veut disputer l'Océan aux monstres qui l'habitent, et bâtir au fond de la mer des maisons de campagne où les habitants des deux autres mondes pourront se dérober pendant l'été à l'ardeur des chaleurs caniculaires. On aura sa grotte tapissée de coquillages, comme aujourd'hui on a sa villa à Meudon ou à Bellevue; on habitera à soixante-dix brasses sous l'eau, et je me demande ce que deviendront les crinolines, les jupons d'acier et tout l'attirail des hanches immorales, le jour où les femmes transformées en ondines mèneront l'existence fraîche et mythologique de la fée de Lurlei.

« Maintenant, continua mon interlocuteur en prenant un autre cahier dans la fosse commune des idées à l'état de projet, nous planons dans le beau royaume de l'air. Ce qui a manqué jusqu'à ce moment au navire aérien est trouvé; voici un mémoire où l'auteur démontre qu'il a enfin rencontré le point d'appui du ballon. Je ne vous expliquerai pas le mécanisme ingénieux de l'inventeur, parce que je n'ai pas seulement pris la peine de l'examiner; mais lui, il est si sûr de son procédé, qu'il propose l'établissement d'un service de ballons de Paris à tous les points du monde, et qu'il sollicite en même temps la concession d'une ligne d'omnibus par-dessus les toits. Comme il n'a pu encore se procurer le premier million nécessaire à l'organisation du service de ses diligences aériennes, il se croit la victime des administrations de chemins de fer, qui seraient ruinées le jour où son invention triompherait. Passons à un autre.

« Vous avez sans doute entendu parler de la petite mer de Harlem, de ce lac intérieur dont les Hollandais ont littéralement pompé les flots à l'aide d'énormes machines, sortes d'éléphants ou de mastodontes dont les trompes ont fonctionné pendant cinq ans. Eh bien! voici un projet dans lequel on propose de faire pour la mer du Nord ce qui a été fait pour le lac de Harlem; il s'agit tout simplement de construire des engins gigantesques qui avaleront comme un verre d'eau la mer du Nord et la rejetteront dans l'Océan. A chacune de leurs profondes aspirations un fleuve se précipitera dans un canal creusé à cet effet, et s'en ira, ralentissant graduellement son cours, se déverser dans la grande mer. Quand ce petit travail sera accompli, on aura conquis tout un pays nouveau, dont on fera, soit un empire, soit un royaume, que l'on pourra vendre en bloc ou en détail. Les plans sont dressés, les ingénieurs sont prêts, on n'a qu'un signe à faire pour réunir toute une population d'ouvriers; le conseil de surveillance est même nommé, et il ne manque absolument que les cinq cents millions indispensables pour l'entreprise et l'achèvement des travaux.

« Voici un projet moins titanesque, et je ne vous en parlerais même pas, s'il ne m'était tombé par hasard sous la main. Ce projet n'a d'autre but que d'élever aux Champs-Élysées un théâtre populaire, qui ne contiendrait pas moins de cent mille spectateurs. Vous admettrez sans difficulté que, sur une scène aussi vaste, on ne jouerait ni la comédie, ni l'opéra, ni même le vaudeville : on se contenterait de représenter des mimodrames où la voix du canon et de la mousqueterie remplacerait toutes les autres. En ne fixant le tarif de chaque place qu'à vingt-cinq centimes, on obtiendrait vingt-cinq mille francs de recette par soirée, soit une dizaine de millions à la fin de l'année. La spéculation est sûre, malheureusement on attend encore la concession du terrain et l'autorisation.

« Vous comprenez bien que je ne veux pas faire défiler devant vous toutes les idées qui dorment ensevelies dans ce sépulcre en carton. Je ne vous parlerai donc pas du grand tunnel de Paris à New-York, si impatiemment attendu par tous ceux qui ont le mal de mer; du nivellement des Pyrénées, de la fertilisation du Sahara, des bains de mer à Paris, du macadamisage du détroit du Pas-de-Calais, et des mille autres imaginations qui se tordent dans le cerveau en ébullition des aspirants millionnaires. J'ai voulu seulement vous convaincre de ceci : c'est que la poésie, la fantaisie, l'humour, l'invention, toutes ces brillantes qualités qui sont le luxe intellectuel des nations, n'ont pas pris la route de l'exil. Elles ont déménagé, voilà tout ; elles sont passées du monde des lettres dans le monde des affaires, et, comme nous autres financiers, banquiers et coulissiers, nous n'y tenons que très-médiocrement, nous ne demandons pas mieux de les renvoyer à leur ancien domicile, pour qu'elles se consacrent définitivement à la renaissance du grand siècle.

Voilà comme on rêve aujourd'hui. Ce carton nous apprend vers quels parages s'égare plus volontiers l'imagination des poëtes du temps présent. Hier on se disputait à propos d'une césure, on publiait des volumes pour ou contre le vers brisé ; on tenait pour Shakespeare contre Boileau, ou pour Boileau contre Shakespeare ; ou bien encore on s'embarquait un beau matin sur une coquille de noix, et l'on s'en allait bravement à la découverte d'un nouveau monde intellectuel. Les aventuriers du moment ont abandonné ces routes naguère si fréquentées, et ils se bousculent sur le grand chemin des affaires.

Notre temps est fier de ses inventions et de ses découvertes. Les flatteurs de ce siècle l'ont appelé le siècle des merveilles, et que de merveilles n'avons-nous pas vues éclore, en effet, depuis le chemin de fer jusqu'à l'alignement de la rue de Rivoli, depuis la photographie jusqu'au macadam, depuis la société en commandite jusqu'à l'annonce anglaise ! Eh bien ! nous n'avons rien inventé, pas même la pommade

du lion ; nous ne sommes que les plagiaires du passé.
Hélas ! tant de dithyrambes en l'honneur de tant de
contrefaçons ! « Il n'y a de nouveau que ce qui a
vieilli. » Ainsi disait Chaucer, un vieux poëte anglais
qui, comme preuve à l'appui de son opinion, para-
phrasait ou plutôt contrefaisait un vieux mot de
Salomon.

Tout ce qui, dans notre temps, a été présenté
comme une nouveauté, on le retrouve dans le bric-à-
brac du passé ; les aérostats ne sont point une invention de Montgolfier, mais d'un certain Tarentin,
nommé Archytas, qui avait donné la volée, un beau
jour, devant une foule enthousiaste, à un ballon en
forme de colombe. « Elle volait et s'agitait dans l'air,
dit Aulu-Gelle, grâce à un air subtil dont son corps
était rempli. » Beaucoup plus tard, un révérend père
jésuite, F. Lana, qui vivait au xviie siècle, se pose en
hardi devancier de M. Petin, et il traite des moyens
à employer pour fabriquer un navire qui puisse
s'élever en l'air et naviguer à voiles et à rames. Les
aéronautes d'aujourd'hui, M. Petin en tête, n'ont pas
pénétré plus avant dans cette vieille découverte. Ils
sont encore, comme était le père Lana, à la recherche du moyen.

Le même père Lana exposa le mécanisme d'une
lampe qui fait marcher une horloge, et trouva
en 1670 le secret de cette *veilleuse-pendule*, qui

valut en 1840 une médaille à son nouvel inventeur, M. Blessing, horloger rouennais. A la même époque, un utopiste, Tiphaigne de La Roche, découvrait le daguerréotype, non le daguerréotype d'à présent, mais celui de l'avenir, le daguerréotype reproduisant les couleurs aussi bien que les images, un daguerréotype perfectionné en un mot, que l'on découvrira demain ou dans un siècle. La description de l'appareil donnée par Tiphaigne est un peu longue, mais elle est trop curieuse pour que je résiste à la tentation de la citer tout entière.

« Tu sais que les rayons de lumière réfléchis des différents corps font tableaux et peignent ces corps sur toutes les surfaces polies, sur la rétine de l'œil, par exemple, sur l'eau, sur les glaces. Les esprits élémentaires ont cherché à fixer ces images passagères ; ils ont composé une matière très-subtile, très-visqueuse et très-prompte à se dessécher et à se durcir, au moyen de laquelle un tableau est fait en un clin d'œil. Ils enduisent de cette manière une pièce de toile et la présentent aux objets qu'ils veulent peindre. Le premier effet de la toile est celui du miroir : on y voit tous les corps voisins et éloignés dont la lumière peut apporter l'image.

« Mais, ce qu'une glace ne saurait faire, la toile, au moyen de son enduit visqueux, retient les simulacres. Le miroir vous rend fidèlement les objets, mais n'en garde aucun ; nos toiles ne les rendent pas moins fidèlement, mais les gardent tous. Cette impression des images est l'affaire du premier instant où la toile les reçoit. On l'ôte sur-le-champ, on la place dans un endroit obscur; une heure après, l'enduit est desséché, et vous avez un tableau d'autant plus précieux qu'aucun art ne peut en imiter la vérité. Nous prenons dans la source la plus pure, dans le corps de la lumière, les couleurs que les peintres tirent de différents matériaux que le temps ne manque jamais d'altérer. La précision du dessin, la variété de l'expression, les touches plus ou moins fortes, la graduation des nuances, les règles de la perspective, nous abandonnons tout cela à la nature, qui, avec cette marche sûre qui jamais ne se démentit, trace sur nos toiles des images qui en imposent aux yeux et font douter à la raison si ce qu'on appelle réalités ne sont pas d'autres espèces de fantômes qui en imposent aux yeux, à l'ouïe, au toucher, à tous les sens à la fois. »

Si l'on voulait expliquer très-exactement les procédés de la photographie, avouez qu'il serait difficile de donner de cet art tout moderne une plus exacte définition que cette définition, qui date de 1670.

Quant à la découverte de la vapeur, que l'on ne

fait guère remonter qu'à Salomon de Caus, il est certain que l'antiquité savante la connut. Héron d'Alexandrie se servait comme d'un jouet de cette force extraordinaire qui entraîne des villes tout entières. « Une marmite contenant de l'eau, écrit-il, et munie d'une ouverture, est soumise à l'action du feu ; de l'ouverture sort un tube terminé à son extrémité supérieure par une demi-sphère creuse. Si nous jetons une petite boule légère dans la demi-sphère creuse, la vapeur qui sortira par le tube soulèvera la petite boule, qui paraîtra danser. » Héron avait inventé un autre mécanisme qui offre le premier spécimen d'une machine agissant par la vapeur. De là à l'application moderne il n'y avait qu'un pas, et il n'a pas fallu moins de deux mille ans pour que ce pas se fît. « Quelques industriels, dit François Arago, auguraient assez favorablement des effets qu'il serait possible d'obtenir avec le mécanisme d'Héron perfectionné, pour avoir cherché par un brevet à s'en assurer la jouissance exclusive. » Et c'est ainsi qu'on brevetait au XIXe siècle l'invention d'un mécanicien grec qui vivait cent vingt ans avant Jésus-Christ.

Du reste, ces formidables machines, ces monstres d'airain qui vomissent le feu et la fumée, ont été entrevus à toutes les époques par ces fous de leur temps qui sont des sages pour la postérité. Roger

Bàcon prédit qu'on construirait des chars qui se mettraient et se tiendraient en mouvement sans emploi de la force impulsive et attractive d'un cheval ni d'un animal. Au xviie siècle, un mécanicien de Nuremberg, Jean Haütch, fabrique des chariots qui roulent par ressort et font deux mille pas en une heure. En 1645, un Anglais fait, dans l'enclos du Temple, l'expérience d'une machine qui manœuvre fort bien, au dire de Tallemant des Réaux. Or, à peu près au moment où l'Anglais faisait manœuvrer à Paris sa voiture à ressorts, un Français nommé Beaumont traversait la Manche et allait établir, dans les environs de Newcastle, le premier de ces chemins de fer à rails dont l'immense réseau sert déjà de ceinture au monde entier.

Si notre siècle, qui a créé des sociétés d'inventeurs, n'a pas inventé les découvertes dont il s'enorgueillit, il les a toutes perfectionnées. A l'heure qu'il est, la vapeur, cette dernière venue des grandes puissances matérielles, et qui a destitué les antiques ressorts, est elle-même menacée par des forces formidables. L'électricité se pose fièrement comme son héritière, et la talonne chaque jour ; l'aimant aspire aussi à lui succéder comme force attractive de l'avenir. En Hollande, on est parvenu à donner aux aimants une puissance trente fois supérieure à celle qu'on leur avait fait atteindre jadis. A la dernière Exposition universelle, un aimant soutenait à l'état permanent un poids de 1,000 kilogrammes. Quant à la mise en mouvement de cette force, c'est chose trouvée depuis trois siècles déjà.

Dans un livre qui a pour titre le *Vieux neuf,* M. Édouard Fournier a impitoyablement poursuivi toutes les contrefaçons qui se prétendent des inventions modernes. L'idée première du macadam n'appartient point à l'Écossais qui a donné son nom à ce système de chemins. Le macadamisage était déjà pratiqué dans la Gaule romaine, sillonnée de routes solides faites de cailloux et de pierres concassées. Turgot, à l'époque où il était intendant général de la province du Limousin, améliorant, avec l'aide de l'inspecteur général des ponts et chaussées Trésaguer, le système incomplet des vieilles routes ferrées, parvint à construire de véritables chemins macadamisés.

Le premier pont de fer a été construit à Warmouth, sur les plans d'un peintre lyonnais qui n'avait pas trouvé d'actionnaires dans son pays. Le tunel sous la Tamise, qui a fait pendant si longtemps l'orgueil et l'admiration des cockneys, est une invention renouvelée des Babyloniens. Babylone avait son tunel sous l'Euphrate. Sémiramis l'avait fait creuser pour réunir deux palais séparés par le fleuve. « C'était, dit M. Letronne, un véritable tunel comme celui qui réunit les deux rives de la Tamise. Brunel n'a la priorité ni pour cette idée gigantesque ni pour son exécution. »

Au moyen âge, qui ne connaissait pas les procédés éthérisants, le chloroforme était remplacé par le vin de mandragore, à l'aide duquel on obtenait des effets d'insensibilité complète et sans convulsions. « L'écorce de la mandragore, dit un praticien des vieux âges, se donne aux patients dont le corps doit être soumis à quelque amputation (*quorum corpus secandum*), afin que, plongés dans le sommeil, ils ne sentent pas la douleur. » Voilà qui est clair. Un pauvre médecin de Tournon, Jean Tardieu, découvrait le gaz en 1618 ; Gerbert, le paratonnerre au xe siècle ; enfin il n'est pas jusqu'à ce moyen de correspondance à l'aide des escargots sympathiques qui ne soit une vieille plaisanterie âgée de trois ou quatre cents ans. Nous n'avons pas même inventé l'escargot !

Retardez si vous voulez, mais n'avancez jamais sur votre siècle. L'homme heureux est celui qui agit moralement et intellectuellement comme ce bourgeois parisien à qui il semblerait que quelque chose est détraqué dans son existence s'il n'avait pas monté sa montre à midi sur le canon du Palais-Royal.

Il faudrait écrire maintenant l'histoire ancienne

des idées modernes. Je suis bien certain, quant à moi, que beaucoup de ces idées devaient être déjà un peu connues à l'époque où vivait Mathusalem. Que de drogues métaphysiques prétendues nouvelles et qui ont été expérimentées dans la pharmacie spéculative du passé ! Le mouvement que nous avons vu s'accomplir dans ces dernières années, cet élan de certains esprits vers un idéal plus ou moins chimérique n'est point un fait nouveau dans l'histoire. Tout le xvie siècle a été témoin d'une agitation semblable. Campanella, un des penseurs les plus originaux et les plus hardis de la renaissance philosophique en Italie, ne se contenta pas de reconnaître comme source unique de toute science et de toute philosophie l'étude expérimentale de la nature ; il poussa si loin, dans sa *Cité du soleil*, l'audace de l'utopie, que les novateurs après lui n'ont pu aller au delà. Jean de Leyde, Thomas Morus, tous ces aventureux esprits battaient des ailes un peu au hasard en haine de la longue compression du moyen âge. On sait comment a fini le phalanstère au Texas. Je vous dirai, si vous voulez, comment il a commencé à l'état de théorie.

L'œuf phalanstérien a été pondu par Doni, un disciple de Campanella, et couvé par Fourier trois cents ans plus tard. Le livre très-rare et très-curieux, *Les mondes célestes, terrestres et infernaux,* imprimé

à Lyon en 1578 avec privilége du roi, contient toute
l'idée du phalanstère; il la contient non en germe,
mais tout entière, avec les détails, les imaginations,
les fantaisies dont Fourier a émaillé sa cosmogonie
harmonienne. Le mariage des astres, les rapports
des sexes, les océans de limonade, l'augmentation
de l'épine dorsale en forme de queue, tout cela a
été trouvé au xvie siècle par Doni, reproduit au
xviiie par Rétif de la Bretonne, dans la *Philosophie de
M. Nicolas,* et formulé en système au xixe. Il faut
pourtant reconnaître que l'œil placé au bout de la
queue est bien la propriété de Fourier.

L'histoire des idées littéraires offrirait une étude
non moins intéressante. Tout le travail de Wolf sur
les poëmes d'Homère attribués à des rapsodes, travail qui fut accueilli comme une nouveauté au delà
et en deçà du Rhin, a été emprunté aux *Conjec-
tures académiques* de l'abbé d'Aubignac, et, chose
plus extraordinaire, l'*Essai sur le drame* de Mer-
cier, l'auteur du *Tableau de Paris,* a été l'arsenal où
les chefs romantiques ont été décrocher leurs armes
pour combattre la vieille poétique et pour renverser
Racine au profit de Shakespeare et de Calderon.
Passez en revue les systèmes philosophiques *nouveaux* et les idées littéraires *nouvelles,* et vous trouverez très-certainement leur filiation directe dans le
passé.

CHAPITRE V

I

Je n'ai jamais su son nom ; je sais seulement que nous l'appelions le marquis des Orangers.

Il était gai, aimable, promeneur intrépide, et sec comme un clou. Pendant six mois de l'année, il était l'hôte le plus assidu du jardin des Tuileries. Ce jardin était son salon, et il ne recevait jamais ailleurs que dans la grande allée qui longe la rue de Rivoli. Quand une de ses connaissances passait par hasard dans cette allée, il venait à elle le sourire aux lèvres et dans les yeux, la main tendue, le visage épanoui et charmé, et il remerciait avec effusion, comme si l'on était accouru tout exprès pour lui faire visite,

« Que vous êtes donc bon de vous souvenir de moi !
disait-il, et que je vous suis reconnaissant de la faveur que vous voulez bien m'accorder ! » Et il causait
avec agrément de toutes choses ; puis, au moment où
l'on se disposait à continuer son chemin, il n'insis-
tait pas pour qu'on restât plus longtemps, il se contentait de dire : « Vous savez que vous me trouverez ici tous les jours, de trois à six heures, jusqu'au
jour où l'on rentrera les orangers. » Et en effet, il
paraissait aux Tuileries avec les orangers et il disparaissait avec eux ; de là le surnom donné à ce mystérieux vieillard. Ce qu'il devenait pendant l'hiver,
et où il allait, on ne le savait pas. Ce n'était qu'au
printemps suivant, quand les orangers sortaient de
la serre, que notre gentilhomme sortait, lui aussi, de
sa carapace inconnue. Mais comme il était fier, et
vert, et gaillard aux premiers rayons du soleil printanier ! Un jour, il raconta son histoire. « Vous voyez
en moi, disait-il, l'élève le plus distingué de M. Flourens. Je suis une preuve vivante à l'appui de son
système. J'entrai dans ce monde si chétif qu'on ne
me donnait pas pour huit jours d'existence ; chétif
je suis venu, chétif j'ai grandi, et chétif j'ai vieilli ;
mais si vous saviez au prix de quelle volonté j'ai
disputé ma vie à la mort ! Dès l'âge de dix ans, je
commençai à soigner ma santé, et depuis ce temps-là,
je ne me rappelle pas avoir volontairement commis

le moindre excès qui pût la compromettre. Je me lève à heure fixe, je me couche à heure fixe, je déjeune et je dine à heure fixe; je suis une pendule vivante. Pendant l'hiver, je reste claquemuré dans ma chambre, et ce n'est que lorsque de ma fenêtre j'aperçois le premier oranger qu'on roule vers la grande allée, que je me hasarde à sortir. J'ai une existence toute végétale, comme l'oranger dont je parle, car j'ai supprimé de ma vie toutes les passions, toutes les émotions, ces liqueurs fortes de l'âme et de l'esprit. Amour, enthousiasme, colère, pitié, je n'ai jamais rien connu de tout cela. Je ne me·suis pas même permis les charmes de l'amitié, pour n'en point subir les mécomptes. Si vous me dites après cela que je suis un égoïste, je ne vous contredirai pas; mais la seule passion que j'aie eue en ce monde, celle qui a remplacé toutes les autres, c'est la passion de vivre, et j'ai vécu. Faiblement constitué comme je l'étais en entrant dans la vie, j'avais tout au plus vingt ans à y demeurer, et j'ai déjà prolongé le bail de près de soixante ans au delà de ces vingt années. Aussi je vous jure que je me promets un bel éclat de rire le jour où le caporal noir, qui depuis soixante ans fait le pied de grue à ma porte, viendra me relever de ma faction. »

Le caporal noir arriva un beau soir, et il emmena

ce sublime égoïste le lendemain du jour où l'on
avait rentré les orangers.

II

J'avais rencontré autrefois, dans un cabinet de
lecture du Palais-Royal, un homme d'une trentaine
d'années qui venait régulièrement s'asseoir devant
la table de travail depuis six heures du soir jusqu'à
minuit.

Cet homme s'appelait Nicolas Certain, et il faisait
des tragédies.

La lutte des deux écoles littéraires finissait; les
deux partis avaient enlevé leurs morts, et le champ
de bataille, entouré la veille de tant de curieux,
était déjà abandonné. Le public, tenu pendant
quelques années en éveil par la mitraille de brochures et de préfaces que vomissaient les deux citadelles ennemies, était retourné à ses affaires.

L'homme dont je parle n'avait pas dû se mêler au
combat; les boulets lancés de part et d'autre avaient
passé par-dessus sa tête; les Romains et les Grecs,
les Macédoniens et les Perses, tels étaient ses connaissances et ses amis. Son corps habitait Paris,
mais sa pensée était à Rome, à Argos, à Memphis.

A cette époque, il avait déjà écrit dix ou douze

mille vers ; le vers était devenu le moule de sa pensée. *Quidquid tentabam scribere versus erat,* dit Ovide. Notre homme aurait rendu des points à l'auteur des *Métamorphoses.* Il ne parlait plus que par hémistiche, et chaque phrase tombée de ses lèvres se façonnait en alexandrin. On l'avait surnommé, par antiphrase, le Lyrique, et ce surnom lui était resté.

Un jour le Lyrique consentit, après bien des hésitations, à me montrer une de ses tragédies. Elle avait pour titre *Darius,* et elle n'était pas beaucoup plus mauvaise que la plupart des choses rimées en cinq actes qui ont eu tant de succès sous le premier empire. Au premier acte, Darius se plaignait à son confident, qui devait se nommer Artabaze, d'avoir été trahi par la victoire. Au second acte, Alexandre déroulait à Parménion le plan de ses conquêtes : la Perse était vaincue, il ne lui restait plus à soumettre que l'Europe, l'Asie, l'Afrique, et... j'allais ajouter l'Amérique ; mais je dois dire, en historien fidèle, qu'Alexandre ne faisait pas la moindre allusion à ce petit coin de l'univers.

Les trois derniers actes étaient remplis par l'entrevue des deux rois, qui s'exprimaient en vers nobles un peu surchargés de grelots, je veux dire d'épithètes. Alexandre rendait à Darius sa femme et ses filles, procédé d'autant plus magnanime de la part du roi de Macédoine qu'il avait été vivement touché par les charmes de la reine de Perse, laquelle, de son côté, n'était pas restée insensible à la belle tournure du héros macédonien. Le tout se terminait par un superbe récit de l'assassinat de Darius, immolé dans la coulisse juste au moment où Alexandre se disposait à restituer ses États à ce prince infortuné.

En somme, ce poëme dramatique atteignait le but que doit se proposer toute bonne tragédie, lequel, s'il faut s'en rapporter à la poétique d'Aristote, est d'exciter à la fois la terreur, la pitié et l'admiration.

Le hasard des événements m'avait séparé de l'auteur de *Darius,* lorsqu'un jour M. de Balzac vint me demander si je ne connaissais pas quelqu'un qui pût lui faire, dans la forme classique, un poëme qu'il voulait intercaler dans des études littéraires. Il me faut, ajouta-t-il, du classique pur, quelque chose de froid et de filandreux, dans le genre du poëme de la *Navigation* d'Esménard.

Je réfléchis un instant. — Si vous voulez, lui dis-je, un pastiche bien fait, adressez-vous à La Bédollière : chansons, odes, rondeaux, dithyrambes, vers didactiques ou descriptifs, il vous improvisera tout cela en une séance. Je ne vois personne, parmi nos connaissances, qui sache mieux que lui tous les petits procédés de la recomposition littéraire. Donnez-lui un vers du xve siècle. et il vous refera le poëme en entier, comme Cuvier recomposait, à l'aide d'un os retrouvé, un animal antédiluvien.

— La Bédollière, interrompit Balzac, me fera cela en artiste, et j'aimerais mieux un homme convaincu, un classique encroûté, un de ces antédiluviens dont vous parliez tout à l'heure; en un mot, ajouta-t-il en éclatant de rire, un imbécile.

Le mot était d'autant plus charmant que Balzac avait commencé par me demander si je ne pourrais pas lui mettre sur pied les cent ou cent cinquante vers dont il avait besoin.

— Alors, lui dis-je, prenez le Lyrique.

— Où loge cet animal?

— Au cabinet de lecture de la Tente, au Palais-Royal; allons-y.

Dans le trajet, je lui donnai quelques explications sur le Lyrique et sur la manière dont je l'avais connu.

Le propriétaire du cabinet de lecture, un libraire nommé Dumont, nous apprit que le Lyrique ne faisait plus que de rares apparitions à la *Tente,* mais que si nous avions besoin de le voir, nous le trouverions très-certainement rue Montmartre, chez un huissier dont il nous donna le nom et l'adresse.

— N'est-ce pas providentiel, s'écria Balzac, que la poésie classique finisse dans une étude d'huissier? Quand je raconterai cela à Hugo, je le ferai bien rire. Allons trouver le Lyrique.

En arrivant dans l'étude, je demandai M. Certain.
A ce nom, un homme assis devant une petite table
de sapin peinte en noir se leva, et me reconnaissant,
il devint rouge et pâle tour à tour. Nous comprîmes
tout de suite, à son attitude embarrassée, que nous
avions commis une indiscrétion en venant relancer
ce pauvre homme dans l'exercice de sa profession,
qu'il voulait probablement cacher à tout le monde.

Heureusement Balzac, quand il le voulait, était
d'une amabilité irrésistible. Il commença par s'excuser, tira un feu d'artifice de compliments où le
Lyrique était comparé à Apollon en exil chez Ad-
mète, puis il exposa résolûment le but de sa visite.

— Je ferai ce que vous me demandez, monsieur,
répondit tranquillement Certain ; je le ferai de mon
mieux, et il serait curieux, ajouta-t-il, que des vers
tombés de la plume d'un clerc d'huissier allassent
à la postérité par contrebande, je veux dire sous le
couvert de la prose d'un grand écrivain.

— Il est convenu, répliqua Balzac en se levant
pour partir, que votre prix sera le mien.

— Oh! pour cela, monsieur, c'est une autre affaire. Mon triste métier, que je ne puis plus vous
dissimuler, vous prouve assez que je ne suis pas
riche, mais je ne ferai jamais des vers pour de
l'argent.

Huit jours après, Balzac avait son poëme, et il en

était ravi. — C'est précisément ce que je voulais, me dit-il. On n'est pas moins lyrique que votre Lyrique, mais cet homme-là a véritablement la note des classiques de la décadence. C'est le génie de la médiocrité correcte dans tout son éclat. M. de Jouy ferait peut-être plus mal, mais Arnaud n'aurait pas mieux fait.

Autant que je peux m'en souvenir, Balzac avait l'intention de publier une étude sur les différents genres de littératures comparés, une esquisse légère qui devait prendre place dans sa *Revue parisienne,* et il voulait appuyer ses réflexions sur des spécimens semblables à celui qu'il avait demandé à l'auteur de *Darius.* La *Revue* ayant cessé de paraître, après trois numéros, l'étude resta à l'état de projet, et voilà comment le fameux poëme, aussi peu favorisé que *Darius* et ses pâles sœurs tragiques, ne put sortir glorieux du sépulcre de l'obscurité.

J'avais depuis longtemps oublié *Darius,* le poëme et le Lyrique, lorsque, un matin, je reçus un billet par lequel on me priait de passer à l'hospice Beaujon et de demander le numéro 46. Hélas! j'avais déjà connu deux ou trois personnes dont le nom s'était métamorphosé en numéro.

Je partis pour Beaujon, et là je vis un homme maigre, pâle, exténué par la maladie.

— Vous ne me reconnaissez pas, me dit-il; c'est

qu'il y a longtemps que nous ne nous sommes vus. Je suis Certain... vous savez bien, Certain, qui faisait des tragédies et que vous appeliez le Lyrique. Oh! je n'ai jamais pris au sérieux ce surnom que vous m'aviez donné par manière de plaisanterie... mais, ajouta-t-il en souriant, vous voyez que si j'ai été obligé de vivre en huissier, je finis en poëte. Je tiens à la poésie par l'hôpital.

— Allons, lui dis-je, je vois avec plaisir que tout n'est pas désespéré.

— Oh! reprit-il, je m'en vais sans trop de chagrin, mais avant de partir j'ai voulu revoir une ancienne connaissance, et je vous remercie bien d'être venu. Je n'osais compter sur votre bonne visite. Ce qui me prouve que je ne sortirai d'ici que les pieds en avant, voyez-vous, c'est que je ne peux plus aligner deux alexandrins; la rime ne vient plus, c'est fini..... Je vous vois sourire. Mon Dieu! je sais bien que j'ai fait de mauvais vers, mais ça ne gênait personne, n'est-ce pas? Je les faisais pour moi, et j'étais si heureux de faire parler César et Alexandre, Brutus et Annibal. C'étaient mes amis... les seuls... Mais, ajouta-t-il, après une pause, si j'osais, je vous demanderais bien un service que vous pourriez me rendre sans vous gêner.

— Parlez, lui dis-je.

— Eh bien! reprit-il un peu ému, voici ce que

c'est ; mais n'allez pas rire... Quand je serai mort, je ne veux pas que mes pauvres vers, qui ont été ma joie et ma consolation, soient conspués par le premier venu. Bons ou mauvais, ces vers sont ma vie tout entière, et il me semble que je souffrirais par delà le tombeau si je les laissais abandonnés après moi. Si la maladie ne m'avait pas pris à l'improviste, je les aurais brûlés.

— Pourquoi les brûler ?

— Parce qu'ils ne sont bons que pour moi, et que, moi mort, ils n'intéressent plus personne, vous le savez bien. Voulez-vous me promettre de les jeter au feu vous-même et... sans les lire ?

— Puisque vous l'exigez, je vous le promets.

— Merci.

— Mais je ne les brûlerai que dans le cas où vous viendriez à mourir.

— Accordé. Voici le paquet, ajouta-t-il, en me montrant du doigt une pile de manuscrits placée sur une chaise auprès de son lit.

— Est-ce que... *Darius* en est ? lui demandai-je.

— Oui, me répondit-il avec un sourire.

Je donnai une poignée de main au bonhomme, et je me retirai en emportant les manuscrits.

Quatre jours après, je recevais une lettre de l'infirmier à qui j'avais recommandé le numéro 46. Il m'annonçait que le poëte était mort la veille.

Il ne me restait plus qu'à tenir ma promesse. Je dénouai le paquet qui contenait des cahiers de papier jauni, — tous les rêves, toute la distraction , toute l'innocente folie de ce pauvre Certain.

— Bienheureux vers! pensai-je, pendant que s'accomplissait le sacrifice. Vous n'avez frappé ni à la porte d'un théâtre ni à la porte d'un journal. Jamais vous n'avez fait bâiller le lecteur; mais vos rimes pauvres et plates ont résonné comme des clochettes sonores à l'oreille de celui qui vous a créés! Vous n'êtes pas aussi à plaindre que tant d'autres que je rencontre chaque jour grelotant sur les quais, et mieux vaut pour vous ce foyer pour tombeau que la case en plein vent du bouquiniste.

Je sentis une larme humecter ma paupière quand je vis la flamme lécher, de sa petite langue bleue , le dernier feuillet de *Darius.*.

III

Celui-ci s'appelle Paul de Lagironnière , et beaucoup de gens l'ont connu à Nantes et à Paris. Il commence par étudier la médecine; puis, un beau matin, il s'embarque à Nantes sur un mauvais trois-mâts, et le voilà en route pour les Philippines. Il tombe à Manille au beau milieu du choléra et d'une tentative de révolution politique. Un capitaine espagnol, Novalès, veut briser le joug de la métropole, soulève un régiment à quatre heures du matin, est proclamé empereur à midi, et fusillé par derrière à six heures du soir : une tragédie rigoureusement accomplie dans les vingt-quatre heures, d'après les règles du grand maître Aristote. Cependant Lagironnière est sans un sou : pillé par les Indiens, dévalisé par les Tagals, il ne lui reste que la fortune de Bias, un habit sur les épaules et une veste blanche dans la coiffe de son chapeau. Tel est le point de départ de notre aventurier pour devenir, non pas un simple chef de tribu, mais l'organisateur d'une colonie et le fondateur d'un petit empire.

Médecin sans malades, Lagironnière va trouver un capitaine andalou nommé don Juan Porras, menacé de perdre la vue, et lui propose de le guérir. — *Basta!* dit don Juan, tous les médecins de Manille sont des ânes! Cette réponse plus que sceptique ne décourage pas Lagironnière, qui tire au contraire parti de l'incrédulité du riche capitaine. — C'est parce que je suis très-fortement convaincu, dit-il, de l'ignorance des docteurs indigènes que j'ai pris la résolution de venir pratiquer aux Philippines. Le seigneur don Juan, voyant qu'il a affaire à un praticien français, se livre complétement à lui. Celui-ci examine les yeux du capitaine et insiste sur la nécessité d'enlever immédiatement l'œil droit, attaqué d'un cancer ; don Juan se résout à l'opération, qui a un plein succès ; l'œil gauche, très-enflammé, guérit parfaitement, et Lagironnière, persuadé que la guérison de l'opulent malade va faire du bruit, se voit déjà sur le chemin de la fortune.

Malheureusement le seigneur don Juan est coquet, et il se claquemure ; il ne veut pas qu'en le voyant passer dans les rues ou sur les promenades, les femmes disent : — Voilà don Juan le Borgne. — Il attendra donc pour se montrer en public un an ou deux, c'est-à-dire le temps nécessaire pour faire venir un œil d'émail de Paris.

Lagironnière n'avait pas le temps de faire pendant deux ans le pied de grue à la porte de la fortune ; aussi résolut-il de fabriquer lui-même cet œil de verre sans lequel le galant capitaine ne voulait absolument pas se faire voir. Il prend des morceaux de verre, un chalumeau, et se met à l'œuvre. Après bien des essais infructueux, il obtient enfin une forme satisfaisante du globe de l'œil ; mais ce n'était pas tout, il fallait lui donner les couleurs et l'apparence de l'œil gauche. Il fait venir chez lui un pauvre diable de peintre en voitures, qui imite tant bien que mal l'œil qui restait au seigneur capitaine ; après quoi il fabrique un globe en argent plus petit que le globe de verre, et il l'applique à l'aide d'un peu de cire dans l'intérieur du premier, puis il polit soigneusement les bords sur une pierre, et, au bout de huit jours de travail, le chef-d'œuvre se trouve accompli.

Quand le capitaine fut en possession de son œil, il se chaussa sur le nez une paire de lunettes vertes, se contempla dans une glace, et se trouva si bon air qu'il se décida à sortir le jour même.

Ainsi que Lagironnière l'avait prévu, la réapparition dans le monde de don Juan Porras produisit une sensation profonde, et bientôt par contre-coup il ne fut plus question dans toute l'étendue des Philippines que du grand médecin français, le plus habile oculiste de son siècle. Deux mois après avoir fabriqué l'œil du capitaine, Lagironnière avait voiture à quatre chevaux et quarante domestiques.

Rien ne l'empêchait de mener à Manille et à Binondoc, au milieu des belles Espagnoles et des séduisantes métis tagales et chinoises, l'existence d'un riche particulier; mais, après avoir fréquenté pendant quelques mois les cercles de Binondoc, où les habitués gagnent ou perdent en une seule nuit des sommes de 50,000 piastres (250,000 francs); après avoir vu placer dans les arènes des combats de coqs, 100,000 francs sur un coq qui en avait coûté cinq mille, Lagironnière se lassa de cette vie trop facile, et se lança, en véritable chevalier errant, à la recherche des aventures.

Il commença par aller à la chasse aux buffles et à la pêche aux caïmans. Cette pêche est très-élémentaire. Quand on aperçoit le monstrueux animal, dont la gueule ouverte engloutit un cheval tout entier., on va droit à lui, puis, à un moment donné, on plonge sous l'eau et on lui plante un couteau dans le ventre. Cette opération doit être faite avec une précision mathématique; pour peu qu'on ne frappe pas juste à l'endroit sensible, on ne fait qu'une blessure insignifiante à l'alligator, qui, dans ce cas, ne manque jamais son adversaire.

Après avoir tué une trentaine de buffles et péché au couteau quelques caïmans, Lagironnière, qui venait d'épouser une marquise espagnole, résolut de s'établir quelque part, et, pour arriver à ce résultat, il acheta une île qu'on fut d'autant plus heureux de lui céder à beaux deniers comptants, qu'elle n'était peuplée que de bandits et d'Indiens de race malaise, lesquels vivaient de rapines et de piraterie.

L'île achetée et payée, il ne restait plus qu'à la conquérir et à la soumettre. Lagironnière arme ses domestiques d'un bon fusil à deux coups, d'une paire de pistolets, d'un sabre, et le voilà parti à la tête de sa bande, comme autrefois Guillaume le Bâtard s'embarquant pour la conquête de l'Angleterre.

Il débarque à Jala-Jala, plante son pavillon, fait le coup de fusil contre ceux-ci, soumet ceux-là par la douceur, et fait tant et si bien de la langue et de l'épée qu'au bout d'un an l'île était semée d'habitations ; le sol vierge, labouré et ensemencé, donnait une abondante récolte. Roi absolu et législateur, Lagironnière recevait dans ses États et traitait avec les plus grands honneurs les Européens qui, de passage à Manille, ne craignaient pas de se confier à une pirogue pour venir faire une visite à ce Français civilisateur. C'est à Jala-Jala, au milieu de ses sujets, de ses troupeaux de trois mille bœufs, de douze cents buffles et de dix-huit cents chevaux, que Lagironnière reçut M. Adolphe Barrot, alors consul général de France à Manille, et aujourd'hui ministre plénipotentiaire.

Il faut bien dire , pour être tout à fait véridique, que Lagironnière, tout libéral qu'il est par caractère et par opinion, ne dota pas ses sujets du Code français ; il doit même avoir sur la conscience un assez bon nombre de coups de fouets administrés par son ordre. Un jour que je lui reprochais la tyrannie de son gouvernement, il se récria avec énergie , et me répondit pour se justifier que le fouet, si avilissant pour nous autres Européens, est pour les Indiens le plus léger des châtiments. Les Indiens disent que les injures et les menaces déshonorent ; que la prison ruine et abrutit ; que quelques coups de lanière ne font pas grand mal et effacent complétement la faute qui les a provoqués. Ceci admis, on comprend que le souverain de Jala-Jala n'ait pu rompre tout de suite en visière avec les préjugés de ses sujets, et qu'il ait respecté, le fouet en main, les habitudes patriarcales de ses peuples.

Cependant les États de Lagironnière étaient bornés au nord par de hautes montagnes de basalte, inaccessible rempart derrière lequel vivent des peuplades nommées les Tinguianès et les Igorrotès.

Lagironnière n'était pas sollicité par le désir de soumettre ces tribus inconnues et de les incorporer à son empire, mais il voulait étudier leurs mœurs, leurs habitudes, et savoir s'il ne pourrait pas contracter avec elles des rapports de bon voisinage. Un autre souverain aurait peut-être envoyé des ambassadeurs aux Tinguianès et aux Igorrotès, Lagironnière résolut de franchir en personne les montagnes de basalte, et, ne confiant son secret qu'à son aide de camp, il prétexta une grande chasse et sortit de ses États sans avoir même songé à établir un conseil de régence.

Qui fut agréablement surpris ? Ce ne fut pas le souverain de Jala-Jala. Les Tinguianès étaient des sauvages dans toute la force du terme, et les Igorrotès des cannibales. Lagironnière et son aide de camp se voyaient à chaque instant exposés à servir de beefsteaks à ces gloutones peuplades. Cependant sa bonne contenance le sauva et sa prudence fit le reste. Chez les Tinguianès, il est invité à une grande fête, à la fête des *Cervelles humaines*. Un guerrier prend la tête d'un ennemi, la divise à coups de hache et en retire la cervelle, puis les jeunes filles broient cette cervelle avec leurs mains dans un vase contenant une liqueur de jus de canne fermentée. Elles remuent le tout, après quoi le vase est apporté devant les chefs; ceux-ci plongent dedans de petites coupes en osier qui laissent échapper par les fissures la partie trop liquide. Ce qui reste au fond des petits paniers est bu par eux avec extase et sensualité.

Quand la jeune fille présenta à Lagironnière la coupe contenant la cervelle humaine, celui-ci fit une horrible grimace, et il avoue qu'il aurait mieux aimé voir deux caïmans en face de lui; mais tous les regards s'étant tournés vers notre héros, il comprit que le seul moyen de conserver sa propre cervelle était de boire celle de l'ennemi des Tinguianès, ce qu'il fit bravement, ainsi que son compagnon. J'ai demandé à Lagironnière quel goût avait cette liqueur faite de cervelle de sauvage et de jus de canne fermentée, et il m'a dit, qu'autant qu'il pouvait s'en souvenir, ce n'était pas un breuvage trop désagréable.

Pourtant cette fête ne lui ayant pas laissé une impression favorable, il résolut d'abandonner les Tinguianès et les Igorrotès, et de revenir dans sa capitale. Quelques semaines après, il était réinstallé à Jala-Jala et il reprenait les rênes du gouvernement, jusqu'au jour où, tourmenté par le désir de revoir l'Europe, il vendait ses habitations, déposait la couronne patriarcale, et revenait en France, où il vit comme Sylla volontairement descendu des sommets de la dictature.

Voilà une existence bien remplie! Les hommes de cette trempe sont rares de nos jours ; les Raousset-Boulbon, les Delgorgue, les Lagironnière sont les derniers descendants de ces illustres aventuriers qui, au moyen âge, allaient conquérir des fiefs à huit cents lieues de leur patrie. Les découvertes de l'industrie, les rapports incessants qui existent entre tous les peuples du monde, tendent chaque jour à effacer ces étranges personnalités dont nous voyons les derniers représentants. Encore quelques années, et le récit des aventures de Lagironnière, récit qui peut être affirmé par un grand nombre de témoins oculaires, paraîtra aussi surprenant et non moins merveilleux que la lecture des chroniques de Ville-hardouin, contenant les hauts faits des chevaliers francs devenus princes d'Achaïe, sires de Thèbes, comtes d'Étolie et barons d'Argos ou de Corinthe.

CHAPITRE VI

COMÉDIENNES ET FINANCIERS

Il existe une association des artistes dramatiques (on sait que tout le monde est artiste aujourd'hui, et l'acteur plus que personne). Cette association donne un bal chaque année, et il ne faut pas demander si la salle est étincelante : toutes ces dames sont là. Il ne faut pas demander non plus si la salle est pleine : tous ces messieurs viennent pour voir ces dames. Le billet ne coûte que 20 francs, c'est une faute ; il coûterait 100 francs qu'il y aurait autant de monde. L'actrice exerce une telle fascination sur la jeunesse, que cette aimable jeunesse trouverait toujours cinq louis pour contempler l'idole descendue de son piédestal. On n'a aperçu l'hétaïre qu'à travers le feu de la rampe ; on la voit

à deux pas, on lui parle si l'on sait parler, on danse
avec elle si l'on sait danser, et l'on peut même lui
demander la permission d'aller lui offrir ses hommages, si l'on a des hommages à lui offrir... dans un
écrin. A la fin du dernier siècle, M. le chevalier de
Louvois rencontre dans un bal Mlle Colombe, de la
Comédie-Italienne, et, dans un transport d'amour,
il lui demande ce qui pourrait lui faire plaisir.

— Envoyez-moi des *chatons,* répondit-elle; j'en
veux composer un collier.

Le lendemain, le chevalier, redevenu calme, fit
porter chez Mlle Colombe une corbeille remplie de
petits chats. La chose parut originale venant d'un
grand seigneur, mais si un croquant d'aujourd'hui
se permettait ce puéril calembour en action, il serait
déshonoré dans toutes les coulisses du boulevard.

On ne plaisante pas en des sujets si graves.

Ce bal de charité est donc étincelant; tous les diamants dramatiques et autres coulent comme un
fleuve sur les épaules et sur les bras. Les actrices
des petits théâtres, celles qui n'ont que dix-huit
cents francs d'appointements, se font surtout remarquer par la richesse de leurs pierreries, — un mystère! Les plus habiles mettent ce soir-là toutes perles
dehors. Les perles vont certainement mieux à la
peau et au teint que les diamants; aussi les femmes

du temps de Louis XIV, si savantes dans l'art de la toilette, ne portaient pas d'autre parure. Voyez les portraits de Mignard. Il est vrai que parfois les perles pâlissent, s'étiolent, tombent malades, mais le remède est connu. Il fut un temps où l'on écrivit des volumes sur la maladie des perles, et la grande Catherine demanda même au schah de Perse, qui s'y connaissait, un remède pour guérir un magnifique collier qui lui avait été donné par Potemkin. Le schah se hâta d'envoyer une formule de traitement très-détaillée, dont la principale prescription voulait qu'on portât *la malade* sur soi nuit et jour afin de lui redonner de la vie.

.A la suite d'un de ces bals, il y eut souper dans les caves d'un restaurant célèbre. Il était composé d'une dizaine de personnes. Souper dans une cave, au milieu de tous les grands crûs, c'est le suprême du genre. Les plus graves questions furent agitées à propos de truffes. Un des convives fit une sortie contre le dîner moderne. « Autrefois, disait ce jeune philosophe, il y avait deux espèces de convives, ceux du dîner et ceux du souper. Les premiers étaient presque toujours des gens graves et ennuyeux. Quant aux seconds, on exigeait d'eux des qualités essentielles, dont la plus indispensable était l'esprit. Sans l'esprit, sans l'élégance, sans la science du monde, des anecdotes, des mille riens qui composent les nouvelles, il ne fallait pas songer à être admis dans le cénacle du souper. Là seulement on causait; on causait sur les choses les plus légères et, par conséquent les plus difficiles. C'était une mousse qui s'évaporait et qui ne laissait rien après elle qu'une saveur pleine d'agrément. Une fois qu'on y avait goûté, le reste paraissait fade. C'est depuis que le souper est mort que la conversation est morte. Le dîner, qui a fini par confisquer à son profit la salle à manger, est un simple repas, c'est le repas de la bête qui se jette sur les mets pour satisfaire son appétit, tandis que le souper est le festin de l'esprit. Et voilà pourquoi j'en veux à vos financiers d'à présent, qui viennent de renchérir sur ce qui existait déjà en inventant le dîner à grand orchestre, où l'on parle sans s'entendre, où l'on mange sans pouvoir placer une parole, le dîner de cent couverts en un mot, qui est à la gastronomie ce qu'est à la gaieté le convoi de première classe. »

Une fois engagée sur ce chapitre des financiers, la conversation coulait de source. Il fut beaucoup question d'un homme heureux à la bourse et malheureux à table, d'un homme qui a quatre-vingts millions et qui n'a pas d'estomac. Avoir tant de millions et ne pouvoir digérer une côtelette! L'antiquité n'a inventé qu'un seul supplice de ce genre, c'est celui de ce financier mythologique qui s'appelle

Tantale, et il faut bien ajouter que c'est aussi le supplice ordinaire de presque tous les Crésus modernes. La vie de Beaujon a été sous ce rapport des plus extraordinaires; il lui était défendu de manger autre chose qu'une sorte de brouet au lait sans sucre. Il voyait souper ses convives, il sentait l'odeur des mets et il ne touchait à rien. Entouré des plus jolies femmes de Paris, celles-ci le traitaient tout à fait sans conséquence; elles le lutinaient et l'agaçaient sans cesse, la moindre galanterie lui étant défendue. Le soir, sa maison se transformait en une volière peuplée d'oiseaux charmants. Le souper était étincelant; les mots et les bouchons se croisaient dans un double feu d'artifice. Pendant ce temps le propriétaire, envié de tous, était condamné à se mettre au lit, où il ne dormait pas à cause de ses souffrances. Ces dames se relevaient autour de lui, et, l'une après l'autre, le berçaient de leurs chansons, de leurs histoires, de leurs propos. De là le nom de *berceuses* de M. de Beaujon, qui leur fut donné en tout bien tout honneur.

Les financiers de notre temps ont encore beaucoup à faire pour être à la hauteur de leurs prédécesseurs: ils donnent quelques dîners de loin en loin, mais ils ne se sont point encore lancés dans la *folie,* cette consécration de la puissance financière au xviiie siècle; Beaujon avait sa folie; Boutin avait sa folie. Un jour, Louis XVI rencontre sur la route de Neuilly un rocher énorme traîné par soixante chevaux. « Qu'est-ce que cela? demande le roi. — Sire, c'est un rocher qui doit orner le jardin anglais de la folie Sainte-James. » La folie Sainte-James était placée près de Bagatelle, cette folie princière qui appartenait au comte d'Artois. Celui-ci supportait difficilement d'être écrasé par le luxe d'un traitant. « Je voudrais bien, disait-il, faire passer chez moi un bras du ruisseau d'or qui sort du rocher de mon voisin. » La seule folie dont il soit un peu question aujourd'hui est une folie en l'air, et encore est-ce une folie de grand seigneur russe, lequel veut, dit-on, semer trois ou quatre millions dans les jardins de l'ancien château de Bercy.

CHAPITRE VII

J'ai connu un homme qui s'était pris d'une belle passion pour les gilets de nos aïeux; tout ce qu'il avait pu trouver au Temple et ailleurs de la défroque des marquis et des financiers d'avant la Révolution, il l'avait acheté à beaux écus luisants, et c'est ainsi que j'eus un jour l'avantage, qui n'est pas mince, de voir défiler toute l'histoire romaine... sur des devants de gilet. Brutus tuant César, debout au-dessus de la poche, et les sénateurs fuyant comme un troupeau effaré vers l'échancrure du bras, cela ne laissait pas de présenter un spectacle imposant. Beaucoup de gens collectionnent des timbres-poste de tous les pays. Celui-ci possède tous les prospectus qui ont été distribués depuis 1830; celui-là toutes les brochures. A l'époque où il rassemblait les matériaux de son *Histoire des Girondins*, M. de Lamartine alla voir un ancien second rôle du temps de la République. Notre homme lui montra une quinzaine de crânes qui s'étaient jadis promenés sur des épaules célèbres, et voilà comment il avait dans son cabinet un cimetière élégant et portatif, un amour de cimetière. Le goût de la collection se développe plus particulièrement chez les tempéraments actifs retirés de l'arène. Tel ministre tombé du pouvoir courra les ventes, les magasins de curiosités, et enlèvera à la pointe de l'enchère les plus rares gravures ; tel commerçant, Charles-Quint de la bonneterie, collectionnera des bouchons de carafe. Il faut que tout le monde vive !

Ne disons pas de mal des collectionneurs? C'est grâce à ces pourchasseurs intrépides de la curiosité que Paris est la ville des merveilles ignorées et des trésors inconnus. Que de gens passent devant telle maison modeste qui ne se doutent pas que c'est un petit Louvre ! Et quand par hasard votre bonne étoile vous conduit dans un de ces rares cabinets formés par un homme de goût, qui ne cède pas à l'amour vulgaire du bibelot, quand tout ce qui s'offre à vos regards a un intérêt réel, historique, caractéristique, la joie alors est grande. Toutes les matières, tous les pays, toutes les époques, tous les caractères défilent devant vous : le bois, le fer, le cuivre, le bronze, l'os, l'ivoire, le verre, les pierres précieuses, le jade, le diamant, la patience chinoise, la minutie hindoue, la délicatesse florentine, la naïveté byzantine, la rudesse gothique, la grâce grecque, la vigueur romaine, la richesse de la Renaissance, tous les genres, tous les styles, toutes les merveilles...

Quant au bibliophile, c'est un animal relativement rare en France, mais il pullule en Angleterre.

Dans ce pays des fortunes immenses et des loisirs sans fin, l'homme est forcé de se créer une passion factice s'il ne veut pas succomber aux attaques de cet ennemi invisible qui s'appelle le spleen.

De là tant de collectionneurs de toutes sortes, tant de bibliomanes; de là tant de cabinets encombrés de curiosités, tant de musées particuliers qui s'enrichissent chaque jour de toiles nouvelles, parce que le tableau acquis la veille n'a jamais, aux yeux du propriétaire, la valeur de celui qu'il compte acquérir le lendemain. On cite certains personnages qui courent toutes les ventes, enlèvent tous les chefs-d'œuvre, et qui n'ont jamais mis le pied dans la galerie où étincellent leurs trésors. Combattre sur le champ de bataille des enchères et l'emporter sur un rival, voilà leur bonheur suprême. Du reste, Paris compte quelques originaux qui appartiennent à la grande famille de ces collectionneurs maniaques, et l'on pourrait nommer entre autres un amateur très-connu dont le grenier s'enrichit chaque année de toiles de prix, qui ne sont visitées que par les rats.

Pour être juste, il faut dire que les galeries particulières d'Angleterre sont ouvertes à tout le monde. Si, pour quelques lords ennuyés, la possession d'une galerie est un luxe à peu près inutile, ce luxe est très-profitable aux artistes et même au public. Avec une simple carte, qu'on peut toujours se procurer facilement, on prend possession, pour une heure, des chefs-d'œuvre des maîtres ; on admire librement ces toiles merveilleuses conquises, par la toute-puissance de l'or, sur l'Espagne, les Flandres et l'Italie. Vous n'avez pas derrière vous de domestiques dont l'attitude ennuyée vous invite à abréger votre visite ; vous êtes seul au milieu des trésors qu'on confie à votre discrétion, et je m'étonne, je l'avoue, de cette confiance excessive à l'égard de visiteurs étrangers ou inconnus. Il y a trois ans, un individu écrivit au propriétaire d'une des plus célèbres galeries de Londres pour obtenir l'autorisation de faire la copie d'une petite toile de van Ostade ; l'autorisation lui fut sur-le-champ accordée, et notre homme se mit à l'œuvre. Pendant un mois, il vint régulièrement chaque jour passer quatre heures dans la galerie, où il travaillait dans la plus complète solitude. Sa copie terminée, il écrivit une belle lettre de remercîment au lord complaisant, et disparut. Ce ne fut guère que deux ans après la disparition du copiste qu'un peintre français, visitant cette galerie, reconnut à la première inspection que le van Ostade était une contrefaçon. Il se hâta de faire part de sa découverte au propriétaire du tableau, lequel resta atterré. Le rapin inconnu avait tout simplement substitué sa copie à l'original.

J'ai assisté à un club de bibliophiles à Londres ; on ne parlait que de bibles de 1460, de psautiers de Mayence, de livres non rognés, d'exemplaires uniques, et des mille bouquins célèbres qui constituent le trésor de la curiosité bibliographique. On me montra un exemplaire moisi des œuvres de Shakespeare dont on n'aurait pas donné 50 centimes sur les quais et qui a coûté 400 livres (10,000 fr.) à son heureux propriétaire. Un des membres du club avait apporté, précieusement enfermé dans un étui, un Cicéron microscopique. Au Cicéron succéda un Virgile encore plus merveilleux, car il était encore plus illisible ; puis une vieille Bible fit son apparition et fut saluée par des hurras. Cette fameuse Bible a appartenu à Olivier Cromwell et est annotée par lui. Il y a vingt-cinq ans, un clergyman du Yorkshire, qui ne connaissait probablement pas la valeur de ce précieux bouquin, le donna à une dévote qui en fit cadeau à son neveu, lequel vendit le livre 4 shellings 6 pences à un libraire de Piccadilly. Cette Bible dormait depuis trois ans dans la fosse commune des livres ordinaires, lorsqu'elle fut déterrée par un bibliomane qui l'acheta 25 francs. Celui-ci fit sonner bien haut sa découverte; toutes les trompettes de la publicité se mirent aussitôt de la partie, et, à la mort du bibliomane, la Bible de Cromwell était adjugée au prix de 450 livres (11,250 fr.).

De tous les êtres créés par Dieu, le bibliophile est sans contredit le plus égoïste et le plus féroce. La passion de l'or n'est rien comparée à celle du livre. Le public ne comprendra jamais toutes les passions malsaines qui agitent l'âme d'un amateur de bouquins à la vue d'un exemplaire unique ou même noté comme rare sur les catalogues. Pour arriver à la possession de cet exemplaire, il n'est pas de lâchetés qu'il ne fît, et il en est quelques-uns qui iraient volontiers jusqu'au crime. Le fait suivant, qui s'est passé à Londres, démontrera mieux que tout ce que je pourrais dire à quels excès peut se laisser entraîner un homme bien né qui ne sait pas réfréner le démon bibliographique.

Deux gentlemen, grands amateurs, conviennent de faire fabriquer à frais communs chez Wittigham, le premier imprimeur de l'Angleterre, un livre qui ne sera tiré qu'à deux exemplaires; ils commandent le vélin, achètent des caractères neufs, surveillent l'impression et le tirage, et n'épargnent rien pour faire de ces deux exemplaires, enrichis de gravures originales, les deux merveilles de la typographie moderne. L'édition imprimée, tirée et brochée, est portée chez un relieur qui donne aux deux volumes un vêtement splendide et de tous points semblable, et nos deux gentlemen entrent chacun en possession de son trésor.

Vous croyez peut-être que ces deux hommes sont heureux? Pas du tout : celui-ci envie l'exemplaire de celui-là. A quelque temps de là, l'un des deux part pour la campagne ; l'autre se rend aussitôt, son exemplaire sous le bras, chez son ami absent, et prie la femme de cet ami de lui communiquer pour un instant le second exemplaire, afin de comparer les gravures de l'un avec celles de l'autre. La femme, sans défiance, livre le bouquin, que l'ami semble feuilleter avec le plus grand soin, et dont il déchire, sans qu'on le voie, deux ou trois feuillets, après quoi il retourne triomphant chez lui avec son exemplaire désormais unique.

Cependant le propriétaire de l'exemplaire lacéré revient, apprend la visite de l'ami, se doute de quelque chose, examine son livre, et intente un procès au lacérateur, qui est condamné à 2,000 livres de dommages-intérêts. La Société des bibliophiles veut à son tour rayer de sa liste le nom du coupable, mais il se présente fièrement devant elle et dit : « Quel est celui d'entre vous qui n'en aurait pas fait autant que moi? — Au fait! » répliqua un des membres, et son nom ne fut pas rayé.

La bibliomanie est, à mon avis, une des plus dangereuses passions, et la plus despotique, parce qu'elle n'est jamais satisfaite. Le vrai bibliomane croit, comme Alexandre, que rien n'est fait tant qu'il reste quelque chose à faire, qu'il possède peu de chose tant qu'il peut envier les trésors d'un autre. Un de mes amis, grand dénicheur de livres rares, m'a avoué qu'il avait été pris d'un invincible désir de mettre le feu à sa propre bibliothèque, après avoir visité celle de M. le duc d'Aumale, la plus belle peut-être de l'Angleterre. L'envie, la jalousie, l'appétence du bien d'autrui, tels sont les moindres défauts du bibliomane, qui en a encore bien d'autres; ainsi il a pour tout le monde, et surtout pour ses confrères, une telle défiance, qu'il ne permet jamais qu'on touche à ses livres; il les tient à la main, les montre, les laisse admirer tant qu'on veut, mais il ne les lâche pas. Quelques-uns les exposent dans une vitrine fermée. Il y avait à la Haye un collectionneur de bouquins précieux, dont le nom m'échappe, et qui possédait la plus riche bibliothèque connue d'elzévirs. Pour pouvoir visiter ses microscopiques richesses, il fallait que ses amis les plus intimes se soumissent à l'humiliante condition de revêtir par-dessus leur habit une grande robe sans manches et sans ouvertures pour laisser passer les bras. Cet homme ingénieux est mort il y a quelques années au milieu de ses elzévirs qu'il a légués à sa ville natale. Malgré l'obligation de la robe sans manches imposée à tout visiteur, deux elzévirs avaient disparu dans l'espace de dix ans. Le voleur était certainement un bibliophile.

Il y a encore le collectionneur de vins fins qui assiste à toutes les ventes de caves célèbres.

Méfions-nous des grands vins qui ont une origine illustre quand ils passent de la cave d'un particulier dans la cave d'un restaurateur. Il y a près de vingt ans que les cokneys de Londres payent, à raison de cinquante francs la bouteille, du vin de Champagne à quarante sous, qui a été soi-disant apporté en Angleterre par le maréchal Soult. A l'époque où le maréchal fut envoyé en ambassade extraordinaire auprès de la reine Victoria, un cuisinier de Londres eut la triomphante idée de répandre le bruit que le duc de Dalmatie avait passé dans les fourgons de l'ambassade une centaine de bouteilles de vin de Champagne, dont lui, le cuisinier, s'était rendu acquéreur à un prix exorbitant. Le *puff* eut un succès prodigieux; tout le monde voulut boire du fameux vin de Champagne du maréchal. Les cent bouteilles se multiplièrent comme les pains de l'Évangile, et, à l'heure qu'il est, on sert encore de loin en loin aux crédules buveurs du West-End une des précieuses bouteilles du maréchal Soult.

Du reste, il en est des vrais collectionneurs de vins comme des vrais bibliophiles. Un bibliophile achète un livre, il le regarde, en admire l'impression, se pâme devant la reliure ; mais il ne le lit jamais. Il a une œuvre rare, presque unique, dans sa bibliothèque, et il en est fier. Le collectionneur de grands vins est un peu bibliophile sous ce rapport. Il a une passion moins noble que ce dernier, mais il a comme lui la passion de posséder ce que les autres n'ont pas. Si vous êtes de ses amis, il vous conduira à sa cave et vous montrera, étiquetées et rangées comme des livres dans un rayon, des bouteilles de toutes formes, qui représentent des sommes considérables. Il les voit, il les montre, il en parle, mais il se garderait bien d'y toucher, car alors il ne les posséderait plus. « J'ai acheté, vous dira-t-il, ces dix bouteilles de Haut-Brion à la vente de X... ; elles m'ont coûté 25 francs pièce, mais elles valent 100 francs aujourd'hui. Ce petit tas de vin de Sauterne vaut son pesant d'or. Voici deux bouteilles de vieille eau-de-vie qui ont cent ans de date authentique ; elles proviennent de la succession du marquis d'Aligre, et elles avaient été cachetées le jour de la naissance de son aïeul. » Et le brave homme se frottera les mains sans remarquer le sourire qui égayera vos lèvres quand vous songerez que ceux qui ont des bouteilles vides sont aussi bien partagés que lui, dont les bouteilles sont pleines d'or liquide. Un jour, un domestique goguenard boira l'eau-de-vie de cent ans et la remplacera par du trois-six. Mais comme la foi sauve, notre homme sera aussi fier, aussi heureux et aussi riche après qu'avant.

CHAPITRE VIII

LA FEMME OUVRIÈRE

Nous avons une société protectrice des animaux ; nous encourageons la conservation des belles races de course et de trait ; le gouvernement et les conseils généraux de nos départements distribuent des primes aux éleveurs ; mais ce dont on se préoccupe le moins, c'est de l'éleveuse d'hommes, de la mère, de la nourrice. Veillons au salut des chevaux, prenons garde qu'un sang moins généreux batte dans leurs artères ; quant à nos enfants, ils pousseront comme ils pourront !

La vie de l'ouvrière des villes et des campagnes est moins assurée que celle du nègre. Le maître a trop d'intérêt à la conservation de l'esclave pour le laisser mourir de faim ou de froid ou pour l'accabler sous le poids du travail ; mais s'il survient chez nous un chômage ou un renchérissement du pain ou du bois, que deviennent ces milliers d'artisanes qui vivaient à peine dans des conditions moins rigoureuses ? Par suite d'un préjugé ou plutôt d'une injustice, le travail de l'ouvrière est réputé en principe inférieur à celui de l'ouvrier. Souvent, la tâche de celle-ci vaut autant pour le patron que la tâche de celui-là ; mais l'habitude s'est transformée en article de règlement, et dans toutes les fabriques l'œuvre est payée non d'après la qualité du travail, mais d'après la main qui l'a faite. La femme étant plus faible, plus dépourvue, reçoit un tiers de moins que l'homme. Comme elle a plus besoin de protection, elle est moins favorisée. Ce que l'on comprendrait plus facilement, ce serait le contre-pied d'une pareille législation.

« L'ouvrière, en travaillant douze heures par jour, dit un homme compétent, M. Boucher de Perthes, reçoit à peine assez pour apaiser sa faim, et n'a pas un sou de reste pour payer son vêtement et son loyer. Dans nos départements, le salaire des ouvrières en fabrique, en boutique ou à la journée est de un franc par jour, mais celles-ci sont les heureuses ou les habiles, et il en est beaucoup qui ne touchent que soixante-quinze centimes, soixante centimes, cinquante centimes. J'en connais même qui, travaillant chez elles, ne peuvent gagner en douze heures que quarante centimes. Il est bien entendu qu'on ne les nourrit, ni ne les loge, ni ne les chauffe, ni ne les éclaire ; elles ont quarante centimes, et rien de plus. Il en est aussi qui se louent pour la nourriture seule ; d'autres qui travaillent absolument pour rien : elles sont censées être en apprentissage, et cela dure plusieurs années. Tel est dans notre civilisation le sort de la femme pauvre. »

Tout cela ne serait rien, si l'étiolement de la famille n'était la conséquence forcée d'un pareil état de choses. La femme souffrante et dénuée de tout fait des enfants infirmes ou faibles de constitution. Le produit humain dépérit de plus en plus, et les conseils de révision constatent chaque année les cas croissants de réforme militaire. Si vous laissez systématiquement pâtir le troupeau, vous n'aurez plus que des produits infirmes ou souffreteux à la troisième génération. Qu'arrivera-t-il donc, à un moment que l'on peut déjà préciser, si l'on ne prend d'énergiques mesures pour améliorer la condition de la femme du peuple, de cette femme dont les flancs portent l'avenir de la nation : le travailleur et le soldat ?

Le jour de la bataille de Solferino, je rencontrai, dans un chemin creusé au pied du célèbre mamelon dont nos soldats venaient de s'emparer, deux hommes revêtus de la livrée impériale portant, assis sur un fusil posé transversalement, un jeune soldat dont la poitrine venait d'être percée d'une balle. Le soldat, à qui chaque secousse arrachait des cris, fut déposé au pied d'un arbre. Je restai auprès de ce malheureux avec un jeune comte russe que le hasard du voyage avait fait mon compagnon. Nous apprîmes de ce pauvre garçon, qui ne parlait plus que par mots entrecoupés, qu'il était Parisien et que sa mère était logée dans un garni du boulevard des Batignolles. Il nous pria de porter à sa mère son livret et une petite somme qu'il avait sur lui. Cette somme, bien petite en effet, se composait d'une pièce de cinq francs en or et d'une pièce de vingt sous. Nous nous étions empressés de bander sa blessure avec nos mouchoirs, mais le sang s'échappait à travers la toile, et au bout de vingt minutes il expirait.

A notre retour à Paris, nous allâmes, mon compagnon et moi, accomplir notre triste mission. Le soldat dont nous étions les exécuteurs testamentaires s'appelait Casimir Audiot. Sa mère, au premier mot que nous lui dîmes, comprit que nous lui apportions une funèbre nouvelle. Elle avait auprès d'elle, dans une chambre petite et nue, deux pauvres enfants pâles, maigres, chétifs, deux créatures étiolées; le spectre de la misère planait sur ce sombre logement qu'on nomme par dérision sans doute un garni. Quand la première douleur se fut échappée avec les larmes, nous demandâmes à la vieille femme quels étaient ces deux enfants. « Ce sont mes petits-fils, répondit-elle; leur mère est blanchisseuse, elle se tue au travail; mais une femme ça ne gagne pas gros, et elle est seule pour faire aller le ménage. Le père a planté là sa femme, ses garçons, et a filé on ne sait où; un vaurien. Dame! les pauvres petits ne mangent pas tous les jours; quand il y en a... mais il n'y en a pas souvent; aussi c'est faible, c'est délicat, ça n'a pas pour deux liards de santé ; ceux-là, si ça continue, la conscription n'en voudra pas; ils pourront peut-être mourir de faim, mais ils sont bien sûrs de ne pas mourir d'une balle comme mon pauvre Casimir. » Et la vieille mère se remit à pleurer abondamment. Ces paroles entrecoupées de sanglots m'avaient ému. Pour la première fois, la misère m'apparaissaît dans toute sa hideur sociale. Derrière ces deux enfants affamés et souffreteux, je voyais des milliers d'enfants inconnus étranglés entre les doigts osseux du spectre, des enfants qui auraient pu être des hommes, c'est-à-dire la première richesse de toute nation civilisée.

Quoique la fin de ce récit ne se rapporte pas au sujet qui nous occupe, je ne puis m'empêcher d'aller jusqu'au bout. Le jeune Russe, dont je n'ai pas le droit de citer le nom, est venu en aide à cette malheureuse famille, et, grâce à lui, elle a aujourd'hui une petite aisance; les joues si pâles des deux enfants reluisent des belles couleurs de la santé. Voilà un étranger qui aura fait cadeau de deux hommes à la France!

L'ouvrière est plus encore que l'ouvrier exposée à la dure étreinte de la misère, par suite des empiétements successifs de l'homme dans les métiers que l'usage réservait jadis exclusivement à la femme. Celle-ci, cherchant partout de l'ouvrage, va se heurter, le plus souvent, contre le chômage forcé. Depuis quelque temps l'homme a ouvertement arboré la quenouille; il s'est fait chemisier, couturier, brodeur, blanchisseur, faiseur de bas, confectionneur de corsets; il a usurpé l'aiguille de la lingère et les ciseaux de la couturière; il est même devenu marchand de modes. Si vous entrez dans un magasin de nouveautés, dans une boutique de chiffons, c'est encore un monsieur qui vous offrira des écharpes, des dentelles, des robes ou des mantilles.

Partout le commis marchand s'est substitué à la fille de magasin, et le comptoir a été envahi par une armée de gaillards qui s'exonèrent de plus rudes travaux en prenant l'aune ou le balai. Étonnez-vous donc que l'agriculture manque de bras! Autrefois, c'étaient des femmes qui faisaient le service dans les

hôtels, les auberges et les restaurants ; mais aujour-
d'hui, ce sont des hommes qui balayent les chambres et les couloirs, qui rincent les verres, portent
les plats et secouent les tapis. S'il est un métier qui
fasse essentiellement partie de l'apanage de la femme,
c'est le métier de coiffeuse ; mais la coiffeuse n'existe
plus depuis de longues années.

Tout a été bouleversé du haut en bas de l'échelle
professionnelle. Ce déplacement des métiers ou plutôt cette usurpation par l'homme des métiers de la
femme a pour résultat de priver de ses forces vives
l'agriculture et la navigation, et de précipiter de
malheureuses filles, forcées de choisir entre le
vice et la misère, dans le libertinage et la prosti-
tution.

Cette vaste institution des commis de magasin
n'est pas très-ancienne, et il en est beaucoup d'autres de ce genre qui n'existaient pas au dernier siècle. La *friseuse,* dont il serait à peu près impossible
de trouver aujourd'hui un seul exemplaire, ne commence à décliner que sous le règne de Mme de Pompadour, qui s'était entichée d'un certain Dagé, et le
lança si bien que Dagé ne pouvait plus suffire à sa
riche clientèle. Les chevaux de son carrosse étaient
sur les dents. La marquise de Pompadour, ayant arboré le coiffeur, toute la cour l'imita, et la friseuse
se réfugia dans la bourgeoisie en attendant des jours

meilleurs. Hélas ! ces jours ne devaient plus revenir. Le beau Léonard acquit une si grande célébrité par son habileté à poser les chiffons (on appelait ainsi l'art d'alterner les mèches de la chevelure avec les plis brisés de la gaze colorée), que Marie-Antoinette l'appela auprès d'elle et lui confia sa royale chevelure. On dit qu'il entassa un jour quatorze aunes de gaze sur la tête de Sa Majesté. Le génie d'un si grand homme devait donner le coup de grâce à la friseuse, qui fut non-seulement expulsée de la cour, mais aussi des boudoirs bourgeois où on la tolérait encore. Ce Léonard, dont le véritable nom était Autier, et qui exerça une despotique omnipotence sur les cheveux de son temps, fut mis par la reine dans le secret du voyage de Varennes en 1791. Il quitta secrètement Paris un peu avant Louis XVI, chargé d'une partie de la garde-robe royale, et le précéda de quelques heures à Varennes. On prétend que ce fut sur un avis imprudent donné par lui que la voiture du roi fut retardée, l'officier chargé d'attendre la famille royale avec un relais ayant fait, sur la parole de Léonard, rentrer ses chevaux au moment même où Louis XVI arrivait. N'est-ce pas une de ces dérisions si fréquentes dans l'histoire des choses humaines, cette perte d'une royale famille causée par un coiffeur ? Ajoutons, du reste, pour prouver l'entière innocence de l'artiste, qu'il suivit les princes dans leur exil et alla exercer sur la tête des grandes dames russes la dextérité de son peigne aristocratique que la république française laissait désormais sans emploi.

Cet accaparement par les hommes des métiers réservés aux femmes, par suite de la transformation des mœurs et des usages, a déjà attiré l'attention et excité l'intérêt d'un grand nombre d'esprits distingués. L'Académie de Lyon, sur la proposition de M. Arlès Dufour, ouvrit un concours dont le but était d'indiquer aux gouvernants, aux administrateurs, aux chefs d'industrie et aux particuliers quelles seraient les mesures les plus pratiques pour élever le salaire des femmes à l'égal de celui des hommes lorsqu'il y a égalité de service et de travail. Les concurrents devaient aussi étudier les moyens de procurer aux femmes des travaux qui remplacent ceux que les hommes leur enlèvent successivement. Vingt mémoires ont été envoyés ; sur ces vingt mémoires, dix sont des œuvres vraiment sérieuses. Presque tous les écrivains qui ont traité cette grave question s'accordent à reconnaître que le travail manuel, la domesticité, quelques spécialités de fonctions ou de services publics, l'enseignement, l'exercice des beaux-arts et des lettres sont à peu près les seules professions auxquelles les femmes pauvres peuvent demander une rétribution honnête.

Mais combien, manquant de protections et souvent de la justice qui est due à tous, au faible encore plus qu'au fort, se rebutent en chemin et prennent, désespérées, le sentier de traverse qui conduit rarement à la fortune, mais toujours à la honte!

CHAPITRE IX

LE JOURNAL

S'il est une profession qui n'a pas été épargnée dans notre temps, c'est celle des journalistes ; que d'injures, que de menaces dirigées contre les journalistes et les journaux ! Et pourtant le journalisme est certainement la création la plus originale et la plus féconde en résultats du siècle qui commence à 1789. Il constitue dans la littérature une révolution à peu près semblable à celle que dut causer au xve siècle la découverte de l'imprimerie : c'est la puissance et la rapidité de la vapeur appliquées aux œuvres de l'intelligence ; c'est la régularité de la machine imposée, sous le nom de périodicité, à la science, à la critique, à la politique, à la fantaisie, paraissant à heure fixe. A peine commençons-nous à comprendre l'importance de cette révolution des idées qui a déjà transformé l'éloquence, l'art du gouvernement, la littérature, le théâtre, l'histoire elle-même.

C'est le journalisme qui a fait dans la littérature une division tranchée, quelque chose comme deux camps distincts : ceux-ci disciplinés en armée régulièrement organisée, avec chefs et soldats, tous affrontant bravement les mêlées de la polémique, les mille incidents des campagnes qu'il faut toujours recommencer; ceux-là tranquilles et retirés dans ces calmes régions où fleurit la palme académique, où se tresse la couronne des grands prix, et préférant au public tumultueux mais impressionnable de leurs bruyants rivaux un auditoire choisi dans le petit nombre de gens curieux de la science pure et amants de l'art irréprochable.

Ce qui fait, même encore aujourd'hui, la force du journalisme, c'est qu'en dépit de l'obligation de la signature, le journal est resté une œuvre collective. Dans le journalisme, l'idée appartient au parti, la forme tout au plus au signataire, et c'est en cela surtout que consiste l'originalité, la puissance, l'action de cette machine de guerre et aussi de construction. Il faut que la littérature politique vive vite, comme les hommes et les choses. Aussi voit-on disparaître la personnalité des individus au milieu d'un tel ouragan. L'intelligence n'y résiste que par l'association; seule, elle serait engloutie et absorbée par cette

activité dévorante ; en se rattachant au noyau d'un
parti, d'une masse d'idées et d'intérêts, l'intelligence alimente le foyer sans s'abdiquer elle-même,
et la foule, agitée par les coups répétés de ce bélier
qui ne s'arrête pas, cède à l'impulsion, se divise en
courants et obéit au mouvement qui lui est imprimé.
L'action de la tribune était irrégulière et soudaine ;
l'orateur frappait un grand coup, donnait un élan
rapide mais passager. La presse agit avec constance,
régularité ; elle a ses bons et ses mauvais jours, ses
heures de triomphe et ses heures de défaite ; mais,
alors même que le champ de la libre discussion lui
est fermé, elle agit encore en sauvant du naufrage
des libertés perdues le drapeau des principes.

La littérature proprement dite, dont l'extension
coïncide avec les progrès de la presse, le roman, la
critique, l'histoire littéraire, voulurent participer à
cette vie militante et fiévreuse. On découpa en feuilletons l'intérêt, les péripéties émouvantes, les peintures gracieuses ou terribles ; on jugea à vol d'oiseau
les productions les plus sérieuses comme les plus
enjouées ; une critique vive et instantanée succéda
au tribunal pédant dressé par les héritiers de Quin-
tilien et de l'abbé Le Batteux. Les œuvres de l'esprit
prirent ce caractère de hâte, de précipitation et
d'imperfection volontaire qui signale presque tout
ce qu'a produit le XIXe siècle. Mais des éclairs jail-

lirent de ce choc immense que chaque instant vit se renouveler. Grand embarras pour la postérité, qui ne saura si elle doit rejeter toute notre littérature comme entachée de négligence, et qui, dans l'impossibilité de choisir, devra surcharger son bagage de tant de défauts mêlés de tant de qualités!

Ce journalisme que l'on attaque sournoisement aujourd'hui est le répertoire vivant des documents de toutes sortes, le dépôt sans cesse ouvert et sans cesse accru des archives de la veille et des pièces à l'appui du jour; c'est le miroir alternatif de la vérité et de l'erreur, de la passion et de l'impartialité. Rien n'échappe à son regard, que la curiosité, l'envie, l'amour-propre, les rivalités, les haines et l'indiscrétion concourent à rendre clairvoyant. Toute découverte, toute opinion y trouve sa place. Le journalisme c'est la conversation sténographiée de peuple à peuple et aussi d'homme à homme; c'est le daguerréotype infini où se dessine l'une après l'autre et sans se mêler chaque vague de cette mer infinie qu'on appelle la société humaine. L'historien n'a plus besoin de reconstruire par l'hypothèse et de suppléer par la conjecture : il a sous les yeux le tableau tout fait, mais immense et surchargé de détails de la vie contemporaine ; son travail ne consiste plus à deviner, mais à dégager ; il ne crée plus l'image d'une époque, il la refait, la réduit et l'encadre.

CHAPITRE X

UNE QUESTION LITTÉRAIRE ET SURTOUT COMMERCIALE

Autrefois, quand un écrivain avait terminé une œuvre littéraire, il se rendait, son manuscrit sous le bras, chez quelque honnête libraire et le priait, chapeau bas, de vouloir bien se charger de l'impression de ses vers ou de sa prose. Le libraire donnait quelques pistoles à l'écrivain et s'adjugeait tout naturellement les bénéfices de l'entreprise.

C'était le temps (le bon temps, au dire de certains docteurs) où l'on pouvait dire : ma maison, mon champ, ma terre, ma ferme, mon château, mais où la loi ne permettait pas de dire : mon livre, mon drame, mon roman, mes vers. La vente d'un livre était de si petite importance pour les écrivains, que la plupart du temps ceux-ci ne songeaient même pas à tirer parti des produits de leur intelligence. La Bruyère allait presque journellement chez un libraire nommé Michalet, où il feuilletait les nouveautés. Un jour il tire un manuscrit de sa poche et dit au libraire : « Voulez-vous imprimer ceci (c'étaient les *Caractères*) ? Je ne sais si vous y trouverez votre compte ; mais en cas de succès, le produit sera pour votre fille. » Michalet entreprit l'édition et gagna trois cent mille livres. La Bruyère avait pour toute fortune une pension de mille écus qu'il tenait de la munificence du prince de Condé.

Les écrivains qui n'étaient point aussi bien partagés que La Bruyère, ceux qui ne pouvaient trouver place dans la domesticité d'un prince ou d'un grand seigneur, vivaient comme ils pouvaient, au hasard des événements, et le plus souvent mouraient de faim ; mais leurs libraires avaient pignon sur rue. A la longue les écrivains se lassèrent de mourir de faim (on se fatigue de tout), et ils réclamèrent le bénéfice de la loi commune. Malheureusement, déjà dans ce temps-là on avait les folliculaires en horreur et l'on ne tenait que médiocrement à faire vivre ces gratte-papier qui pouvaient troubler la digestion des honnêtes gens, et c'est pourquoi les folliculaires continuèrent à réclamer; à pétitionner, à enrichir leurs éditeurs et à mourir de faim.

Enfin Malherbe vint... La Convention nationale déclara que les écrivains ne lui faisaient pas peur, et elle fit une loi par laquelle les auteurs d'écrits en tous genres, les compositeurs de musique, les peintres et les dessinateurs qui feraient graver leurs tableaux ou leurs dessins avaient le droit exclusif de vendre leurs ouvrages et d'en céder la propriété dans le territoire de la république durant leur vie entière. Le même droit fut accordé aux héritiers et aux cessionnaires pendant les dix années qui suivraient la mort des artistes et des écrivains. Il ne fallait pas moins que le bon sens révolutionnaire de la Convention nationale pour faire admettre en principe que le grand Corneille avait le droit de léguer à ses neveux autre chose que sa gloire et sa misère.

Depuis la Convention, les esprits se sont familiarisés avec l'idée de la propriété littéraire, et le législateur a fixé à trente années le droit d'exploitation accordé aux héritiers.

Trente années, c'est beaucoup pour les héritiers du commun des martyrs de l'écritoire. Combien d'œuvres vivent un quart de siècle! combien seulement un quart d'année! Mais c'est peu si l'on songe qu'un livre, une comédie, un drame, un volume de poésie peuvent survivre au temps présent et se frayer une route vers la postérité. Trente ans après la mort de Lamartine, d'Hugo, d'Alfred de Musset, on lira encore les *Méditations,* les *Orientales* et le *Spectacle dans un fauteuil,* et je ne vois pas trop quels périls menaceraient la société si trente ans après la mort de ces trois illustres écrivains le produit de leurs œuvres profitait à leurs héritiers plutôt qu'aux libraires.

Deux opinions se sont prononcées : nous avons les partisans de la propriété littéraire limitée et les partisans de la propriété perpétuelle. Ceux-ci disent à ceux-là : Si vous admettez qu'une œuvre d'art soit une propriété, il n'y a aucune raison d'établir une différence entre elle et les autres propriétés ; elle est propriété au même titre que la ferme, le morceau de terre, la rente, les actions, et si le principe de la propriété littéraire avait été admis dès l'origine, nous n'aurions pas assisté tout dernièrement encore au douloureux spectacle d'une souscription ouverte pour arracher à la misère une arrière-petite-fille de Racine et une arrière-petite-nièce de Corneille, pendant que les arrière-petits-fils et les arrière-petits-neveux des marchands du xviie siècle jouissent tranquillement de la fortune qu'ils tiennent de leurs aïeux. Déclarez donc que le livre, le tableau, la statue et la partition du compositeur de musique sont une propriété pure et simple, c'est-à-dire quelque chose indéfiniment transmissible de générations en générations.

Écoutons maintenant l'avocat de la partie adverse, comme on dit au Palais : L'œuvre d'art n'est point et ne peut être une propriété comme la ferme, la maison, le morceau de terre dont vous parliez tout à l'heure. Par sa nature intellectuelle, et pour ainsi dire immatérielle, elle échappe à l'impôt direct et aux droits de succession qui reviennent à l'État à la mort du propriétaire de la ferme, de la maison ou du morceau de terre. Pour que ce droit de perpétuité fût accordé au livre et au tableau, il faudrait au moins que le tableau et le livre supportassent les mêmes charges que la propriété foncière. Mais comment vous y prendrez-vous pour établir un impôt sur une œuvre d'art ? quelle sera votre base approximative ? procéderez-vous par un droit fixe ou par un droit proportionnel ? Comment réglerez-vous les droits de succession d'une œuvre littéraire ou d'une partition musicale ? Si j'hérite d'une terre, je donne volontiers tant pour cent à l'État, parce que je sais ce que vaut la terre et ce qu'elle rapporte ; mais si j'hérite d'un livre ou d'un opéra, me voilà fort embarrassé d'acquitter les droits d'une propriété dont le revenu flotte encore dans le brouillard des hypothèses. Par prudence, je n'ose accepter l'héritage que sous bénéfice d'inventaire, et le livre ou l'opéra retombent tout naturellement dans le domaine public. Vous avez voulu me doter d'une propriété perpétuelle, et vous avez si bien fait que je ne suis plus propriétaire de rien.

Mais il est encore d'autres raisons qui s'opposent à l'admission du principe de la perpétuité en matière d'art; ce principe, s'il était accepté, pourrait avoir les plus graves inconvénients, dont le moindre serait de restreindre la propagation des œuvres littéraires, le livre qui appartient à un individu se vendant naturellement plus cher que le livre qui appartient à tout le monde. N'admettez-vous pas aussi que tel ouvrage conçu dans de certaines idées et passant à un héritier qui, en sa qualité de propriétaire perpétuel, aurait sur cet ouvrage droit de vie et de mort, pourrait être radicalement retranché de la circulation? Supposez les soixante-dix volumes de Voltaire entre les mains d'un propriétaire qui céderait sa propriété à la compagnie de Jésus. Voilà Voltaire expulsé du monde des vivants et définitivement enterré. Adieu *Candide,* adieu *Micromégas,* plus d'*Homme aux quarante écus*; la *Princesse de Babylone* serait mise au pilon, et la *Correspondance* en capilotade. Sur quel droit vous appuyeriez-vous pour forcer les propriétaires des œuvres de Voltaire à réimprimer une édition nouvelle quand l'ancienne

serait épuisée? Ne sont-ils pas, d'après votre principe, maîtres de cet ouvrage au même titre qu'un
cultivateur est maître de son champ, et un bourgeois de sa maison? et s'il plaît au bourgeois de
démolir sa maison et au cultivateur de laisser son
champ improductif, qui peut les en empêcher? La
propriété littéraire ne peut donc être qu'une propriété à part, qui n'a rien de commun avec ce que
nous entendons communément par ce mot de propriété. On peut étendre de trente ans à cinquante
ou soixante ans le droit accordé à un descendant direct d'exploiter des œuvres d'art ou de littérature,
mais à un moment donné ces œuvres doivent faire
retour au domaine public. Les partisans de la propriété perpétuelle en matière d'art soutiennent,
sans s'en douter, une cause profondément illibé-
rale, et j'aime à croire qu'ils n'ont pas songé aux
graves conséquences qui résulteraient de l'adoption
de leur principe.

Quant à de certains écrivains dont les livres n'ont
jamais eu huit jours de vie, je les entends d'ici se
récriant à la lecture des lignes qui précèdent : « Ah!
misérable! ah! scélérat! ah! brigand (quel malheur
que notre langue littéraire ne soit plus aussi richement meublée qu'au xviiie siècle où les expressions
les plus crues étaient quotidiennement écurées dans
les cuisines de la polémique!) ah! infâme coquin!

tu as porté une main sacrilége sur ce qu'il y a de plus sacré au monde, sur la propriété du génie. Quoi! j'aurai passé ma vie à frapper des vers et de la prose sur l'enclume de la pensée, à entasser des romans sur des drames, à empiler des vaudevilles sur des nouvelles, un Pélion d'idées sur un Ossa de bouquins, et mes arrière-neveux n'auront pour se réchauffer que le soleil de ma gloire, et ces drames, ces romans, ces sonnets, ces nouvelles, tous ces oiseaux échappés de la volière de mon imagination, tous ces diamants tombés de l'écrin de ma fantaisie, tout ce glorieux bagage, toute cette richesse, en un mot, ne préservera pas de la misère les enfants de mes enfants! » Vous me demanderez peut-être qui parle de la sorte. Ce n'est ni Lamartine, ni Hugo, ni Dumas, ni même M. Anicet Bourgeois; c'est l'auteur du *Hanneton printanier,* recueil quelconque qui a dû paraître quelque part, ce qui ne veut pas dire qu'il ait vécu quelques jours.

Un autre se plaindra en termes non moins vifs; selon lui, l'admission du principe de la propriété littéraire perpétuelle aurait pour résultat de venir en aide aux auteurs vivants en leur permettant de faire, moyennant un prix relativement élevé, la cession définitive de leurs œuvres à des libraires. Je suis d'un avis tout à fait opposé. On sait avec quelle facilité les jeunes écrivains, pour peu que la nécessité les talonne, font bon marché de l'avenir : il ne leur coûterait pas plus, devant un certain nombre de pièces d'or, de griffonner leur signature au bas d'un traité qui les lierait pour dix ans ou qui les engagerait pour l'éternité. La prévoyance, le calcul, la bonne entente des affaires ne sont pas, il faut bien le reconnaître, les péchés mignons des gens de lettres. Jean-Jacques Rousseau livrait pour onze cents francs le manuscrit de la *Nouvelle Héloïse*, et parmi les écrivains de notre temps il en est quelques-uns que je pourrais citer qui ont accepté et même sollicité des marchés tout aussi déplorables. M. Alexandre Dumas fils, qui serait moins facile aujourd'hui, me disait qu'il avait vendu quatre cents francs la propriété de la *Dame aux camélias*, un livre qui s'est répandu dans le public à plus de trente mille exemplaires. Si à cette époque la durée de la propriété littéraire eût été de cent ans et non de trente à partir de la mort de l'auteur, comme elle existe aujourd'hui, croyez-vous que M. Dumas fils se fût embarrassé de quelques années de plus et qu'il eût seulement hésité avant de livrer à l'éditeur la propriété de son roman?

De leur côté, quelques éditeurs me diront : « Si nous gagnons sur les œuvres de quelques écrivains, croyez-vous donc que nous ne perdions pas souvent sur les livres du plus grand nombre? » Je n'ai jamais prétendu le contraire, et je suis très-fermement convaincu que cette chose qu'on nomme un *bouillon* dans la langue pittoresque de la librairie, n'est point une fiction; le bouillon existe, et ce bouillon débordant a éteint le feu qui flambait sous bien des marmites. Mais cette question toute particulière est parfaitement étrangère à la question générale de la propriété littéraire. Les éditeurs sont commerçants, et, comme tels, exposés aux mauvaises chances; ils agissent dans l'exercice de leur libre arbitre, comme leurs confrères des autres états, et, dans la librairie comme ailleurs, on réussit par le travail et l'intelligence. Si quelques libraires se ruinent, j'en vois aussi qui s'enrichissent : le métier n'est donc pas plus mauvais qu'un autre. On me parle, il est vrai, de chances heureuses, de hasard; mais j'ai remarqué depuis longtemps déjà que le hasard ne va guère que vers les gens qui font les premiers pas au-devant de lui. Quand certain libraire bien avisé achetait à M. Dumas fils le roman de la *Dame aux camélias,* il ne se doutait certes pas que ce livre, alors si modeste, parcourrait tant d'étapes avec les bottes de sept lieues du succès, mais il avait confiance dans le jeune écrivain, et il se risquait volontiers dans cette première affaire avec l'espoir de se rattraper, en cas de non réussite, sur une seconde. Quelques années plus tard, un drame représenté avec éclat rappela au public le titre du roman de M. Dumas fils et lança ce livre avec une telle force qu'il ne s'est plus arrêté depuis. Direz-vous que c'est du hasard! Sans doute ; mais il est tel éditeur à qui ce hasard ne se serait jamais offert.

En somme, il faut bien dire aussi que cette question de la propriété littéraire-dont tant de gens s'occupent n'intéresse véritablement que les grands seigneurs de la plume. Que nous importe à nous, les démocrates de l'écritoire, que la durée de la propriété d'une œuvre d'art soit fixée à cinquante ans, à cent ans, ou soit illimitée. Si nos petites œuvres pouvaient seulement vivoter autant que nous, nous n'en demanderions pas davantage. Eh bien! j'ai vu quelques-uns de ces aristocrates de l'intelligence, j'ai causé avec eux, je leur ai demandé leur opinion sur la question, et tous m'ont répondu qu'ils admettaient le retour, à une certaine date, des travaux d'art ou de littérature au domaine public. Il y a en effet dans l'esprit d'un grand écrivain, quand il fait une œuvre, une tout autre préoccupation que la préoccupation de la propriété de cette œuvre ; il obéit à une inspiration plus haute que la pensée du gain. Qu'il retire de ses travaux un glorieux bénéfice, que ses descendants directs entrent en possession de son héritage intellectuel, rien de mieux ; mais un jour doit venir où il restitue à son pays cette portion survivante de son être et où les générations sont définitivement instituées les dépositaires de sa gloire.

M. Ambroise-Firmin Didot, qui n'a pas l'ambition de créer des fiefs littéraires perpétuels au profit de sa maison, a démontré que les héritiers d'un écrivain sont souvent les plus grands ennemis de sa gloire. « Ayant à faire un choix parmi les meilleures tragédies pour composer une collection de pièces de théâtre du second ordre, où figuraient le *Saint-Genest* de Rotrou et jusqu'au *Warwich* de La Harpe, dit M. Didot, nous songions à y adjoindre les *Templiers* de M. Raynouard. Son héritier refusa nos propositions, prétendant que son intention était de publier plus tard les œuvres complètes de l'auteur. Qu'en résulta-t-il? Comme M. Raynouard était mort sans enfants, au bout de dix ans, ses ouvrages tombèrent dans le domaine public. Depuis, quand nous avons réimprimé notre recueil, nous avons négligé d'y faire rentrer cette tragédie, et personne n'a songé à la réimprimer. » Le poëte Andrieux eut le même sort que son collègue Raynouard. La propriété de ses œuvres étant restée indivise entre les mains de deux héritiers ne put être, par suite de quelques obstacles résultant de cette situation même, réunie comme l'eussent désiré MM. Didot; plus tard elle tomba dans le domaine public, mais la génération qui avait succédé avait, hélas! oublié jusqu'au nom d'Andrieux, que M. Villemain appelait le véritable héritier de Voltaire. Voltaire a eu beaucoup d'héritiers de ce genre, et il en pousse tous les jours autour de nous, mais c'est de ces héritiers-là qu'on peut dire qu'ils n'ont pas hérité de l'héritage : un mot d'Alexandre Duval, héritier de Voltaire, lui aussi, et dont on ne se souvient pas plus que des autres.

Il est un autre écrivain que nous avons tous connu, que tous nous avons aimé, et qui a subi le même sort. Entrez dans la première librairie venue, et demandez les œuvres complètes de Charles Nodier : elles n'existent plus. Laissez le temps faire son œuvre pendant quelques années, et du charmant auteur de *Trilby*, de la *Fée aux miettes*, de l'éloquent écrivain à qui l'on doit les *Souvenirs de jeunesse*, il ne restera rien dans le souvenir de la génération qui nous suit. Nodier sera mort tout entier dans la mémoire de ses quasi-contemporains, lui qui pouvait sans vanité espérer d'échapper au naufrage.

Il n'est pas un éditeur qui n'entreprît, s'il le pouvait, la publication des œuvres de Nodier, lesquelles manquent aujourd'hui dans presque toutes les bibliothèques; mais ces œuvres appartiennent à des héritiers, et ceux-ci, pour une cause ou pour une autre, peut-être parce qu'ils ont cédé à un tiers une mince partie de l'œuvre du glorieux mort, ont par le fait déshérité le public. Nodier survivra, il est de la race immortelle, et tôt ou tard il aura sa résurrection ; mais supposez un écrivain moins bien constitué, un Andrieux, il était bel et bien enterré.

CHAPITRE XI

PETITES SATIRES

Nous voyons renaître aujourd'hui certaines industries ténébreuses qui florissaient àvant la révolution, et tout dernièrement le Théâtre-Français s'escrimait de son mieux contre le pamphlet et le pamphlétaire. Il y a vingt ans, ces biographies microscopiques, qui troublent, à ce qu'il paraît, le sommeil de certaines gens, seraient passées inaperçues au milieu de préoccupations plus sérieuses. Les historiettes scandaleuses, les révélations mensongères ou perfides, tous ces menus propos littéraires ou politiques ne peuvent se produire au sein d'une société que lorsque la discussion est absente. Quand l'idée ne passionne plus le public, il prête volontiers l'oreille à tous les bruits, il suit du regard chaque mouche qui vole, il baguenaude, en un mot, comme un écolier désœuvré ; alors le moment est bon pour ces esprits moins méchants encore qu'avides, et qui spéculent sur le désœuvrement intellectuel : c'est l'heure de la biographie brutale , parsemée de médisances ramassées sur la voie publique comme des bouts de cigares et truffées d'anecdotes rancies. « Tu n'as plus l'estomac assez robuste, ô public ! pour digérer les mets substantiels de l'intelligence ; nous allons te servir les sauces épicées de la personnalité. Nous nous pencherons sur la vie de toutes les célébrités , et nous tâcherons de surprendre leurs pensées les plus intimes, leurs amours les plus secrètes ; nous lirons par-dessus leur épaule les lettres qu'ils écrivent, et nous regarderons par le trou de la serrure pour les peindre en déshabillé. » Voilà en effet ce qu'ils font depuis quelques années ces artistes du scandale, et il faut ajouter, pour les excuser un peu, que s'ils ont adopté cette profession, c'est peut-être parce qu'ils n'ont pu s'en créer une autre plus honorable ; car, au métier qu'ils font, ils n'ont dépensé ni beaucoup de verve, ni beaucoup de style, ni même un peu d'esprit.

Ce qui m'étonne, cependant, c'est que les moralistes et les écrivains s'en prennent à ces pauvres diables qui trouvent leur vie dans le tas d'ordures qu'ils remuent du matin au soir à leurs risques et périls. Croit-on que c'est pour leur plaisir qu'ils aspirent les miasmes de ce fumier? Ils savent que le public aime le scandale, et ils se font débitants de scandale; le jour où le public serait las de cette littérature de chiffonnier, ils s'empresseraient de fermer boutique... adieu les loques, les chiffons, toute la friperie biographique, et ils iraient respirer le grand air ou apprendre l'orthographe.

Cette disposition des esprits à ne se préoccuper que de petites choses devient chaque jour plus grande et se révèle dans une infinité de détails. Allez dans un salon, et, si la conversation est languissante, vous réveillerez aussitôt l'attention des auditeurs en annonçant que vous allez raconter une anecdote piquante sur celui-ci, ou une médisance sur celui-là. Paris échappait autrefois à la loi tyrannique des petites villes où l'on sait ce qu'a fait hier le voisin, ce qui a été dit chez le sous-préfet, et combien on a bu de verres d'eau sucrée chez le receveur particulier. Aujourd'hui les cancans, les médisances, les personnalités, tout cela s'épanouit aussi bien à Paris que dans la plus petite serre chaude départementale, et je commence à croire que M. Félix Pyat n'avait pas tout à fait tort quand il déclarait que Paris allait devenir un immense Carpentras.

Savoir choisir ses amis, c'est le grand art, l'art difficile dans un temps où les relations sont banales ou perfides. Pensez toujours, quand vous laissez courir votre âme sur le papier, qu'un jour ce papier pourra retomber comme un pavé sur votre cœur ou votre mémoire; n'avons-nous pas vu, dernièrement encore, des gens, bravant tout scrupule, mettre aux enchères des lettres que des amis, devenus célèbres, leur avaient adressées au temps où ces amis étaient encore inconnus du public! Ainsi, pour trois francs, on livre au premier venu les secrets et quelquefois les faiblesses d'un homme qui nous a honorés de sa confiance. Pour trois francs! cela s'est vu, cela se voit tous les jours, et cela s'appelle faire une vente d'autographes!

Nous vivons dans un temps, je le disais tout à l'heure, où le commérage s'est substitué à l'action, où l'anecdote a remplacé l'idée, où l'historiette règne en souveraine. Les plus illustres écrivains eux-mêmes n'ont pas su résister au courant, et ils ont, au contraire, aiguisé, par la publication de leurs Mémoires, ce goût du public pour les petites choses. Nous les avons vus, les uns après les autres, mettre leurs impressions, leurs souffrances, leurs amours, en coupe réglée, et faire la moisson de leurs souvenirs. N'en est-il pas de certains souvenirs comme des lettres confidentielles? Ils ne nous appartiennent pas tous exclusivement; il en est qui sont la propriété d'amis, de parents, de personnes qui nous furent chères, et la place de ces souvenirs est dans notre cœur et non dans un journal ou dans un livre. Nul écrivain, si grand soit-il, n'a le droit de dévoiler le secret des foyers où il a été admis, et l'honnête homme éprouvera toujours un sentiment pénible en voyant Chateaubriand (je ne cite que celui-là) ridiculiser après sa mort, par le récit d'aventures grotesques, ceux dont il se disait l'ami dévoué pendant sa vie.

Si Juvénal arrivait à Paris, il serait bien étonné de voir que Rome n'est plus dans Rome, mais sur les bords de la Seine. « Quand la soif de l'or fut-elle plus ardente? Quand la passion du jeu fut-elle plus effrénée? C'est peu aujourd'hui de porter sa bourse au jeu, on y porte son coffre-fort. La partie est-elle engagée, quelle mêlée! O folie! perdre cent mille sesterces et refuser un manteau à un esclave transi de froid! » Voilà ce que dirait Juvénal en passant devant ce grand monument grec qui se nomme la Bourse, et qui lui rappellerait les portiques de la Rome césarienne. En lisant dans les journaux le compte rendu qui, hier encore, occupait tous les esprits, il s'écrierait mélancoliquement : « Ici, on mène un train au-dessus de ses moyens ; ici, on n'est jamais assez riche; de temps en temps on puise dans le coffre d'autrui. Tel est notre vice à tous; nous vivons dans une pauvreté ambitieuse. »

Il ne lui faudrait pas longtemps, à ce grand honnête homme, pour voir clair dans nos mœurs, pour percer la couche de civilisation qui dérobe aux myopes nos défauts et nos vices. « Supposez un témoin aussi intègre que l'hôte de Cybèle, supposez Numa, supposez celui qui a sauvé Minerve du temple embrasé. On demande d'abord : Est-il riche? a-t-il de nombreux clients? de grands domaines? mais : A-t-il des mœurs? c'est la dernière question. Tant vous êtes riche, tant vaut votre parole. Vous auriez beau jurer par les autels de Samothrace et par les nôtres, on croit que le pauvre méprise et la foudre et les dieux, qui le regardent en pitié. »

Après s'être promené sur nos boulevards, à travers nos rues bordées de maisons aux loyers si chers, il se serait écrié comme autrefois : « Puisqu'il n'y a plus de place à Rome pour les modestes ressources, puisque ma fortune, moindre aujourd'hui qu'hier, va toujours en diminuant, disons adieu à ma patrie : qu'Arturius et Catulus y vivent! qu'ils y restent ceux qui peuvent rendre blanc ce qui est noir, ceux pour qui tout est facile! » Et il dirait encore : « Si vous pouviez vous arracher aux jeux du cirque, vous achèteriez à Sore, à Fabratère et à Frasinone, une délicieuse maison avec ce que vous payez à Rome pour loger sous les toits, dans une cage obscure. Là vous auriez un petit jardin, un puits peu profond, où vous puiseriez à la main de l'eau pour arroser vos légumes. Ah! vivez heureux en cultivant à la bêche un jardin d'où vous récoltiez de quoi fêter cent pythagoriciens. Quelle satisfaction de se dire le maître du moindre petit champ dans un coin du monde ! »

Et il faut bien dire que la Rome de Juvénal ne valait guère mieux que le Paris d'aujourd'hui. De quoi s'occupaient-ils ces fiers conquérants du monde, abâtardis par l'abus des jouissances physiques? En dehors des jeux du cirque et des préoccupations du gain, ils étaient à l'affût des historiettes, des commérages et des anecdotes qui couraient sur la voie publique. Les histrions et les bateleurs accaparaient l'attention générale. Une comédienne sortait-elle de ses rôles pour se faire femme de lettres, vite cela devenait le grand émoi de toute la ville. « Vous savez que Laïs écrit et qu'elle attaque celui-ci et celui-là? — Oui, répondait un autre, c'est Laïs qui écrit, mais c'est son amant qui dicte. » Et pendant quinze jours on discutait pour savoir si c'était bien Laïs ou l'amant de Laïs qui se cachait sous le pseudonyme de Lesbie. Puis il n'était aussi question que du luxe de Bathylle, qui se montrait sur les gradins du cirque avec du rouge sur le visage, les cheveux constellés de poudre d'or, et qui mange pour le quart d'heure les derniers sesterces d'un jeune millionnaire prussien maudit par sa famille ! Ce Prussien a succédé à un Espagnol qui avait succédé à Russe. Toute l'Europe a passé par le boudoir de Bathylle, et Bathylle, qui n'est plus jeune, a des poëtes qui chantent sa jeunesse, et Bathylle, qui n'est plus belle, a des journalistes qui vantent sa beauté.

Si vous avez lu les satires de Juvénal, vous avez dû y voir que de son temps le luxe de l'habillement chez les femmes était porté à un tel point, que c'est à peine si, de nos jours, il a été dépassé : tissus de pourpre, étoffes fines et soyeuses, riches broderies d'or en méandres ou en palmettes, camées pour ramener la robe sur l'épaule ou rattacher à la ceinture ses plis errants, aiguilles diamantées, caducées d'or, diadèmes, pierres précieuses dans la chevelure, il ne manquait à ces belles Parisiennes des bords du Tibre que la crinoline. Ah ! si Messaline, cette grande dame romaine, qui se montra dans l'espace de quelques années avec trois cents chevelures différentes, avait connu la crinoline, quelles émotions et quels transports elle aurait excités dans tout le quartier de Suburre ! Nous avons inventé les chemins de fer, la crinoline, l'électricité et les esprits frappeurs; mais, tout cela mis à part, nous n'avons pas tant sujet de nous vanter. Le demi-monde romain valait bien le demi-monde parisien, les cuisiniers de la décadence étaient aussi habiles que les cuisiniers d'aujourd'hui, et je ne sais si les bisques de Lucullus n'étaient même pas supérieures au potage à la Cramousky.

Il n'est jamais question que de Paris, des fêtes de Paris, des bals de Paris, des hommes, des femmes, des mœurs, des modes, des habitudes, des événements et des monuments de Paris. Paris joue le rôle d'un acteur qui tiendrait toute la scène et n'aurait pas même un confident pour lui donner la réplique. Il faut que ce monologue finisse et que la province dise son petit bout de rôle dans la comédie de la société française. Vous prétendrez peut-être que Paris ayant été depuis longtemps proclamé le centre unique de l'activité intellectuelle... Ne vous donnez pas la peine d'aller plus loin, je sais le reste, et je vous répondrai que la province a sa petite activité, ses petits défauts, ses petits ridicules, tout ce qui constitue, en un mot, la gloire, la réputation, la célébrité de Paris.

Il est inutile de vous expliquer pour quelle raison je suis tombé de Paris en province, d'une capitale de seize cent mille âmes dans une sous-préfecture de huit mille habitants; je vous prie de croire pourtant que, lorsque j'arrivai dans cet aimable chef-lieu d'arrondissement, je n'affectai pas, en me promenant par les rues, les airs penchés d'Ovide en exil. J'avais pris la résolution d'aborder de front le cent de piquet, et j'étais même décidé à enterrer mes soirées sous des pelletées de parties de bezigue. Des lettres de recommandation devaient m'ouvrir la porte des notables, ou plutôt des gros bonnets de l'endroit, car les notables n'existent plus depuis la révolution. Beaucoup de gens, du reste, n'apprécient pas suffisamment la différence qui existe entre les notables et les gros bonnets; pour eux, gros bonnet et notable, c'est blanc bonnet et bonnet blanc; mais je n'ai malheureusement pas le temps d'insister sur cette importante question.

Je n'étais pas installé depuis vingt-quatre heures, que je fus bien forcé de reconnaître que ma sous-préfecture n'était pas aussi étrangère que je l'avais supposé à l'influence des idées modernes. Elle possède un cercle qu'on appelle le club, et où, sous le prétexte d'améliorer la pomme de terre, on remue le carton jusqu'à trois heures du matin. Les seuls jeux autorisés par le règlement sont le whist et l'impériale; aussi ne joue-t-on que le lansquenet. J'appris aussi que la ville, toute petite qu'elle est, a deux ou trois sociétés représentées par deux ou trois salons. Le faubourg Saint-Germain est installé au numéro 25 de la Grande-Rue, et la Chaussée-d'Antin au numéro 29. Une simple maison et un dédain réciproque séparent la Chaussée du Faubourg.

Je me présentai d'abord au faubourg Saint-Germain, je veux dire au numéro 25, où je fus parfaitement accueilli par la maîtresse du lieu, madame du Four; n'allez pas écrire Dufour, je vous prie : ce grand D et ce petit *f* me brouilleraient à mort avec la dame. Madame du Four avait une robe fort élégante, serrée à la taille par une ceinture dorée, une de ces ceintures russes qui sont devenues indispensables à l'existence des femmes françaises; elle me parla de tout et de plusieurs autres choses, entre autres de la sainte horreur que lui inspiraient la vie de province, les gens de province et les couturières de province. Elle faisait venir ses robes de Paris, et ses chapeaux et ses bottines; pour rien au monde elle n'eût consenti à charger ses épaules d'un fichu départemental. Je lui demandai si elle connaissait madame Legrand (la Chaussée-d'Antin); elle me répondit qu'elle l'apercevait le dimanche à l'église, mais qu'elle ne la voyait pas, que cette madame Legrand était très-certainement une excellente femme, quoiqu'elle n'eût ni éducation, ni manières, ni bon sens, ni esprit, ni la moindre des qualités physiques et morales. Je vous assure qu'une Parisienne n'aurait pas mieux fait à l'égard de sa meilleure amie. « Vous êtes née à Paris ? n'est-ce pas ? » lui dis-je quand elle eut fini de parler. Elle hésita et me répondit en rougissant : « Oui, monsïeur, je suis de Dijon. » Je compris que je ne devais pas avoir entendu la fin de la phrase, et je m'empressai de lui dire qu'il était impossible de ne pas deviner au premier coup d'œil qu'elle était née sur le boulevard. Elle me gratifia d'un aimable sourire, et je pris congé d'elle pour aller chez madame Legrand.

Celle-ci me donna à peine le temps de lui adresser les compliments d'usage ; elle m'avait vu sortir du numéro 25, et elle me fit aussitôt la biographie du faubourg Saint-Germain. Du Four avait commencé par être clerc d'huissier, et le père de sa femme s'était enrichi dans la moutarde. Il s'appelait Dufour tout court et non du Four. Tout l'arrondissement, du reste, était fatigué de l'exorbitante vanité de ce parvenu. Du Four, qui se prétendait noble, n'était pas même le premier moutardier du pape. Ce dernier trait satirique faisait allusion à l'attitude que venait de prendre du Four dans la question romaine. Car du Four, en sa qualité de représentant de l'aristocratie, avait cru devoir prendre une attitude.

Lui qui jusque-là n'avait que rarement accompagné sa femme à la messe du dimanche se déclara tout à coup le champion de l'Église. Si du Four avait possédé les connaissances théologiques et les artifices littéraires, il aurait ajouté deux pages d'impression à la liste des trois cent quatre-vingt-dix-huit brochures déjà écloses dans le parterre de la question du temporel. Mais du Four se défiait de ses forces comme brochurier catholique, outre qu'au point de vue du succès il avait un nom malheureux. Il eut donc recours à un autre moyen pour signaler son attitude. Il déclara un beau matin qu'en présence du deuil de l'Église il renonçait à donner son bal costumé, et qu'à partir de ce moment il *fermait ses salons*. Pour un oui ou pour non, du Four aurait émigré et serait parti pour Nice, cette Coblentz de la contredanse ultramontaine.

Vous comprenez l'effet que produisit cette nouvelle en tombant au milieu de la ville. Ce bal costumé, dont on parlait depuis deux mois, tenait en éveil toutes les coquetteries de l'arrondissement ; les marchands avaient empli leurs magasins d'étoffes pour confectionner les costumes. Ce fut une stupéfaction universelle à laquelle succéda bientôt une averse d'imprécations. Du Four, inébranlable comme le rocher de Pierre, triomphait dans toute la majesté de son attitude.

Cependant la Chaussée-d'Antin eut une idée. Legrand comprit que le moment était venu de couler bas son rival; il répandit habilement le bruit que la barque de Pierre n'avait été pour du Four qu'un prétexte économique. Il insinua que le numéro 25 était gêné par les folles prodigalités de madame du Four, dont les robes à trente-six volants, les ceintures dorées et les chapeaux ornés d'un carillon de sonnettes d'or avaient fortement ébréché la dot provenant des pots de moutarde paternels. Legrand eut une voix attendrie en parlant de cette fortune compromise; puis il annonça qu'il prenait le bal costumé pour son compte, et qu'au lieu de danser au numéro 25 on danserait au numéro 29. Toute la ville cria vive Legrand! du Four était perdu.

Les invitations furent lancées dans toutes les directions; les marchands taillèrent dans les étoffes et les couturières se mirent à l'œuvre. Legrand, pour justifier sa récente popularité, fit des prodiges: il annonça un souper. Au jour convenu, le numéro 29 était étincelant. Dé sa sombre fenêtre, du Four voyait passer ses anciens invités brillamment costumés, et du Four regrettait d'avoir pris une attitude.

Ce bal aurait mérité une mention spéciale dans les journaux parisiens. Il y avait un quadrille Louis XV

et un quadrille hongrois; on voyait passer des nuits
blanches et des nuits roses, sans compter des lunes
et des étoiles, encore plus étincelantes que les pla-
nètes de M. Le Verrier; tout un firmament moins le
soleil. Madame A... était en Diane, madame B... en
dame de cœur, madame C... en dame de pique, madame D... en reine mauresque, madame E...; mais
je m'arrête, parce que je vous vois sourire. Il va
faire défiler, pensez-vous, toutes les lettres de l'alphabet. Eh! mon Dieu! on n'agit pas autrement à
Paris, dans les chroniques, revues, courriers et autres
feuilletons plus spécialement consacrés à l'enregis-
trement des bals, concerts, soirées, fêtes et solennités quelconques. Ce sont toujours les mêmes ini-
tiales qui entrent en danse, et je vous signalerai à ce
sujet une certaine marquise de X... qui n'a pas cessé
d'avoir dix-huit ans depuis vingt ans qu'on parle
d'elle. Je vous préviens que la marquise de X...
commence à être percée à jour en province et qu'il
serait temps de mettre cette grande dame au rancart.
Remplaçons-la, si vous voulez, par une duchesse et
n'en parlons plus.

Vous voyez, par ce qui précède, que la province
peut, à l'occasion, tenir sa petite place dans un journal de Paris. Les acteurs parisiens font plus de tapage, parce que leur théâtre est plus vaste; mais, en
résumé, je ne crois pas qu'il y ait une grande diffé-

rence entre les du Four des départements et les Legrand de Paris.

Un drogman de l'ambassade de Perse a bien voulu me communiquer la traduction d'une lettre écrite par un jeune attaché, et adressée à un de ses amis qui habite Téhéran. Il est, je crois, inutile d'ajouter que l'attaché en question avait dû lire les *Lettres persanes* de Montesquieu.

UBESK-KHAN A NESSIR

« Que ton rosier soit toujours fleuri! Après avoir passé je ne sais combien de lunes sur le dos du coursier d'écume, nous sommes arrivés dans une ville qu'on m'a dit être la troisième de l'empire, et qui s'appelle Marseille. Le peuple, qui nous attendait en foule, nous a fait grande fête. Figure-toi que les hommes de ce pays-ci ont adopté pour leur costume les couleurs lugubres que portent aux convois des schahs et des khans les pleureurs de Téhéran. Ils ont sur la tête des choses rondes qu'ils nomment des chapeaux, et qui ressemblent à des tuyaux de cheminée. Je ne sais rien de plus risible que la vue d'un Européen, et je me demande comment ces Français, dont tous les livres vantent les manières

élégantes, peuvent avoir la moindre grâce ainsi ac-
coutrés d'un vêtement qui se termine en queue d'oiseau. Quant aux femmes, elles sont toutes contrefaites. A partir de la taille, qui est d'une extrême
finesse, elles ont des formes d'une proportion tellement démesurée qu'on se demande quel effet pro-
duirait la vue d'une statue qui représenterait au naturel ces étranges créatures. Il paraît qu'en France
la beauté consiste à s'amincir le milieu du corps et
à donner à d'autres parties un développement extraordinaire. Juge de mon étonnement lorsque mon
drogman, à qui je faisais part de la pitié qu'excitait
en moi le spectacle de ces croupes monstrueuses,
m'eut dit que les Françaises ne sont pas naturellement plus contrefaites que les femmes de notre pays,
mais qu'elles se font ces tournures ridicules à l'aide
d'une étoffe gommée nommée *crinoline,* pour obéir
à une convention qu'on appelle *la mode,* et qui est
imposée on ne sait par qui. Je savais qu'il existe
dans des pays que je ne connais pas des tribus sauvages dont les femmes se rendent volontairement
laides en se faisant des incisions sur le nez, mais je
ne me serais jamais douté que les Françaises, qui
passent pour les femmes les plus coquettes et les
plus élégantes de l'Europe, imitassent d'une autre
façon ce procédé barbare.

« A peine débarqués à Marseille, on nous a fait

monter dans de petites chambres établies sur des roues, et un gros animal qui lance la fumée par les naseaux et le feu par la bouche a poussé tout à coup un cri aigu et s'est élancé avec une incroyable vitesse, entraînant avec lui une vingtaine de maisons roulantes. Le vol de l'hirondelle te donnerait à peine une idée de la rapidité de notre course. Aussi je ne puis t'envoyer aucun détail sur l'aspect du pays. Je ne voyais tout le long de la route que de grands arbres qui fuyaient derrière moi en levant les bras au ciel. En Europe, on ne voyage que pour arriver, et l'on arrive toujours, pourvu que le gros animal qui traîne les maisons de voyage n'éclate pas au milieu de la course comme un canon chargé jusqu'à la gueule. Dans ce cas, il blesse les voyageurs s'il ne les tue pas; mais alors les blessés s'adressent aux juges, qui condamnent les patrons du monstre à payer une somme d'argent à ceux qui ont une jambe ou un bras de moins. Il paraît que dans ce pays-ci l'argent guérit admirablement toutes les blessures.

« A peine arrivés à Paris, cette ville rivale de notre cité du soleil, on nous a conduits dans une grande salle très-éclairée qu'on nomme la salle du théâtre des Italiens. Tout autour de cette salle sont des boîtes où s'empilent quatre ou cinq personnes et où l'on pourrait tenir deux à la rigueur. Les khans et les

agas du monde occidental viennent trois fois par semaine s'enfermer dans ces boîtes pour entendre,
pendant trois heures, au milieu d'une atmosphère
épaisse et d'une chaleur insupportable, des hommes
et des femmes placés sur une estrade et qui chantent dans une langue que la plupart des auditeurs
ne comprennent pas. C'est encore cette convention
dont je te parlais tout à l'heure qui exige que les
gens riches s'amusent ainsi. La location d'une de
ces boîtes coûte plus cher à proportion que la location d'une maison tout entière; mais quand on est
locataire d'une boîte au Théâtre-Italien cela donne
tout de suite de la considération, et en Europe la
considération s'achète comme tout le reste. Ici un
homme vaut par ce qu'il a. Tel homme vaut un million, tel autre deux millions; celui qui n'a rien ne
vaut pas grand'chose, et je vois que j'ai bien fait de
me précautionner, avant mon départ, d'un grand sac
de roupies.

« Un autre jour, je te parlerai de la Bourse, une
grande maison à colonnes qui ressemble un peu à
nos temples, et qui est un bazar où l'on se réunit à
une certaine heure de la journée pour vendre ce
qu'on n'a pas et pour acheter ce qui n'existe point.
On parle là une langue inconnue dans toute autre
partie du monde. Toutes les personnes qui s'abordent
commencent par se dire : Où en est le cours? Il

paraît que c'est la manière de se saluer de ces gens-là.

« Je ne te cacherai pas non plus que j'ai été à une de ces fêtes de nuit qu'on nomme des bals. On y était horriblement gêné, chacun marchait sur les pieds de son voisin, et celui-ci ne pouvait se retourner sans donner un coup de coude à celui-là. On m'a dit que plus on était pressé, plus le bal était beau. C'est encore la mode qui veut cela, et tu conviendras entre nous que la mode est une bien ridicule personne. J'ai vu là des hommes qui sont restés pendant toute la nuit prisonniers dans un coin. Ils s'ennuyaient considérablement, mais ils souriaient du bout des lèvres pour dissimuler leurs bâillements, et ils disaient tout haut qu'ils n'avaient jamais assisté à une plus belle soirée. Les femmes étaient en grand nombre, et si peu vêtues que je n'ai seulement pas songé à regarder la couleur de leur robe. Quel teint brillant! quelles splendides épaules! Une de ces femmes a jeté sur moi, à plusieurs reprises, un regard si perçant que je me serais précipité pour l'embrasser, si l'on ne m'avait dit que cela n'était pas permis, attendu que cela compromettrait non-seulement la réputation de cette dame, mais surtout son teint et son visage, relevés par une double couche d'ingrédients pharmaceutiques, dont les plus usités sont des substances qu'on nomme le blanc de perle et le carmin.

« J'ai voulu assister aussi à un autre divertisse-
ment du même genre, mais bien plus amusant :
c'est le bal de l'Opéra. Il paraît que l'on accourt à ce
bal de tous les coins de la terre, car j'ai vu, dans une
salle immense, éclairée par une trentaine de soleils
en cristal, des gens de toutes les nations qui tournaient pendant toute une nuit comme nos dervi-
ches. Il y avait parmi cette foule bigarrée des hommes de notre pays, et cela m'a bien étonné ; mais je
les ai facilement reconnus à leurs pelisses lamées
d'or et à leurs bonnets pointus. La décence exige
que les femmes qui assistent à ces réunions se col-
lent sur la figure un petit morceau d'étoffe noire ou
rose que l'on appelle un loup; mais, si leur visage
est caché, leurs épaules sont complétement découvertes. Une jeune femme est venue à moi, et j'ai osé
lui adresser la parole : « Fleur des nuits d'été, lui
« ai-je dit, qu'exiges-tu de ton serviteur? » Elle m'a
répondu ces simples mots : « Payes-tu à souper? »

« Voilà les premières impressions que j'ai éprou-
vées depuis mon arrivée dans le Téhéran des Français. J'ai demandé comment je pourrais te faire parvenir cette lettre, et l'on m'a répondu que je n'avais
qu'à la laisser glisser par une petite ouverture pratiquée à la porte d'un homme qui vend du sucre, de
la cannelle, et qu'on nomme un épicier. Il paraît
qu'un autre homme, coiffé d'un chapeau ciré, vien-

dra la prendre dans la boîte de l'épicier et te l'en-
verra. Tout cela me semble bien invraisemblable.
Adieu, et que tes songes soient peuplés de houris!

« Paris, le 22 de la lune de Gemmadi.

« USBEK. »

S'il faut s'en rapporter aux moralistes de tous les
âges, ce qui se passe aujourd'hui se passait également hier sous une autre forme et dans des conditions différentes. Je ne dis pas non, et je suis même
assez disposé à croire qu'il serait temps de brûler,
une fois pour toutes, cette vieille catapulte de la discussion à l'aide de laquelle on bat incessamment en
brèche le présent au profit du passé. Trouvez-moi,
s'il vous plaît, deux ennemis plus irréconciliables
que ceux-là : hier et aujourd'hui. Quel écrivain n'a
pas, au moins une fois en sa vie, contribué à creuser
l'abîme qui sépare ces deux adversaires? Hier avait
toutes les vertus; aujourd'hui a tous les vices. Hier
était jeune, fringant, chevaleresque; aujourd'hui
est vieux, cacochyme, égoïste, et il y a bien longtemps que hier l'emporte sur aujourd'hui. « Combien autrefois les hommes étaient plus éloquents et
meilleurs! » dit le plus vieux des héros d'Homère,
le sage Nestor. Aristophane, qui vivait aux plus

beaux jours de la Grèce, à cette heure entre toutes favorable où s'épanouissait la fleur de la civilisation et du génie helléniques, vante l'esprit ancien, les mœurs anciennes, l'ancienne amitié et les anciennes vertus. Nous nous récrions avec raison contre l'amour de l'or, qui est, dit-on, une des maladies de notre époque. Cela est vrai, mais la vérité aussi nous force de déclarer que c'est Virgile qui a dit : *Auri sacra fames!* La maladie dont on se plaint si fort aujourd'hui ne daterait-elle pas du jour où l'on a découvert la première Californie?

Vous voyez donc bien que le passé ne valait pas mieux que le présent, et il est même à peu près certain qu'il valait un peu moins. On est disposé à louer hier et à vanter ses mérites tout simplement parce qu'il n'existe plus. C'est ainsi qu'on procède à l'égard des hommes qu'on a le plus attaqués pendant qu'ils étaient vivants : on les embaume après leur mort dans une banale admiration. D'où je conclus que les influences particulières que l'homme reçoit de son temps s'effacent dans la somme de qualités et de défauts qu'il apporte en naissant, et qui sont, depuis Adam, le fonds commun de la nature humaine.

Certaines gens cependant ne sont pas de cet avis ; ils croient au bon vieux temps, à l'âge d'or et à toutes les rêveries rétrospectives de l'imagination. Le bon vieux temps c'est, si l'on veut, le xiiie siècle, où l'on ne pouvait aller de Paris à Pontoise sans tomber dans deux ou trois embuscades. Mais admirez la contradiction. Ils exaltent le passé, et malgré cela ils ont la prétention de corriger, expurger et finalement refaire à l'usage du présent les œuvres des écrivains d'autrefois. Ils raturent nos chefs-d'œuvre et étendent sans merci ni pitié nos plus fiers génies sur le lit de Procuste de l'épuration. On a commencé par une édition de Molière revue et corrigée pour la jeunesse, puis Racine a pris place sur le chevalet, et si vous saviez dans quel état de mutilation l'auteur de *Britannicus* est sorti des mains de ces Fulberts !

Partout où il se rencontre, le mot *amant* est impitoyablement retranché. Amant ! y pensez-vous ? c'est un de ces gros mots qui ne se prononcent pas entre gens de bonne compagnie.

> Aimez, et possédez l'avantage charmant
> De voir toute la terre adorer votre amant.

Ainsi parle ce libertin de Racine dans sa tragédie d'*Alexandre*, et voici comment le fait parler le pieux épurateur :

> Aimez, et possédez l'avantage *si doux*
> De voir toute la terre adorer *votre époux.*

En lisant ces deux vers, l'enfant doit être convaincu que la reine Cléofile était la femme d'Alexandre. Cléofile n'avait pas précisément cette qualité, mais la morale est sauvée, et il n'y a de sacrifié dans tout cela que le sens commun.

Dans *les Plaideurs* on supprime le mot *bâtard* et l'on met :

> Monsieur, je suis *le fils* de votre apothicaire.

Ce n'est pas plus malaisé que cela.

Enfin, cette tragédie d'*Esther*, demandée à Racine par madame de Maintenon pour être jouée par les jeunes filles de Saint-Cyr, cette tragédie applaudie par Bossuet et par Mgr de Chartres, qui assistaient à la représentation, a été, elle aussi, passée par les verges de la censure.

Quand Esther commence son récit :

> Peut-être on t'a conté la fameuse disgrâce
> De l'altière Vasthi dont j'occupe la place,

elle ne dit plus les deux vers malséants qui suivent :

> Lorsque le roi, contre elle enflammé de dépit,
> La chassa de son trône ainsi que de son lit.

L'épurateur les a remplacés par ceux-ci :

> Lorsque le roi, contre elle *irrité sans retour,*
> La chassa de son trône, ainsi que de sa cour.

Mais, bélître! tu ne comprends donc pas que le mot *lit* ne s'ajuste pas au bout des vers, seulement pour le besoin de la rime? Esther fait entendre que Vasthi, précipitée des marches du trône, n'a pas même eu la triste consolation d'être reléguée parmi les concubines d'Assuérus. Telle est la vraie pensée d'Esther, de cette rivale triomphante, plus amante encore que reine.

Les épurateurs seront bien avancés le jour où les enfants, devenus de jeunes hommes, découvriront qu'on les a trompés, et que ce qu'on leur a donné pour l'œuvre de Racine est une parodie composée par un Campistron inconnu. Si cette sacrilége mutilation n'était, avant tout, une bêtise, quelle indignation n'exciterait pas l'action de ces hommes qui portent leurs lourdes mains sur ces deux délicates beautés qu'on nomme la pensée et l'expression, et qui violent le génie!

Ces mêmes hommes qui regrettent le passé me permettront-ils de tracer en quelques lignes le profil

du dernier siècle? Regardez-la, cette société parée de
fleurs comme pour le sacrifice; elle sent qu'elle n'a
plus que quelques heures à vivre, et de cette vie
qui va finir il faut qu'elle exprime toutes les jouissances. Les princes, les seigneurs, les financiers, les
chevaliers d'industrie, tout cela va du même pas et
marche de compagnie. Le vice qui plane sur tous a
égalisé tous les rangs et rapproché toutes les conditions. Gentilshommes et comédiens se tutoient, et
tout ce monde est si mêlé du haut en bas et du bas
en haut qu'on ne distingue plus les grandes dames
des courtisanes, les princesses de la cour des princesses de la rue. Un père, un grand seigneur jette
ses trois filles dans le lit du roi de France, et la noblesse tout entière se récrie et se déclare lésée dans
ses droits quand la roture, ô malheur! ô décadence!
pénètre dans l'alcôve royale sous les traits d'une jolie
fille ramassée au coin de la borne et qui n'est pas
plus fière pour cela. Chaque matin elle daigne présenter son pied rose à deux Éminences agenouillées
qui lui mettent ses pantoufles. Toute pensée est
proscrite, et qui veut écrire est obligé de recourir
aux presses de Genève ou d'Amsterdam. Il ne reste
plus que les gazetiers, les rimeurs de cour, les fai-
seurs de quatrains. Dans toute la ville, on ne parle
plus que de celle-ci qui est la maîtresse de celui-là,
du dernier bal, du dernier souper, du dernier coup

de dés, de la dernière orgie. Si une femme plus que suspecte a la fantaisie de monter sur les planches d'un théâtre, et d'étaler sous les yeux du public ses qualités plastiques, en voilà pour trois semaines de commentaires, de discussions, de dissertations, de distractions, car ce qu'elle veut avant tout, cette société blasée, fatiguée, ennuyée, épuisée, c'est se distraire. Et la foule d'accourir au théâtre, et le parterre de se partager en deux camps, et les gazettes, qui ne parleraient pas d'un chef-d'œuvre, si par hasard il paraissait un chef-d'œuvre, de se dévouer exclusivement soit à l'attaque, soit à la défense de cette créature, qui serait passée inaperçue si elle n'eût été qu'une comédienne de talent. Et c'est ainsi que ce monde finissait dans la poursuite de toutes les extravagances, de tous les vices, de toutes les souillures, de tous les crimes et dans le mépris de lui-même; et, comprenant qu'il ne pouvait décidément plus vivre, il voulut du moins bien mourir, et il retrouva en effet toute son énergie à cet instant suprême : dernière bonne fortune de cette société qui avait été si noble avant d'être si vile, qui avait fait de si grandes choses avant de se laisser abêtir !

Dans ce siècle éminemment moral, éminemment pudique, éminemment réparateur, il est de certains mots plus français que l'Académie, des mots qui montaient dans les carrosses du roi, à la cour de Louis XIV, et dont madame de Maintenon ne craignait pas de se servir dans ses lettres à madame de Saint-Géran, à madame de Caylus et à l'abbé Gobelain ; ces mots, un galant homme les prononce quelquefois en très-petit comité, mais il ne se hasarderait jamais à les écrire. Qui pourrait nier les progrès qu'a faits depuis quelques années la morale publique du langage?

Donc, ce mot que je ne prononcerai pas et que tout le monde devinera, exerçait bien moins de ravages à l'époque où l'on croyait encore à l'entraînement de la passion. Depuis que nous sommes devenus raisonnables, la passion supprimée a été remplacée par le calcul.

Voici un homme qui a une place de six mille francs, sa femme lui a apporté cinquante mille francs de dot; c'est donc une somme de sept à huit mille francs à dépenser par an dans le ménage.

Mais monsieur a un appartement superbe et une table bien servie, mais madame a une toilette de duchesse; elle se montre chaque mois avec une robe nouvelle, un nouveau chapeau; elle a des bijoux et elle porte des cachemires de mille écus.

Monsieur donne à madame soixante francs par mois pour sa toilette. Est-ce avec ces soixante francs qu'elle achète une robe de dix louis, un chapeau de cinq louis, des gants, des rubans, des fichus et de la dentelle, sans compter tous les autres colifichets de la toilette féminine ?

Il y a un x à trouver; cet x, le voilà : certain nombre de ménages parisiens se composent du mari qui donne le nécessaire, c'est-à-dire peu de chose, et de l'amant qui apporte le superflu, c'est-à-dire le principal.

Voilà comment certaines femmes sont parvenues à légitimer le monstre.

Le fournisseur d'accessoires s'implante peu à peu dans la maison comme chez lui, et la femme ne voit plus en lui qu'une seconde édition conjugale, un peu plus élégamment reliée que la première.

———

Je reçus un matin par la poste, et affranchie, la lettre suivante :

« Je ne suis qu'un provincial, monsieur, et je n'en suis pas plus humble pour cela. J'habite une ville dont la population ne dépasse pas trente mille habitants, une ville où tout le monde se connaît et où la présence d'un étranger excite toujours une petite émotion, — ce que vous appelez assez dédaigneusement, vous autres Parisiens, un chef-lieu de département; — nos rues sont suffisamment pavées, nos places suffisamment éclairées, et si notre boulèvard (car nous avons un boulevard) manque peut-être de macadam, les arbres y poussent vigoureusement et l'on y respire à pleins poumons; de nos maisons je ne vous dirai rien : ce sont des maisons bien modestes, assez vieilles même, et qui ont chacune sa petite histoire. Ici des toits pointus, là des toitures plates; des fenêtres découpées en trèfle de ce côté, et de cet autre des croisées en guillotine. Quelques-unes de ces maisons, s'épaulant de la façon la plus singulière, ont l'air de se soutenir comme des ivrognes qui sortent du cabaret. Si ces maisons-là avaient l'audace de montrer le bout de leur nez sur le pavé de Paris, vous comprenez bien, monsieur, qu'elles deviendraient immédiatement la proie d'une centaine de Limousins qui les métamorphoseraient en phalanstères à six étages; et pourtant, là où elles sont, elles ne font pas un trop mauvais effet, et pour rien au monde nous ne voudrions les voir disparaître. Chez nous, pas une rue qui se ressemble, pas un quartier qui ne soit pour ainsi dire l'antithèse d'un autre quartier. Par ici une place ovale, une place carrée par là-bas. Je ne me dissimule pas que ces rues qui frétillent comme un serpent, que ces places qui se font un si discordant vis-à-vis, ne répondent pas précisément aux implacables exigences de la symétrie moderne; mais, en province, on ne sent pas encore comme à Paris le besoin impérieux de la symétrie. Qu'un chef-lieu de département soit tortu et bossu, le malheur n'est pas grand, si d'ailleurs il ne s'en porte pas plus mal.

« Pour Paris, c'est une autre affaire. Paris est la capitale, non-seulement de la France, mais du monde civilisé, et le moins qu'on puisse faire pour la capitale du monde, c'est de l'embellir, de l'orner, de l'attifer, de l'enjoliver et de la parer du haut en bas. Ainsi a-t-on fait. On lui a percé des boulevards qui la traversent dans tous les sens et des rues qui ne finissent pas; tout cela propre, luisant et aligné comme un régiment sous les armes. Aussi est-ce superbe. Les monuments non plus ne lui ont pas été épargnés, et par amour de la symétrie on a eu soin qu'ils se ressemblassent tous. « Quel est, je vous prie, cet édifice avec colonnes corinthiennes, fronton, etc.? — C'est une église. — Et cet autre édifice avec colonnes corinthiennes, fronton, etc..? — C'est un théâtre. — Et ce troisième édifice avec colonnes corinthiennes, fronton...? — C'est une gare de chemin de fer. — Et ce quatrième édifice avec colonnes corinthiennes, fronton...? — C'est une prison. » Admirable architecture, cette architecture à colonnes et à fronton qui s'adapte à tout et qui convient aussi bien à une caserne qu'à un palais! Autrefois, quand Paris n'était pas encore la capitale du monde civilisé,

il avait des quartiers qui différaient les uns des autres et qui constituaient autant de petites villes dans
la grande ; la Chaussée-d'Antin avait sa physionomie
particulière, qui ne rappelait en rien l'aspect du faubourg Saint-Germain ou du faubourg Saint-Honoré ;
on avait même remarqué, si j'ai bonne mémoire,
que le spectacle variait sur chaque boulevard, et que
le promeneur parti de la Madeleine marchait jusqu'à
la Bastille au milieu d'un panorama sans cesse re-
nouvelé. Aujourd'hui rien de tout cela. Grâce aux
démolitions gigantesques de ces dernières années,
on a pu bâtir la même maison partout, une maison
à six étages avec rangées de fenêtres de tant de mètres de hauteur sur tant de mètres de largeur. Cette
maison reproduite ici, là, là-bas, à droite, à gauche,
de tous côtés, donne à chaque rue la physionomie
de la rue voisine, et les deux côtés de cette rue sont
tellement symétriques que, réduits en petite proportion, ils ne feraient pas trop mal, comme pendants,
sur une cheminée. Prenez le premier Parisien venu,
conduisez-le, les yeux bandés, sur le boulevard Sé-
bastopol, et personne, je pense, ne sera surpris si,
le bandeau baissé, il se croit sur le boulevard Males-
herbes. Plus de jalousie possible entre les quartiers,
tous se ressemblent, celui-ci étant la reproduction
mathématique de celui-là.

Paris naquit un jour de l'uniformité !

Voilà mon opinion, monsieur, et j'espère que vous ne trouverez pas mauvais si je fais des vœux pour que mon modeste chef-lieu ne devienne jamais la capitale du monde civilisé. »

S'il est une classe d'hommes à laquelle je m'intéresse tout particulièrement, par ce temps d'universelle indifférence, c'est la classe des diplomates. Sisyphe roulant son classique rocher qui lui retombe incessamment sur les épaules ne me semble pas beaucoup plus à plaindre que ces régulateurs officiels de la destinée des peuples. Être diplomate il y a cent ans, quelle belle chose c'était! On se réunissait autour d'un tapis vert, entre le menuet de la veille et le spectacle gala du jour, et l'on débattait des intérêts qui reposaient sur un droit universellement reconnu. Chacun dévidait tranquillement, sa bobine à la main, l'écheveau de la question. Quand le dévidoir était vide, on se levait, on se saluait de part et d'autre, et la besogne était faite. Mais à partir de 1789, quel changement! Un nouveau personnage pénètre tout à coup dans la salle des congrès, et cet homme sans tradition embrouille si bien l'écheveau du droit européen qu'il est presque impossible aujourd'hui de toucher à un fil sans le rompre.

Le principe du droit historique et le principe du suf-
frage universel, le droit divin et le droit de la volonté nationale, la légitimité et la révolution, l'eau
et le feu, tels sont les ingrédients qu'il s'agit d'ana-
lyser, de combiner et d'amalgamer, et si l'amalgame
se fait jamais dans un juste équilibre, par tous les
saints du paradis! je déclare que ce sera véritablement le prodige de la chimie.

Ajoutez à cela que l'Europe regorge de questions,
et que les questions sont les maladies des peuples et
des gouvernements. Hier, on appliquait des cata-
plasmes sur la question d'Orient; on en appliquera
demain sur la question italienne. Puis la question
d'Orient exigera une application nouvelle, et ainsi
de suite, jusqu'à l'entier épuisement de la diplomatie et de la graine de lin, à moins pourtant que d'ici
là l'un des deux principes qui se heurtent depuis
bientôt quatre-vingts ans ne finisse par écraser
l'autre. « Ceci tuera cela, » dit le poëte; et ce jour-là
l'Europe sera radicalement guérie.

Bien que je me sois attiré en parlant des savants
des désagréments, je ne puis résister au désir de
constater une importante découverte archéologique.
Tout ce qui, en France, en Angleterre et en Allema-

gne, s'occupe de la grave question des pots cassés n'a pas appris sans émotion qu'à la suite de fouilles opérées sur quelques points du territoire on avait trouvé un assez grand nombre de tuyaux de pipes. Ces pipes ne sont pas ce qu'un vain peuple pense; elles sont frustes. Jusqu'à ce jour les divers camps de César qui fourmillent sur notre sol n'avaient produit que de vieilles lampes, de vieilles médailles, de vieilles épées et de vieilles urnes. Mais dans le champ fertile de la science on n'avait pas encore moissonné de vieilles pipes. Une pareille découverte ouvre tout un incommensurable horizon d'hypothèses. Ces pipes sont-elles celtiques, danoises, scandinaves, ostrogothes? Les Huns fumaient-ils?

Un savant Anglais, M. Wilson, à qui l'on doit l'*Archéologie de l'Écosse*, a, lui aussi, trouvé des monceaux de pipes dans des endroits où l'on sait avoir existé des stations romaines, et il conclut hardiment en disant que l'herbe d'Amérique (le tabac) n'a été introduite que comme une substance supérieure aux autres narcotiques, et que le chanvre était déjà connu des anciens comme moyen d'assoupissement. Il est étonnant, dans cette hypothèse, que la langue latine n'ait pas un seul mot pour désigner l'usage de fumer, mais les savants ne se laissent pas arrêter par ces puérils détails.

Voyez cependant où peut conduire la découverte

d'un objet aussi vulgaire! Voici un savant allemand, M. Keferstein, auteur des *Antiquités celtiques*, qui, sur la vue et l'examen d'une pipe trouvée à vingt-cinq pieds sous terre, n'hésite pas à déclarer que les Celtes ont fumé. Or, pour que les Celtes fumassent, il fallait qu'ils connussent la plante du tabac. La connaissance de cette plante suppose naturellement la connaissance de l'Amérique. Un autre savant allemand, M. Müller, vient au secours de M. Keferstein et démontre, pipe en main, que Christophe Colomb n'a fait que retrouver la route des Carthaginois, des Pharaons et des Ptolémées, et voilà comme un honnête navigateur, qui depuis quatre siècles passe pour avoir découvert un nouveau continent, est tout à coup déshérité de sa gloire à propos d'une vieille pipe.

Soyons bien convaincus que cette question des pipes n'est pas épuisée; quand elle aura enfanté une centaine de volumes, elle se présentera sous forme de mémoire à l'Institut, classe des inscriptions et belles-lettres, à moins que d'ici là quelque ignorant ne découvre que toutes ces pipes frustes sortent des manufactures de Lille, d'Arras ou de Saint-Omer.

Depuis que la question religieuse a pris tant de place dans les préoccupations des esprits, on ne va plus au théâtre pendant le saint temps du carême, on fait venir le théâtre chez soi, et voilà comme la comédie de société est devenue une concurrence sérieuse pour les excommuniés de profession. Il n'est personne qui ne soit enrôlé ou sur le point de l'être dans une troupe d'amateurs. J'ai vu un professeur de philosophie qui jouait les *Anglaises pour rire* aussi bien qu'un zouave, et qui était applaudi comme jamais il ne l'a été à son cours. Pour peu qu'on puisse retenir quelques pages de prose et prétendre à une gamme, on est proclamé Elleviou. Partout on répète et on chante ; on rencontre des chefs de bureau qui ont du fard et des dames de charité qui se griment. Cela ne s'était jamais vu. Si vous faites une visite, on vous répond : « Madame ne peut recevoir, elle est en répétition. — Alors, je me contenterai de serrer la main à monsieur. — C'est que monsieur souffle madame. » Les maris sont souffleurs.

On vit encore sur une vieille vérité d'autrefois, qui n'est plus qu'un préjugé : on croit au Parisien et au provincial, et le provincial n'existe pas plus que le Parisien. Les chemins de fer ont fait une révolution qui a eu pour résultat de confondre ces deux types si caractérisés naguère, si effacés à présent. La plupart des Parisiens proprement dits vivent à Versailles, à Ville-d'Avray, à Montmorency, à Passy, à Auteuil, à Brunoy, dans tous les villages des environs, et Paris n'est plus qu'une capitale occupée par des étrangers. Ce sont les étrangers qui à six heures s'emparent des restaurants et à huit heures des stalles de spectacle.

La moitié de la recette que fera ce soir l'Opéra-Comique est disséminée ce matin dans les porte-monnaie des voyageurs qu'amèneront dans la journée les chemins de fer qui partent de Bruxelles, de Lyon, du Havre et de Marseille. Paris tend, de jour en jour, à se transformer en une gigantesque hôtellerie, et c'est pourquoi vous voyez depuis quelques années tant de maisons bourgeoises se changer en hôtels meublés. On ne vit plus à Paris, on y passe, et il ne faut pas s'étonner que le provincial ait disparu depuis qu'Orléans n'est plus qu'à deux heures et demie du Jardin des plantes. Le provincial a fini dans les dernières années du règne de Louis-Philippe ; on le reconnaissait au premier coup d'œil à sa mise départementale et à son air ébahi. Il traversait la place de la Concorde pour aller entendre à la chambre le député de son arrondissement ; il en avait pour une grande demi-heure avant d'arriver au palais Bourbon. Il se livrait d'abord à un examen approfondi des nudités de bronze et des draperies de pierre, spectacle peu connu encore dans les départements, où l'art de la statuaire est plus spécialement représenté par quelque grand homme de la localité juché sur une borne-fontaine. Neptune, Amphitrite, Thétis, les Néréides et les Tritons, leurs vastes nappes d'eau jaillissante, les airs penchés des déesses et les barbes pendantes des dieux, obtenaient le premier tribut de son admiration. Après cela, venaient les deux coursiers éternellement cabrés à l'entrée des Tuileries, puis les villes de France, allégories aux puissantes mamelles comme la Liberté d'Auguste Barbier. L'obélisque, avec ses quatre faces chargées d'indéchiffrables rébus dont l'*Illustration* égyptienne a oublié de donner la clef à ses abonnés, captivait aussi son attention. Mais aujourd'hui le provincial connaît Paris comme sa ville natale. Il y vient pour un oui, il y revient pour un non, et il est là comme chez lui, car il vit presque autant à Paris qu'en province. Il n'y a guère plus d'une vingtaine d'années que les chemins de fer existent, et déjà ils ont métamorphosé les habitudes, les mœurs et la physionomie de Paris et de la province.

La triste destinée des inventeurs est tellement prévue qu'on ne se croit même plus forcé de s'apitoyer sur leur sort. Frédéric Sauvage, un homme de génie qui a décuplé les forces de la marine et enrichi le commerce en appliquant l'hélice à la navigation à vapeur est mort fou, il y a quelques années, dans une maison de santé.

Voici un homme, également notre contemporain, qui finit aussi misérablement. Je veux parler de l'inventeur des chemins de fer, Thomas Gray, qui se ruina pour avoir voulu substituer le wagon à la diligence. En 1818, il remit à un de ses compatriotes, M. Wilson, et à un économiste français, M. Ysabeau, le résultat de ses études. « Tenez, leur dit-il en leur donnant une liasse de plans et de papiers, ceci est l'aurore de la civilisation du monde; il n'y a plus de distance; les peuples se visiteront sans danger comme sans fatigue, d'un bout à l'autre du continent. Des compagnies vont être formées, d'immenses capitaux vont trouver leur emploi; mon système débordera sur d'autres pays, et il aura pour défenseurs les souverains et les gouvernements; ma découverte ne peut être comparée qu'à celle de l'imprimerie. »

Le manuscrit remis à M. Wilson et à M. Ysabeau fut, d'après la volonté de Thomas Gray, livré à l'impression; puis l'inventeur en adressa un exemplaire au chef du ministère anglais. Cet exemplaire était accompagné d'une lettre; mais le ministre, occupé de tout autre chose, ne répondit pas. Règle générale, les ministres de tous les pays sont toujours trop occupés pour répondre aux lettres importantes qu'on leur adresse, et il est même douteux que le ministre anglais ait jamais eu la moindre connaissance de la lettre et du livre de Thomas Gray.

Cependant le livre de Thomas Gray fit si bien son chemin que, quelques années après sa publication, la Grande-Bretagne était sillonnée de chemins de fer. L'Amérique et le continent européen suivirent bientôt l'exemple de l'Angleterre. Quant à Thomas Gray, qui venait de révolutionner le monde, on n'en entendit plus parler.

Vers 1840, M. Wilson, qui avait été retenu pendant près de trente années sur le continent, par les grandes entreprises industrielles dans lesquelles sa fortune était engagée, revint en Angleterre; il s'informa de Thomas Gray, mais personne ne put lui répondre à ce sujet, on ne savait même pas ce qu'il voulait dire. Les chemins de fer fournissaient de beaux dividendes; on portait la nouvelle invention aux nues, mais on ignorait le nom de l'inventeur.

Un jour que M. Wilson se trouvait dans la petite ville d'Exeter, il vit passer un vitrier dont la physionomie le frappa; il s'approcha de cet homme brisé par la fatigue encore plus que par l'âge, et reconnut dans ce malheureux ouvrier l'inventeur de la plus grande découverte de notre temps, Thomas Gray lui-même. L'infortuné, forcé de travailler sur ses vieux jours, après avoir dépensé toute sa fortune pour le succès de sa découverte, commençait à comprendre que sa femme n'avait peut-être pas tort quand elle le suppliait de songer un peu plus à lui et un peu moins au bonheur du genre humain.

Cependant, rien dans sa conversation ne trahissait l'amertume de sa pensée. Les premiers mots qu'il prononça, après avoir reconnu M. Wilson, furent ceux-ci : «.Vous voyez bien que j'avais raison ! Les longues années dépensées par moi en réflexions et en calculs n'ont pas été perdues pour tout le monde ; toutes mes prévisions ont été réalisées et même dépassées. Je vous dis cela, à vous, parce que vous me connaissez de longue date ; mais ici, je ne parle jamais de mon invention, on me prendrait pour un fou. » Comment croire, en effet, que l'homme qui avait inventé le chemin de fer était un malheureux, forcé pour vivre de se faire vitrier ?

M. Wilson, touché jusqu'aux larmes, mit sa bourse à la disposition du pauvre grand homme ; mais Thomas Gray refusa fièrement en disant que son travail lui suffisait. Il consentit pourtant à accepter plus tard une modique pension de son ami. Cette petite pension lui permit de végéter à Exeter jusqu'en 1852, où cet homme, qui avait décuplé les richesses de l'univers, mourut dans un état voisin de la misère. Pour que l'impertinente ironie de cette destinée fût complète, Leeds, la ville natale de Thomas Gray, s'empressa, dès qu'il fut mort, de lui élever une statue !

Je ne sais pas de plus triste spectacle que le spectacle du mardi gras à Paris. — A midi, les gardes municipaux à cheval s'échelonnent de distance en distance sur toute la ligne du boulevard, et le public se place derrière les gardes municipaux ; la circulation est complétement interrompue ; on dirait d'une petite bourse qui se prolonge depuis la Madeleine jusqu'à la Bastille. On se presse, on se heurte, on se hisse sur la pointe des pieds pour voir passer les masques : pas de masques ; le carnaval d'à présent redoute le grand jour. Mille lieux nocturnes lui sont ouverts, et il s'y précipite furieusement dès que minuit a sonné l'heure des sarabandes ; mais la fatigue de la nuit lui interdit les triomphes du soleil. Cependant le Parisien tient bon ; il y a déjà deux heures qu'il attend, et il attendra ainsi jusqu'au moment où s'allumeront les becs de gaz. A défaut de masques, il regarde passer les voitures et les fiacres ; un chien lancé sur le milieu de la chaussée et qui court effaré sans pouvoir trouver d'issue prend la proportion d'un événement. Cependant on signale quelque chose à l'horizon ; tous les regards se dirirent en même temps vers l'objet mystérieux. Est-ce un char ou une cavalcade ? C'est un marchand de cirage, ô Athéniens ! qui tire profit du mardi gras en distribuant ses prospectus. Après le marchand de cirage, le magasin de confection déploie son drapeau où sont inscrits en lettres majuscules son numéro et son adresse. Attendez, ce n'est pas fini : voici le siccatif brillant, la bière de Strasbourg fabriquée au faubourg Saint - Antoine, le brou de noix, le chromo-duro-phane, le chocolat colonial, l'huile de foie de morue, les bougies cirogènes, les allumettes hydroplatiniques, et les différentes pâtes pectorales ; somnambulisme lucide, consultations de midi à quatre heures, telle rue, tel numéro, voilà ce que je lis sur une gigantesque pancarte collée sur le dos d'un honnête commissionnaire dont le masque hideux provoque l'attention. La folie s'en va, l'industrialisme la remplace ; où passaient jadis les pierrots, les polichinelles, les malins, les écaillères, toute la bande de la Courtille, on ne voit plus se pavaner avec ou sans faux nez que la déesse Réclame ; où l'on jetait des dragées, on jette des prospectus. Il y a déjà une dizaine d'années que la folle journée du mardi gras est devenue la grande fête des industriels; mais le public n'a pas l'air de s'en douter, et il accourt chaque fois plus nombreux et plus avide. Toute autre population se voyant ainsi mystifiée se le tiendrait pour dit; mais le Parisien est avant tout l'esclave de ses habitudes, et depuis qu'il existe il est habitué à se tenir, le mardi gras, pendant six heures sur ses jambes! Cela fait, il rentre chez lui exténué et satisfait. Il a vu *les folies* du carnaval.

—————

On se préoccupe beaucoup depuis quelques années du perfectionnement des races; le cheval, le bœuf, l'âne lui-même sont l'objet de soins persévérants; le seul être que l'on néglige c'est l'homme. La beauté n'a été, nulle part, plus en honneur qu'en Grèce; elle y fut un art et une religion. S'il faut en croire les poëtes et les historiens, dès qu'une femme avait conçu on l'entourait des chefs-d'œuvre de la sculpture pour que le fils qui devait naître d'elle se modelât sur ces objets charmants; on surveillait les premiers mouvements de l'enfant, on lui apprenait la grâce et la souplesse, puis les luttes du gymnase développaient en lui toutes les qualités de la beauté et de la force. *Mens sana in corpore sano.*

Certes, je ne suis pas un admirateur exclusif de

la beauté grecque. Antinoüs serait peut-être très-déplacé dans nos temps modernes. Notre existence est trop multipliée, nos occupations trop diverses, notre ciel trop mouvant, pour que nous puissions aspirer à cette harmonie sobre et parfaite, à cet idéal serein que traduisirent Phidias et Praxitèle. Nous ne sommes pas des dieux dont la forme ne doive être sous aucun prétexte altérée ; nous sommes tous, plus ou moins, les riches et les pauvres, des ouvriers qui travaillons en courant. Nous commençons des œuvres énormes que nous ne verrons pas s'achever, nous les admirons par intuition et nous nous effaçons devant elles ; mais j'ai peur que nous nous effacions trop. Parce que nous avons la vapeur et l'électricité, est-ce une raison pour négliger nos deux bras ? Rien qu'avec leurs bras, les Romains ont accompli des travaux qui nous étonnent encore.

Puisque encore une fois on s'occupe avec tant de zèle de l'amélioration des races chevaline, porcine, bovine et asine, pourquoi ne s'occuperait-on pas avec un égal intérêt de l'amélioration de la race humaine ? Pauvre race ! elle en a besoin. Si vous voulez vous en convaincre, allez vous promener aux bains froids. La différence est grande entre l'école de natation et le palais des Champs-Élysées.

Nous devenons poussifs, et nous n'avons d'haleine
Que pour trois jours au plus.

Ainsi disait Auguste Barbier en 1830. Depuis cette date, il est vrai, bien des tentatives ont été faites dans l'intérêt de la salubrité publique. Les vieilles rues moisies ont disparu, lés carrefours se sont changés en places ou en jardins ; partoùt pénètrent l'air et la lumière, ces premiers médecins de l'âme et du corps ; mais il ne suffit pas d'assainir, il ne suffit même pas de bien loger un peuple, il faudrait aussi lui donner une éducation fortifiante. Que se passe-t-il pour la moitié des jeunes Français? A l'âge de sept ans, on les enlève à leurs jeux, à la maison paternelle ; ils sont emprisonnés dans un collége, courbés sur un pupitre, et, jusqu'à ce que la barbe leur soit poussée, ils n'auront plus que trois heures par jour pour délier leurs membres, pour respirer un peu d'air libre et donner le vol à leur caprice. Et quand je dis trois heures par jour, j'oublie les pensums, les retenues, les arrêts. Hélas! l'enfant n'a pas droit à l'enfance. Et pourquoi ce martyre ? pour apprendre le latin que nous savons, le grec que nous savons, c'est-à-dire que nous ne savons pas, et puis plus rien. Je défie un rhétoricien couronné de me nommer dans une campagne dix arbres et vingt fleurs.

Étonnez-vous que ces générations brusquement arrachées du sein de la nature, élevées si loin d'elle, se lancent ensuite dans le monde avec un front si pâle et des jarrets si débiles ! Quoi ! nous refaisons le globe à peu près à notre gré, nous transportons les montagnes, nous joignons les continents, nous creusons des mers, nous obligeons la foudre à nous servir, nous apprêtons magnifiquement les décors de notre planète, et nous négligerions de rendre les acteurs dignes de la scène ! Mais alors il faudrait céder la place à d'autres et nous exiler dans la lune !

Beaucoup de gens, du reste, comprennent qu'il est temps de perfectionner l'individu, mais il n'en est pas deux qui soient d'accord sur l'application.

Une réunion de médecins, ayant à se prononcer sur un cas grave, n'offrirait pas une grande diversité d'avis. L'un recommande les exercices gymnastiques : opinion d'un propriétaire de gymnase ; l'autre conseille les bains froids, les douches froides, et révèle par ses savantes considérations qu'il n'est point étranger à la direction d'un établissement hydrothérapique ; l'autre ne cache pas qu'il est l'inventeur breveté d'une certaine composition chimique dont l'efficacité ne saurait être mise en doute. Chacun a son remède plus ou moins secret, et tout cela me prouve que le vrai remède est encore à trouver.

Il y a bien, il est vrai, la théorie de M. Flourens. Il est certain que si toutes les personnes qui ont la faiblesse de préférer l'existence sublunaire à la destinée mystérieuse qui les attend dans un monde meilleur, suivaient les doctes prescriptions du secrétaire perpétuel de l'Académie des sciences, il est certain, dis-je, que l'homme serait bientôt régénéré et que nous verrions diminuer de plus en plus le bulletin nécrologique qui rembrunit la dernière colonne des journaux : « L'homme ne meurt pas, il se tue ; » et, partant de cet axiome, l'illustre savant garantit à tout individu bien constitué l'existence d'un patriarche, pourvu qu'il ne soit pas emporté par une maladie, par un coup d'épée, un accident, un boulet de canon, par le choléra ; pourvu aussi qu'il n'ait qu'une seule préoccupation, la préoccupation de vivre ; qu'il supprime toute émotion, tout plaisir un peu vif, tout chagrin, pourvu en un mot qu'il ne soit plus qu'un automate. L'homme doit mesurer son sommeil, ses promenades, ses distractions ; il doit fuir l'amour comme la peste, repousser tout enthousiasme, fermer son cœur à toute passion, et, après avoir vécu pendant quelque temps de cette vie végétative, s'il reçoit un beau matin sur la tête une de ces cheminées imprévues qui s'appellent en médecine une fluxion de poitrine ou une épidémie, on pourra se demander sans être indiscret ce que cet homme aura fait sur la terre. Pour qu'une pareille théorie eût quelque chance de succès, il faudrait commencer par extirper l'essence même de la vie, la passion. Si l'on parvenait à faire de chacun de nous une boîte d'horlogerie, je crois en effet que nous n'aurions plus rien à envier à Mathusalem sous le rapport de la longévité. Mais, en attendant que ce perfectionnement s'accomplisse, il faut nous résoudre à suivre notre petit bonhomme de chemin, et à vivre aussi longtemps que possible par le cœur, par l'estomac, par l'esprit et par le cerveau.

On m'assure que l'une des causes principales de la décadence physique de la femme est l'abus du corset. Je ne me serais jamais douté, pour ma part, que le corset pût exercer tant et de si terribles ravages, mais je suis bien forcé de me rendre à l'opinion des grands praticiens de notre temps, qui font découler de la monomanie de la strangulation les trois quarts des maladies qui déciment l'espèce humaine. « Pour paraître avoir la taille fine, dit M. Rostan, les femmes se détruisent la santé ; en se comprimant les côtes, le corset empêche leurs mouvements et la dilatation du poumon. De là l'hémoptysie, les toux habituelles, les tubercules, la phthisie, les anévrismes du cœur, etc., etc. » D'après l'observation de M. Ferrus, le corset tend à refouler contre le diaphragme les organes contenus dans la poitrine, de telle sorte que le foie déborde souvent de plusieurs pouces les dernières côtes. Sommering a vu un estomac presque partagé en deux loges, par la compression excessive et prolongée d'un corset armé d'un busc d'acier. Les médecins qui font des recherches sur les cadavres des femmes à la Salpêtrière remarquent les déformations les plus étranges de la base du thorax, résultant de l'usage prématuré du corset ; enfin beaucoup de praticiens affirment que la mode de la taille de guêpe a amené comme conséquence fatale toute une génération d'enfants malingres, chétifs ou difformes. Qui aurait jamais supposé que le corset eût une si grande influence sur la race humaine, celle dont on se préoccupe le moins, il est vrai, parmi toutes les races animales ?

En dehors des maladies qu'engendre cette mode de la compression exagérée de la taille, il faut bien reconnaître aussi qu'elle est une preuve de plus de la dépravation du goût en matière de plastique. Le sentiment de la forme s'est oblitéré en nous depuis que nous ne voyons plus le beau qu'à travers les conceptions bizarres de la bonne faiseuse. Si la Vénus de Milo descendait de son piédestal et se permettait de respirer et de vivre, bon nombre de gens trouveraient qu'elle manque de grâce, de flexibilité, et qu'elle a la taille épaisse. Les merveilleuses d'aujourd'hui voudraient envoyer chez la marchande de corsets cette grande dame de la Grèce, qui leur ferait l'effet d'une paysanne. Une femme respirant librement, et dont les harmonieux contours ressemblent si peu à ces tailles ficelées si fort en honneur de nos jours, serait une monstruosité. Et cependant, il faut bien le dire, la taille moderne n'est pas seulement un outrage à la nature ; au point de vue plastique, elle est une laideur, une difformité. Elle est en outre un danger, et une des causes principales de la dégradation de la race. Les Parisiennes ne comprennent pas qu'une Chinoise se brise les pieds pour être à la mode de Pékin, et elles se brisent l'estomac et la poitrine pour être à la mode de Paris !

D'autres (ceci regarde plus particulièrement les hommes) prennent le tabac à partie, et font retomber sur ce narcotique la responsabilité de tous les maux qui affligent l'espèce humaine. Le tabac énerve, affaiblit, abêtit. « Plus le revenu du tabac grossit chez une nation, plus le moment approche où elle devra perdre sensiblement de ses forces vives. » Un médecin définit en ces termes l'action du tabac : « Il agit sur l'économie animale à la manière des poisons narcotico-âcres. Il détermine l'irritation et même l'inflammation des organes, et, porté par absorption dans le système nerveux, il opère la sédation des propriétés vitales. A l'ouverture des cadavres, on trouve les poumons des fumeurs plus denses, grisâtres, et allant jusqu'au fond de l'eau ; le cerveau et le cœur sont gorgés de sang noir, l'estomac est légèrement phlogosé. Il résulte de toutes ces circonstances que le tabac a des propriétés vénéneuses très-énergiques. »

M. Michelet écrit dans son *Histoire de France* :

« Cet isolement fatal commence précisément avec le xviie siècle, à l'apparition du tabac. Ceci en 1610. Date funeste qui ouvre les routes où l'homme et la femme iront divergeant.

« Les femmes, dans tout le Nord, ont cédé aux spiritueux, et les hommes partout au tabac. Deux déserts et deux solitudes. Des nations, des races entières se sont déjà affaissées, perdues dans ce gouffre muet dont le fond est l'indifférence, l'anéantissement de l'amour. »

Voilà le tabac jugé, condamné, exécuté. Que va dire la régie? La régie est bien tranquille. Son revenu annuel, qui a augmenté de cinquante millions en douze ans, augmentera de cent millions d'ici à quelques années. L'homme fume; donc il fumera. Il reste à savoir si le tabac n'a pas conduit le Turc au point où il est arrivé aujourd'hui.

Quand on examine le programme exigé pour le baccalauréat, on se dit avec admiration que tout bachelier doit être une encyclopédie vivante. Mais pour peu qu'on presse cette encyclopédie, on revient souvent à l'opinion de ce jeune homme qui, après avoir annoncé joyeusement sà réception à son père, définissait ainsi l'institution : le baccalauréat est une première conscription où il s'agit, comme dans l'autre, de tirer un bon numéro.

Un bon numéro, tout est là ! En sortant du collége, tous les élèves n'ont pas naturellement la chance d'avoir un bon numéro à cette loterie de la science et du savoir. Refusés à un premier examen, ils tombent forcément dans ces laboratoires de préparation dont les affiches se lisent en lettres majuscules aux portes de la Sorbonne. Les conditions sont bientôt arrêtées ; on traite à forfait, prix fixe, et le travail commence.

Une fois livré aux opérations de cette préparation nouvelle, l'élève se transforme en une boîte à compartiments où l'on fait entrer morceau par morceau, par demandes et par réponses, les matières de l'examen. Il ne s'agit plus d'apprendre, de comprendre ni de se rendre compte. Le Rubicon est là, il faut le franchir. On devient pour les mathématiques une boîte à calcul ; pour les lettres, une serinette ; pour les sciences, une machine à ressorts répondant à de certains coups de piston. La préparation achevée, il n'y a plus trace d'un être intelligent : il ne reste plus qu'un automate prêt à répéter l'exercice que le mécanicien a mis en lui, — un jeune homme de Vaucanson !

Et ce travail est devenu plus facile qu'on ne le suppose. On passe tant et tant d'examens au baccalauréat qu'on est arrivé, pour chaque numéro tiré, à connaître presque certainement d'avance les questions qui seront posées. Tel numéro, tant de questions ! Ces notes sont prises et enregistrées tous les jours par les industriels qui se livrent à la confection du bachelier. Dans ces conditions, le baccalauréat n'est plus l'épreuve du savoir ni de l'intelligence, c'est un exercice de mnémotechnie. J'ignore à quel projet, à quelle réforme on pourrait arriver, mais, dans bien d'autres carrières, il y a bien d'autres examens subis, et à coup sûr il ne sera pas difficile de trouver et d'appliquer un système d'épreuves plus logique et plus vrai.

———

La France est essentiellement le pays de la bureaucratie, chacun veut vivre du gouvernement et avoir sa petite part du budget. Or, un budget, si gros soit-il, ne peut être distribué entre tout le monde, à la satisfaction de tout le monde. Sur cinquante jeunes gens, trente au moins ont été consacrés, en naissant, à la déesse Bureaucratie. Les pères de famille envoient au collége leurs enfants. Ils y restent depuis dix jusqu'à dix-huit ans. Là, ils *cultivent les belles-lettres*; je veux dire peu de latin, moins de grec, et encore moins de mathématiques. En sortant du collége, ces jeunes gens consacrent encore quatre ou cinq ans à faire ou à ne pas faire leur droit; puis, quand cette *éducation* est terminée, on les case, à l'aide de protections, dans un ministère ou dans une administration quelconque. La plupart répugnent à la besogne administrative et cherchent des distractions dans la culture des travaux littéraires, la fabrication d'un feuilleton ou d'un drame. Le travail littéraire ne réussit pas toujours, mais le travail du bureau s'expédie à la hâte, et voilà des bacheliers, des licenciés et des docteurs en droit condamnés à végéter, sans espoir d'avancement, parce qu'on leur a appris à mépriser un travail qui doit être, bon gré, mal gré, l'occupation et la ressource de toute leur vie.

Aussi qu'arrive-t-il? Dans un ministère qui compte deux cents employés, la besogne laisse beaucoup à désirer, parce que ces employés, mal payés et dégoûtés, sont obligés de chercher, en dehors de l'administration, des travaux supplémentaires; mais cent employés convenablement rétribués pourraient, sans se hâter, expédier tout le travail. En Angleterre, les grandes administrations publiques et privées ne comptent que quelques employés, et tout marche avec une ponctualité mécanique. L'amirauté n'a pas cinquante commis dans ses bureaux, et l'amirauté est peut-être la plus vaste administration qui existe. Là, il est vrai, les choses ne se passent pas tout à fait comme chez nous, où le travail se fait toujours en raison inverse du carré des appointements.

Il me semble que le gouvernement devrait, dans l'intérêt du travail et des employés, réduire peu à peu l'effectif de la grande armée des bureaucrates; les pères de famille, une fois convaincus que l'administration, ne cédant plus à des demandes importunes, est bien décidée à ne prendre désormais que les employés dont elle a absolument besoin, lanceraient leurs enfants dans une tout autre voie que cette banale grande route qui mène à l'émargement annuel de quinze à dix-huit cents francs prélevés sur le budget; et nous n'aurions pas comme aujourd'hui une légion de petits employés qui meurent littéralement de faim. Mais en attendant que cette réforme s'accomplisse, il importe d'améliorer au plus tôt la position de toute l'administration inférieure.

Avez-vous remarqué que l'étalage de nos librairies fait concurrence à ces vitrines où la photographie s'étale par devant et par derrière, par en haut et par en bas?

Nous sommes décidément un peuple gaillard, nous aimons le décolleté. Les phrases les plus remarquées sur le mail sont celles qui montrent leurs jambes jusqu'à la jarretière; qu'une pensée un peu court vêtue trottine à travers un livre, et cent adorateurs la suivront et lui feront fête. On en parlera le soir au théâtre, et au souper on la citera. Le tout est de savoir l'arranger, cette phrase, de savoir l'orner et l'attifer, en ayant soin de laisser voir un petit coin d'épaule par ici et un petit bout de mollet par là : ni trop ni trop peu. Il y a des experts, des maîtres en l'art de *bien dire*, sortes de modistes littéraires qui vous déshabillent très-proprement une pensée en ayant l'air de la vêtir, et là est tout le talent, et c'est ainsi que tel petit livre à quarante sous a eu, je crois, vingt-deux éditions, et a rapporté à l'auteur plus même que ne rapporte une *pièce à femmes* au théâtre des Variétés.

La pièce à femmes est une invention contemporaine, comme le roman réaliste : c'est l'art faisant la culbute devant la plastique. Plus de combinaison, plus d'intrigue, plus d'esprit, plus d'invention, mais des jambes, des jambes, des jambes. La pièce à femmes, comme le roman réaliste, a été inventée par un homme de génie qui avait deviné le public boursier et coulissier qui allait naître. Et ceci vous prouve que tous les arts se suivent, et que toutes les muses sont sœurs, la muse du théâtre, la muse du roman et la muse de la photographie !

Je ne sais si vous êtes comme moi, mais tout cela m'agace terriblement, et je trouve que le règne du vulgaire, du commun, du terre-à-terre se prolonge un peu beaucoup. Je suis fatigué de rencontrer, non-seulement dans la rue, aux premières loges de nos théâtres, dans les allées du bois de Boulogne, mais encore dans le livre, sur la scène et dans les vitrines de nos étalagistes, toutes ces héroïnes à l'heure ou à la course dont les faits et gestes défrayent toutes les conversations et créent une littérature. Je ne voudrais pas me poser en personnage vertueux, car je n'ignore pas qu'en ce spirituel pays de France la vertu donne toujours une petite pointe de ridicule ; mais toutes ces débauches réalistes me repoussent vers les moutonneries d'autrefois, les bocages roses de l'Astrée, et l'Arcadie vert-pomme de M. de Florian. Après ces salaisons dramatiques et ces charcuteries littéraires, il me semble que j'avalerais, comme un verre d'eau pure, le petit-lait d'*Estelle et Némorin*.

Il ne faut pas croire que cela ne durera qu'un temps ; cela est et cela sera. Aujourd'hui que le demi-monde est fondé, qu'il a ses mœurs, ses habitudes, ses institutions, il faut bien qu'il ait sa littérature, c'est-à-dire ses romanciers, ses vaudevillistes et même ses poëtes. Autrefois nous avions des courtisanes qui brillaient un jour et disparaissaient le lendemain. Celles d'aujourd'hui n'ont point eu pour amants des grands seigneurs qui, se ruinant pour elles, leur apprenaient à se ruiner, mais des hommes d'affaires qui leur ont enseigné les affaires. Le vice s'est rangé : je veux dire qu'il s'est fait économe, et même spéculateur. Aujourd'hui le vice a quarante mille francs de rente et pignon sur rue. Il a besoin d'une nourriture intellectuelle qui convienne à ses goûts, à son tempérament, et vous conviendrez que le réalisme a eu du bonheur d'arriver si à propos ! Son lit était tout fait.

La vogue des expositions agricoles prouve que l'art antique de Triptolème n'a jamais été plus honoré que de nos jours ; la charrue monte dans l'estime des générations nouvelles ; la faneuse, la moissonneuse, la faucheuse ont aussi leurs attraits ; et j'ai vu une dame transportée d'enthousiasme à la vue d'une locomobile. Quant aux animaux, ils sont chaque année la grande attraction du beau monde parisien, qui vient voir si ces vaches normandes et ces bœufs

beaucerons sont aussi ressemblants que les bœufs et
les vaches qui paissent dans les paysages de Troyon
et les prairies de Rosa Bonheur. Un de mes amis,
Parisien de pur sang, m'a avoué qu'à ces expositions
il avait été ravi de faire connaissance avec certains
volatiles qu'il n'avait connus jusque-là que cuits à
point, — rôtis, sautés ou fricassés, — c'est-à-dire
dans un état où ils étaient un peu défigurés par les
savantes combinaisons du cuisinier.

Ces expositions révèlent tout un côté nouveau du
goût parisien. Je ne sais si c'est une conséquence de
l'établissement des chemins de fer ou un résultat de
la littérature réaliste, mais il est bien évident, pour
quiconque sait voir les choses telles qu'elles sont,
que la passion de la nature est à la hausse. L'amour
de la nature et les cheveux ébouriffés sur le front,
je ne sais rien de mieux porté pour le quart d'heure.

Que nous sommes loin de ce temps où belles
dames et beaux messieurs ne mettaient le pied que
sur des allées ratissées dans des bois alignés en char-
milles! Parmi les animaux on n'admettait que le
petit chien à la ville et le mouton à la campagne, un
mouton bien blanc, bien frisé, et le cou orné d'une
faveur rose. On tolérait la vache, mais seulement de
loin, et comme un effet pittoresque dans le paysage,
et encore l'appelait-on une génisse, pour peu qu'on
fût élevé. Toutes les héroïnes étaient des bergères,

tous les héros des bergers.-Louis XV lui-même était un berger, et il avait des brebis à croquer et il croquait ses brebis. Que si l'on eût parlé à tous ces seigneurs bergers et à toutes ces marquises bergères de les conduire à l'exposition des animaux... fi! l'horreur! où fuir? où se cacher? Que de flacons d'essence n'eût-il pas fallu répandre pour dissiper la mauvaise odeur d'une pareille proposition?

On ne reprochera pas aux petites-maîtresses d'aujourd'hui leur délicatesse outrée, elles sont héroïques; rien ne les arrête, ni les exhalaisons de l'étable, ni les mugissements, ni les beuglements, ni les gloussements, ni les grognements, ni les hennissements; la subite passion de la nature fait passer par-dessus tout cela. On est tout aux animaux domestiques; on admire la vache, on se pâme devant les poules; on visite les lapins et les dindons, et l'on ne se lasse pas de contempler ces épouvantables boules de graisse que l'on appelle des cochons primés. Il faut être de son temps, et, sous peine de ridicule, il ne faut pas que les sentiments et les goûts de cette saison soient taillés sur le patron de la saison dernière.

Quant à moi, je ne demande pas mieux qu'on aime les bêtes; mais je voudrais bien qu'on ne les défigurât pas tant sous prétexte de les améliorer. D'une part, on émacie, on dessèche le cheval, cette noble conquête de l'homme, on en fait une momie vivante ou une sorte de lévrier; de l'autre, on exagère les bœufs, les moutons et les porcs, on quintuple leur volume, on les boursoufle comme des aérostats, et il faut un œil exercé pour reconnaître l'animal domestique sous cette masse monumentale. Le palais de l'Industrie nous a donné l'idée d'une exposition antédiluvienne, où les mastodontes et les dynothériums ressuscités rendraient témoignage en faveur du *Great-Eastern*. Mais le *Great-Eastern* a trompé toutes les espérances. Œuvre de l'orgueil, après avoir ébloui les imaginations, il reste, comme la tour de Babel, une colossale inutilité. Que cette leçon nous profite. Ne nous lançons pas éperdument à la recherche du monstrueux. La nature a ses droits qu'elle ne se laisse jamais supprimer. Nous reconnaissons déjà l'abus du cheval de course, du cheval squelette; l'imitation opposée, celle des animaux trop gras, serait-elle vraiment avantageuse? Je crois que la science devrait intervenir et se prononcer sur cette nouvelle fabrication. Elle devrait examiner si l'exagération du volume n'est pas un trompe-l'œil, et si la quantité relative ne s'obtient pas, en un mot, aux dépens de la qualité.

Que m'importe que vous fabriquiez un bœuf gros comme le cheval de Troie, si ce bœuf à la chair spongieuse et aux tissus saturés de suif n'offre pas plus de nourriture qu'un bœuf ordinaire? S'il en donne moins et si elle est moins agréable au goût, votre procédé est désastreux... à moins, ô éleveurs! que vous ne fassiez le commerce de la chandelle. Cette idée de chandelle m'a toujours poursuivi en Angleterre, quand je me trouvais dans un restaurant, en face du rosbif britannique si vanté. Après avoir pris son cheval à l'Angleterre, voilà que nous lui prenons son bœuf, en dépit de cette parole de l'Écriture : « Tu ne lui prendras ni son âne, ni son bœuf, ni... » Je demande positivement qu'on nous ramène au bœuf simple, au bœuf primitif, au bœuf français, à l'ancien bœuf à la mode, au bœuf du bon Dieu.

Il est à tout instant question des progrès de l'industrie américaine. Le nouveau monde rêve le mécanisme universel. Cette race anglo-saxonne, la dernière venue de la civilisation, et qui aspire modestement à la conquête de l'univers, a fait depuis quelques années des pas de géant dans la voie de l'engrenage. Nous avons, nous, des monstres de fer qui obéissent plus docilement que des chevaux dressés, de gigantesques machines qui fonctionnent avec la régularité d'un chronomètre ; mais tout cela est encore circonscrit dans un certain cercle, qui va, il est vrai, chaque jour s'élargissant. Par delà l'Atlantique, la science a tout envahi, elle vous poursuit à tout heure et partout. Le temps n'est pas éloigné sans doute où de perfectionnement en perfectionnement notre vieux monde, tiraillé depuis six mille ans par deux forces contraires, trouvera son équilibre en mettant fin au duel de la matière et de l'idéal. Alors tout sera réglé, tout sera prévu, tout sera méthodique. C'est un ressort qui gouvernera le globe. Je ne vois pas trop ce que deviendra l'homme, ce rouage désormais inutile d'une civilisation montée comme une horloge. Quand il aura définitivement congédié l'imagination et supprimé l'imprévu, il ne restera plus à ce roi déchu qu'à se promener, à manger, à dormir et à s'ennuyer. S'il est sage, il ne songera même pas à se reproduire dans ses enfants, attendu que la machine une fois montée et lancée pourra très-bien fonctionner sans lui.

Et vous surtout, que deviendrez-vous, ô rêveurs? Vous aurez encore, il est vrai, le spectacle éternel de l'éternelle nature ; l'oiseau chantera toujours dans les bois renouvelés; la poussière du charbon noircira peut-être le calice de la rose, mais il lui restera encore son parfum. En proie aux sollicitations du démon intérieur, vous suivrez d'un œil inquiet

Cette pâle clarté qui tombe des étoiles.

Mais à qui raconterez-vous ces doux poëmes que dicte aux cœurs enthousiastes la muse de la jeunesse? Qui se détournera pour vous écouter dans un temps où la machine sera plus forte que la pensée, où le dernier mécanicien sera plus utile que Virgile ? O rapsodes attardés, derniers fous du genre humain, masques d'une autre époque égarés au milieu du carnaval des affaires, l'enthousiasme soulevé dans votre âme par les enivrements de l'infini retombera lourdement sur vous-mêmes comme le rocher sur Sisyphe, et l'inspiration vous dévorera en secret comme le renard du Lacédémonien.

Mais pourquoi surcharger de si sombres couleurs l'avenir, quand le présent est déjà si morne.? Le char de la société contemporaine roule à toute vitesse sur le grand chemin des intérêts; la nature a été adjugée aux ingénieurs. Le cantique nouveau, c'est le cri de la scie, le bruit du marteau frappé sur l'enclume. Dans cette France, naguère si attentive au récit des belles choses, y a-t-il encore un public assez peu distrait pour prêter l'oreille aux sons que murmurent quelques lyres désespérées? J'en doute, et pourtant à la plupart de ces jeunes poëtes qui mourront inconnus il n'a manqué que l'heure clémente. Ils se sont présentés au public au moment où la foule de spectateurs venait d'abandonner les degrés du Portique.

Je me figure qu'il dut en être ainsi aux premiers jours de la décadence païenne. Je vois d'ici ces jeunes Romains attachés par l'imagination et le souvenir au vieux culte national. Ils reviennent de la Grèce, où ils ont vu palpiter le sein des déesses sous la transparence des marbres ; ils chantent les dieux immortels, mais la foule est railleuse, et elle répond que les dieux sont morts, comme on dit aujourd'hui que l'idéal est mort. Étonnés que personne ne les entende plus quand ils parlent la langue des grands jours, ils pâlissent, ils se troublent, ils ont comme un pressentiment que la dernière heure de Pan va sonner, et ils cherchent à l'horizon la lueur nouvelle qui doit ranimer le monde ; mais ils sont entre une éclipse et une aurore. Le Calvaire ne resplendit pas encore, et déjà l'Olympe est pour toujours voilé.

Tout bourgeois veut bâtir comme les grands seigneurs,

dit La Fontaine, et l'on pourrait croire que c'est en prévision de la monomanie de notre temps que La Fontaine a écrit cet alexandrin. Tous les bourgeois d'aujourd'hui bâtissant des maisons de campagne, il est arrivé qu'à force d'entasser des maisons on a supprimé la campagne, laquelle s'est réfugiée en province, jusqu'au jour où, le chemin de fer charriant de nouvelles maisons, elle sera forcée d'émigrer à l'étranger.

O Parisiens! vous avez vu Paris entouré de petites masures blanchâtres encaissées dans des jardinets étriqués, et parce que vous avez choisi une de ces masures, voisine d'une station quelconque, vous vous dites et vous dites aux autres : J'ai une maison de campagne. Quel abus de mots! quelle illusion! Pourquoi avez-vous désiré que *votre villa* fût proche du chemin de fer? Parce que vous savez qu'il vous faut prendre tous les matins le train de neuf heures pour être rendu à temps à vos affaires. Prenez garde, homme de la campagne, il est huit heures cinquante-cinq minutes; dépêchez-vous d'avaler votre café et d'embrasser votre femme (je suppose que vous l'embrassez), j'entends la cloche de la station. Un coup de sifflet, un temps de vapeur et vous êtes à Paris.

Une fois votre journée finie, et la dernière affaire bâclée, si vous étiez encore Parisien, il vous serait permis de flâner sur le boulevard et de fumer un cigare en attendant le dîner; mais vous avez une maison de campagne : en route, et promptement! Il faut aller aux emplettes. On vous a chargé d'une foule de commissions qui exigent des pérégrinations dans tous les quartiers de Paris, commissions qui se traduisent par une variété de paquets plus lourds les uns que les autres, et dont les moins lourds sont les plus incommodes. Courez, vous êtes en retard. Ne manquez pas le train, sous peine de vous trouver, à votre retour, en présence d'un diner froid et d'une femme en colère. Vous arrivez enfin à l'embarcadère et vous tombez dans un wagon, rouge, harassé, pantelant, trempé de sueur, couvert de poussière et les vêtements en désordre; car posséder une maison de campagne c'est trouver pendant l'été le moyen d'avoir un peu plus chaud que ceux qui n'en ont pas. Rentré au logis, vous avez beau endosser une blouse malpropre et vous couvrir le chef d'un affreux chapeau de paille, il y a, toutes les heures, une locomotive indiscrète qui vient siffler à vos oreilles que vous êtes un Parisien déguisé, un campagnard de carton, un Cincinnatus sans charrue.

Eh bien ! c'est pour arriver à grand'peine à vous faire illusion à vous-même, c'est pour vous procurer la piètre satisfaction de circuler le matin dans Paris avec une fleur à votre boutonnière, que vous avez saccagé, pillé, morcelé des parcs splendides comme le parc de Montmorency. En vérité, je vous le dis, ô Parisiens, amis de la maisonnette hors les murs, le jeu n'en vaut pas la chandelle. J'aimais encore mieux les parties d'autrefois, dont on se frottait les mains de plaisir huit jours à l'avance, les classiques diners sur l'herbe, où l'on dépensait en un dimanche la gaieté économisée pendant la semaine !

Quelles volées de boulets n'ont pas été envoyées à la contrainte par corps, cette vieille institution de l'antique législation romaine, c'est-à-dire du temps où l'homme était assimilé à la chose ! Deux fois emportée par la révolution, la contraite par corps subsiste encore pour la plus grande facilité des transactions. Elle frappe aussi bien le débiteur insolvable que le débiteur riche. Le magistrat chargé d'appliquer cette loi inexorable ne peut faire de distinction entre l'homme de mauvaise foi et l'homme malheureux. La meilleure preuve que cette loi de la contrainte par corps qui nous a été léguée par la société païenne est antichrétienne et antimorale, c'est qu'elle punit l'infortune et emprisonne la pauvreté.

En effet, cette loi, maintenue spécialement pour protéger le commerce, ne sert le plus souvent qu'aux usuriers qui figurent dans le nombre des incarcérateurs pour plus de moitié (58 0/0), aux spéculateurs interlopes, aux industriels sans industrie déterminée, aux acheteurs de créances déjà passées par profits et pertes, aux brocanteurs de tous les étages, tous gens peu intéressants et très-peu patentés. Le commerçant malheureux évite l'incarcération en se jetant dans la faillite; aussi ne rencontre-t-on généralement dans les maisons d'arrêt que des artisans, des artistes, des hommes et des femmes sans profession, des étrangers, tout ce personnel hasardeux et imprévoyant qui a passé par les serres de l'escompteur. Supprimez l'usurier, et la prison de la rue de Clichy sera à peu près vide. Les registres des écrous sont là pour prouver que la dignité commerciale répugne le plus souvent à l'application du droit exorbitant que la loi accorde au commerçant, mais ce droit filouté par les honnêtes gens dont je parlais tout à l'heure enrichit les prêteurs d'argent qui spéculent sur la liberté comme sur une marchandise.

Les représentants les plus éminents du commerce, de la magistrature et de la politique, ont dit leur mot sur la contrainte par corps. « Les besoins du commerce, dit Jacques Laffitte, ne réclament pas l'exécution de la contrainte par corps; elle ne s'exerce qu'au profit de l'usure contre de malheureux pères de famille et quelques jeunes imprudents. »

Voici maintenant l'opinion du duc de Broglie : « La contrainte par corps n'est, à bien prendre, que la question consacrée en matière civile, après qu'elle a disparu en matière criminelle. La souffrance qui résulte de la première est moins amère, moins déchirante que celle qui caractérisait autrefois la question, mais en revanche elle est plus longue, et ce qui se perd en intensité se regagne en durée. »

M. de Portalis, M. le duc Decazes, beaucoup d'autres, parlent à peu près dans les mêmes termes. Signaler un si monstrueux abus à un gouvernement issu du souffrage universel, c'est résoudre la question. Un tel gouvernement ne doit pas permettre que l'homme puisse, dans certains cas, appartenir à l'homme, que celui qui n'a pas d'argent et qui doit puisse être mis *corporellement* à la merci de son créancier. Cette loi de la contrainte par corps est une énormité dans notre temps et dans notre législation.

Quand un homme entre à l'hôpital, il n'est plus qu'un numéro. Bien différent, le bureau de bienfaisance supplée à l'insuffisance, à l'absence ou au manque absolu de la famille. Il est la famille du malheureux, et c'est pourquoi il serait à désirer que le malheureux, quel que fût son genre d'infortune ou d'infirmité, reçût à domicile des secours de toute nature proportionnés à la diversité de ses besoins.

Je ne nie pas l'utilité de l'hôpital, mais je ne comprends pas qu'il puisse être autre chose qu'un asile exceptionnel.

Quand on songe que l'enfant du pauvre débute dans la vie par la crèche, qu'il passe ensuite à la salle d'asile, puis à l'école communale, puis à l'apprentissage, on se demande s'il a jamais eu le temps de connaître les douceurs et l'affection de la famille, et s'il ne convient pas de se préoccuper du bien-être physique et moral de ce déshérité. Est-ce l'hôpital qui lui donnera ce bien-être ? Mais tous les efforts de la bienfaisance hospitalière ont quelque chose d'aride qui en trahit l'insuffisance. Ce que donne l'hospice par devoir, le pauvre l'accepte par besoin. Là, le sentiment ne se manifeste jamais que sous la forme matérielle du secours. Au contraire, le bureau de bienfaisance peut consoler, moraliser, enseigner. Il vient lui-même au domicile de l'indigent, s'informe de ses besoins, de ses peines, de ses chagrins. En sortant de la chambre du pauvre, il ne laisse pas seulement une petite somme d'argent, il laisse aussi de bons conseils et des consolations.

Considéré comme l'asile de la vieillesse, l'hospice ne remplit aucune des conditions d'une assistance éclairée ; il est de tout point insuffisant. Supposons maintenant que l'entretien d'un vieillard coûte annuellement 500 francs à l'assistance publique ; il y a cinq mille vieillards tant à Bicêtre qu'à la Salpêtrière : voilà donc 2,500,000 francs à répartir sur les bureaux de bienfaisance. On trouvera peut-être la mesure radicale, pour ne pas dire ridicule ; elle me semble, quant à moi, très-morale et d'une exécution facile. Si le vieillard a une famille, les 500 francs donnés à ce vieillard, sous la surveillance du bureau de bienfaisance, viendront en aide aux besoins de sa famille ; s'il est seul au monde, fût-il infirme, impotent, il n'est pas une famille pauvre de province qui ne consentira à le recevoir et à le soigner. Dans un village, un pensionnaire de 500 francs est accepté comme une petite fortune.

Pour que le sacrifice fût moins onéreux, l'administration pourrait avoir des pensionnaires payants. A côté des pauvres, il y a les nécessiteux. L'assistance compte déjà deux maisons où l'on est admis moyennant 200 francs dans l'une et 700 dans l'autre. Créez quatre maisons de ce genre à 200, à 400, à 600 et à 800 francs. Assister, c'est suppléer à l'insuffisance de ressources. Ces quatre maisons se rempliront, et vous aurez rendu un grand service à la population parisienne. Que de gens mal aisés pour qui une maison de retraite serait un paradis !

Parmi les clients de l'assistance publique, il en est dont le sort est digne d'un intérêt tout particulier : je veux parler des femmes et des filles-mères. La recherche de la paternité est interdite. Il résulte donc de cette disposition de la loi que c'est l'État qui doit être le père des enfants trouvés. Il ne s'agit plus ici d'assistance, mais d'éducation. Comment se fait-il cependant qu'une loi récente ait délégué à l'assistance publique l'éducation de ces enfants? La justice, l'équité et la morale exigent qu'une pareille anomalie ne puisse longtemps subsister. Légalement, logiquement, moralement, l'État doit l'éducation à l'enfant qui n'a d'autre père que l'État.

Au xve siècle, on voyait à la porte des églises une crèche où des religieuses exposaient, aux heures des offices, des orphelins innocents qu'elles berçaient en disant d'une voix douce, à ceux qui passaient : « Faites bien aux pauvres enfants trouvés. » Serait-on moins humain au xixe qu'au xve siècle? Je lisais dernièrement dans un journal qu'une administration de province venait de supprimer le tour. « Ne renvoyez pas dans le vice ou dans la mort ces enfants que la honte ou la misère vous jettent, disait en 1838 la voix éloquente de M. de Lamartine. Une société qui ne saurait que faire de l'homme, une société qui ne regarderait pas l'homme comme le plus précieux de ses capitaux, une société qui recevrait l'homme à son entrée dans la vie comme un fléau et non comme un don, une société qui ne saurait défendre la propriété qu'aux dépens de la morale et de la nature, une telle société serait jugée. Il faudrait en détourner les yeux. »

La suppression des tours, contraire à la législation du premier Empire, est un attentat à la morale et à l'humanité. Supprimer les tours, c'est décréter la mort des nouveau-nés, c'est changer en un crime une faute dont l'auteur est innocent·de par la loi et la victime seule coupable.

En fait de théâtres nous en sommes encore·à la barbarie, ô Athéniens de Paris !

Ah ! les Athéniens ! (je parle des autres) quelle admirable et profonde entente du théâtre ils ont montrée ! Notre scène ressemble à la leur comme la Bourse au Parthénon ! Le théâtre n'était point le passe-temps du citadin désœuvré. Par la solennité donnée aux représentations, par l'étendue de l'édifice qui pouvait contenir jusqu'à trente mille spectateurs, par la composition de la pièce qui rappelait les souvenirs tragiques de la Grèce et semblait placer sur la scène l'image de la patrie, par le génie des écrivains, par les récompenses glorieuses publiquement décernées par l'État au vainqueur, le théâtre était plus qu'un plaisir, c'était une lutte émouvante, une fête pleine d'émotions, une institution sociale.

Les portes s'ouvraient à la pointe du jour, la foule accourait de toutes parts et envahissait les gradins superposés de l'amphithéâtre. Les neuf archontes de la république, les magistrats de l'Aréopage, les généraux, les prêtres, les prêtresses, venaient successivement s'asseoir aux places qui leur étaient réservées ; les chœurs se formaient, et à l'heure fixée la cérémonie commençait. C'était *Antigone,* c'était la trilogie d'*Œdipe ;* après le drame, le concours de musique et de poésie qui transportait d'enthousiasme le peuple le plus artiste qui ait jamais existé. Puis les magistrats décernaient les couronnes au milieu d'applaudissements frénétiques, et les cités abattaient les pans de leurs murailles pour fêter dignement les vainqueurs ! C'est pour avoir si haut placé le théâtre, la poésie, la musique ; c'est pour avoir fait de l'art son dieu et sa vie que la Grèce restera le type éternel du génie et de la beauté.

Qu'on me pardonne cette échappée classique. Je ne poursuis pas la résurrection des morts ; je ne prétends même pas recommencer la lutte de 1830. 1830 me paraît aujourd'hui plus lointain encore que la Grèce de Sophocle et d'Eschyle. J'ai voulu tout simplement rappeler la différence qui sépare notre théâtre du théâtre grec. Ce n'est pas chez nous une institution, mais c'est du moins un délassement auquel trente mille personnes sont chaque soir con-

viées, et c'est aussi une des branches les plus importantes de notre littérature. Les étrangers nous font
même l'honneur de reconnaître que nous sommes
les fournisseurs ordinaires et extraordinaires des
scènes européennes. *Passé minuit*, traduit dans toutes
les langues, a déridé tout le monde civilisé, et je ne
sais plus quel voyageur transatlantique vit jouer un
beau soir *l'Omelette fantastique* dans les Pampas.

Je reconnais donc, en dépit des lamentations des
feuilletons du lundi, que la France a encore un
théâtre; mais Paris n'a point de théâtres, ou, pour
ne pas jouer sur les mots, de salles de spectacle.

Tout a été dit sur ces édifices sans nom, sans
aspect, sans forme, sans air, sans lumière, sans écho,
sans entrées, sans issues, sans aucune des conditions
de la scène, espèces de fours hermétiquement fermés où l'on fait cuire à la température de quarante
degrés les petits pains viennois de la littérature dramatique. Il faudrait écrire un volume pour résumer
seulement toutes les justes accusations qui ont été
portées contre ces masures devant tous les tribunaux
de la critique. Puisqu'il est admis que toutes ces
salles de spectacle sont autant de machines de Marly,
je demande qu'on en fasse ce qu'on a fait de la
machine en question : qu'on les remplace.

On va reconstruire l'Opéra, et l'on assure que
quatre ou cinq cents projets ont été adressés à qui

de droit. Hélas! ce ne sont pas les projets qui ont manqué aux essais malheureux tentés pour décorer la cour du Louvre. Je me rappelle aussi qu'on les comptait par centaines, les projets de reconstruction des Halles. L'administration se hâta de mettre la main sur le charmant modèle qui est encore debout, — une sorte de citadelle que les marchands ont appelée le fort de la halle. — Si l'exemple des Halles démontre que l'édilité n'est pas infaillible, pourquoi n'exposerait-on pas un modèle réduit du plan adopté pour l'édification des nouveaux théâtres à construire? Ce serait le seul moyen de se mettre à l'abri de tout mécompte. L'hygiène, la science et l'industrie ont fait des découvertes importantes, mais qu'il faut expérimenter dans leur application. La certitude absolue n'étant nulle part, le seul critérium est l'examen.

Sans entrer dans une étude approfondie de la question, il est facile d'en indiquer les points importants : la construction de la salle, l'acoustique, l'éclairage, la ventilation. Pour le premier point, on a tant répété que nos salles n'ont ni entrées, ni sorties, ni espace, qu'on peut espérer que les spectateurs de l'avenir auront enfin leurs coudées franches.

Quant à l'acoustique, on sait que tous les artistes se plaignent du peu de sonorité des salles. Le défaut d'acoustique a le triple inconvénient de forcer la voix, de fatiguer l'organe et de dénaturer le style de la musique. Rien de plus facile que de remédier au mal. C'est l'œuf de Christophe Colomb. On sait que le son se produit de la même manière que la lumière, et arrive à l'oreille comme la lumière arrive à l'œil, par une vibration moléculaire de l'air. Les étoffes noires absorbent les rayons lumineux, les étoffes et les draperies absorbent les sons. Que l'on fasse à l'Opéra ce qui se fait pour obtenir la sonorité du piano : qu'on établisse le système de tables d'harmonie devant les loges et à la voûte de la salle ; ces tables d'harmonie répercuteront le son comme le miroir réfléchit les rayons du soleil.

Deux systèmes sont en présence pour l'éclairage : le gaz et la lumière électrique ; c'est une simple question d'expériences.

Les appareils de ventilation appliqués jusqu'à ce jour tantôt fonctionnent mal, tantôt ne fonctionnent pas ; les meilleurs encore connus ne peuvent que remplacer pendant l'été l'air chaud de l'intérieur par l'air chaud de l'extérieur. Or, le problème ne consiste pas seulement à renouveler l'air, mais à le rafraîchir. J'ai vu dernièrement fonctionner une machine qui donne à volonté de superbes cylindres de glace et qui va faire évidemment des glacières ce que l'allumette chimique a fait de l'allumette soufrée. Dans les explications données par l'inventeur, je me rappelle avoir entendu dire que cette machine pourrait réfrigérer, par trente degrés de chaleur extérieure, la salle de spectacle à cinq, dix, quinze degrés de fraîcheur. L'auteur de cette invention se propose de transformer à volonté les calorifères en frigorifères. La salle de spectacle ne sera plus une cuve, et pendant l'été on ira au théâtre pour se rafraîchir.

Quelle belle salle de bal qu'une bibliothèque, pour peu que les livres soient suffisamment rangés et de bonne maison! Salut, très-illustres seigneurs! Ils sont tous là sur leurs rayons, prêts à entrer en danse à la première invitation et à faire vis-à-vis au plus humble. Tu t'appelles Voltaire ou Lamartine et tu m'appartiens; tu te nommes Jean-Jacques ou Victor Hugo et tu es à moi, et ainsi de tous les autres; et je les appelle quand je veux, et quand je veux je les renvoie. Et quand je pense que nous allons le plus souvent dans de prétendus salons, tous tant que nous sommes, où nous ne trouvons à feuilleter que des esprits lourds et vulgaires, où nous tournons avec ennui des feuillets illisibles, lorsque sans tant de frais et de fatigues nous pourrions interroger tour à tour les plus fins causeurs, les plus fières intelligences, les discoureurs les plus aimables, les rois et

les empereurs de l'esprit humain ! « Madame, écrivait à une femme illustre, après la lecture d'un de
ses livres, une jeune enthousiaste, j'ai passé toute la
soirée et même toute la nuit avec vous, et cette
nuit, je la compterai au nombre de mes plus belles
et de mes plus amoureuses. » Et l'enfant disait vrai,
c'est dans son œuvre que se réfugie la meilleure
part de l'écrivain. Qui le comprend le possède tout
entier. Dans les détails ordinaires de la vie, l'écrivain
n'est qu'un homme, il passe dieu dans son livre, et
c'est ainsi que toute bibliothèque est un panthéon !

Nous ne lisons plus assez ; cela est prouvé par les
innombrables choses imprimées qui pullulent. Savoir
lire, quelle science ! c'est interroger un écrivain,
c'est lui demander l'enseignement des choses que
l'on ignore, c'est discuter avec lui sur tel point et le
réfuter sur tel autre. On l'aborde avec respect mais
sans parti pris ; on entre en conversation intime avec
lui, on se laisse aller, puis on résiste, et si l'on se
sent entraîné tout va bien. Le lecteur intelligent est
comme cette fière déesse qui n'accordait son amour
qu'à l'homme robuste qui l'avait terrassée. Mais il
ne sait pas lire ni même épeler celui qui, prenant
un livre, tourne page sur page et ne s'arrête essoufflé
qu'au dernier feuillet ; il se gorge de mots, l'idée
lui échappe. Toute lecture est un voyage d'agrément, un voyage à petites journées où l'on prend

son temps et ses aises. Voici un point de vue, con-
templons-le ; voici un joli bois, reposons-nous.

Au dernier siècle on lisait encore, on lisait avec
méthode, avec goût, avec passion ; la race des dé-
gustateurs n'était pas si clair-semée. J'en atteste ces
volumes étoilés de notes, et où souvent les réflexions
sensées, les pensées ingénieuses, s'étalant sur la
marge ou se glissant dans les interlignes, constituaient une œuvre manuscrite côtoyant l'œuvre imprimée. Le temps de ces annotations au crayon ou
à la plume est passé. Nous n'avons même plus le
loisir de lire, nous écrivons tant !

CHAPITRE XII

Le voyage est devenu une des habitudes de la vie.
On est incessamment par voies et par chemins ; on
sait la Suisse par cœur, et l'Allemagne et l'Italie.
Faut-il vous faire une description complète de l'Al-
cazar ou de la cathédrale de Milan? Je ne vous
demande que cinq minutes, le temps de sonner le
boute-selle de l'enthousiasme et de réunir quelques
escadrons d'adjectifs.

Par les chemins de fer qui sillonnent le sol, par les
Léviathans qu'on voit bondir sur l'Océan, on aura
bientôt touché barre aux quatre coins du monde, et
l'univers, devenu trop petit, sera aussi connu que
le boulevard des Italiens. Voilà un des grands malheurs du progrès. Le docteur Faust se plaignait déjà

de son temps de l'exiguïté de notre planète. Que dirait-il donc s'il l'habitait aujourd'hui? Je prévois le moment où les touristes, n'ayant plus rien à voir de nouveau sous le soleil, imploreront la venue d'un Christophe Colomb qui leur ouvre les espaces vierges d'un continent inconnu.

Il est vrai que la plupart des gens qui ont visité Stamboul, Moscou et Copenhague, ne connaissent pas l'Anjou ou la Normandie. Au rebours de Petit-Jean, ce que nous savons le mieux, nous autres Parisiens, ce n'est pas le commencement, et c'est pourquoi nous songerons peut-être, quand nous serons blasés sur les paysages du Kurdistan, à découvrir le département de Seine-et-Oise.

Ah! la belle chose que la vallée de Chevreuse! la douce promenade, l'aimable voyage, quand il sera convenu que la nature ne commence pas à trois cents lieues de Paris! Aimez-vous les murmures, les ombrages, les ruisseaux jaseurs, la fraîcheur et la solitude? allez-y. Aimez-vous les vieux châteaux, les ruines, les villas italiennes bâties à mi-côte sur le renflement des vertes collines? allez-y encore. On dirait que la botte vernie du Parisien n'a point encore foulé l'herbe tendre de cette vallée heureuse. Les bœufs, ouvrant leurs grands yeux chantés par Homère, semblent vous regarder avec étonnement; le campagnard, en passant auprès de vous, porte machinalement la main à son chapeau rond. Ah! je suis loin des villes, puisqu'un homme qui ne me connaît pas accueille ma venue par un bonjour hospitalier.

Mais voici un vallon encore plus calme, encore plus désert et d'un aspect plus grave. Rien ne remue dans ce bas-fond solitaire, ni sur ce coteau bordé d'un rideau de bouleaux aux feuilles d'argent. Au pied de la colline, une petite maison sans physionomie, surmontée d'une croix : ce doit être une chapelle; à côté, un colombier qui date du xviie siècle, et, un peu plus loin, une bâtisse fraîche du genre neutre. Cela pourrait être une manufacture, une caserne de gendarmerie ou une école. Je descends par un chemin pierreux, saccadé comme un escalier aux marches irrégulières, défoncé en plusieurs endroits, la vraie route qui conduit au désert. Voilà le désert en effet, l'indomptable thébaïde. Je m'approche de l'enclos, je regarde par la brèche d'un mur en pierres sèches, et un homme qui cueille des fraises dans un verger presque inculte se relève aussitôt, et venant à moi :

— Soyez le bienvenu, dit-il, vous êtes à Port-Royal-des-Champs.

Port-Royal! Voilà donc tout ce qu'il reste de la demeure de ces hommes célèbres et de ces doctes femmes qui naquirent à peu près à la même heure que les vierges du Carmel et les filles de saint Vincent de Paul! Notre époque raisonnable et raisonneuse ne se préoccupe plus de ces grandes questions religieuses qui passionnaient les plus fiers esprits au xviie siècle; le temps a emporté molinistes et jansénistes, et le trois pour cent a remplacé la Grâce, mais il est impossible de se défendre d'un sentiment de vague mélancolie en face de ces ruines qui rappellent tant de personnages illustres et tant d'illustres écrits.

— Monsieur, me disait le brave homme qui m'avait accueilli d'une façon si courtoise et si simple, à peu près comme le chœur antique accueille, dans Sophocle, l'étranger qui aborde aux rivages de la Grèce, vous pouvez vous représenter *notre* église telle qu'elle était avant d'avoir été démolie et détruite par l'ordre de M. d'Argenson, qui fit raser la maison et les bâtiments jusqu'à ce qu'il n'y restât plus pierre sur pierre. La place, labourée et ensemencée, était devenue un champ de luzerne; mais, il y a dix ans, M. le duc de Luynes fit pratiquer des fouilles qui mirent à nu tous ces piliers que vous voyez à présent et qui marquent l'espace occupé par l'église de Port-Royal avant qu'elle n'eût été saccagée par les archers de Louis XIV. A la place du chœur on a élevé, comme une protestation contre la violence, cette modeste chapelle dont je vais vous ouvrir la porte et qui contient quelques pieuses reliques des grands solitaires.

Je pénétrai dans la chapelle, et le premier objet qui attira mes regards, ce fut un tableau représentant l'établissement de Port-Royal et ses dépendances. De tous ces bâtiments qui formaient un ensemble assez vaste, il ne reste plus aujourd'hui que le colombier, où l'on voit encore une chambre qui fut habitée par Racine, au moment où ce pauvre grand homme, frappé au cœur par un regard courroucé de Louis XIV, avait été ensevelir loin du monde la douleur de sa disgrâce.

D'autres tableaux sont suspendus au mur : *les Sœurs en retraite, la Promenade dans le jardin, les Sœurs réunies en conférence, d'Argenson signifiant aux religieuses leur expulsion par ordre du roi;* puis les portraits des pères et des mères de Port-Royal; le portrait du grand Arnauld, figure calme, bouche bienveillante, œil superbe; les portraits de l'abbé de Saint-Cyran, de Lemaistre de Sacy, de l'abbé Nicole, de la mère Angélique, et de Jacqueline, cette femme illustre qui eût été la fille du grand Corneille si elle n'avait été la sœur de Pascal. On a de Jacqueline des poésies mâles où palpitent le grand rhythme et l'énergique pensée de l'auteur du *Cid* et de *Polyeucte*. Dans sa prose, un peu négligée dans le ton ordinaire, on retrouve, quand la passion vient à souffler, toute l'énergie d'une âme virile ; c'est elle qui, sollicitée par Arnauld d'apposer sa signature au bas du formulaire qui déshonorait Port-Royal sans le sauver, lui écrivait de ce fier style : « Je sais bien qu'on dit que ce n'est point à des filles à défendre la vérité, quoiqu'on pût dire, par une triste rencontre du temps et du renversement où nous sommes, que, puisque les évêques ont des courages de filles, les filles doivent avoir des courages d'évêques. Mais si ce n'est point à nous à défendre la vérité, c'est à nous à mourir pour la vérité. » N'y a-t-il pas dans le cri de cette femme comme un écho cornélien ? N'est-ce point ainsi que parlent et qu'agissent les héroïnes du grand tragique ?

En face de Jacqueline, on a placé son illustre frère. Ces deux têtes semblent se regarder. Ce portrait de Blaise Pascal, qui est du temps, a été apporté, en 1847, à Port-Royal-des-Champs, par la pieuse reine Marie-Amélie.

Parmi les autres reliques, je vois des lettres originales d'Arnauld d'Andilly, de Sacy, de l'abbé Nicole, de la mère Agnès (sainte Thérèse), tante de Racine ; ce dernier autographe semble écrit d'hier, tant l'écriture masculine en est nette et précise : on dirait des caractères moulés. Quant aux tombeaux, il n'en faut pas parler à Port-Royal-des-Champs. Immédiatement après l'ordre de dispersion, les sépulcres furent violés, les pierres tumulaires brisées, et les corps brutalement exhumés, afin de faire de Port-Royal un lieu profane, puisqu'on ne pouvait en détruire le sol. Ces restes, jetés pêle-mêle dans des tombereaux, furent transportés dans les cimetières de Magny et de Saint-Lambert. On voit dans la petite église de Magny les tombes d'Arnauld et de la mère Angélique. Louis XIV, en ordonnant la profanation des tombeaux de Port-Royal, légitimait (si quelque chose peut légitimer le crime) la profanation de son propre tombeau à Saint-Denis.

Sur le livre où les visiteurs inscrivent leur nom, quelques-uns ont cru devoir faire précéder ce nom de pensées qui sont nulles pour la plupart quand elles ne sont pas grotesques. C'est un homme politique très-connu qui ouvre la marche. Je lis en tête de la première page cette réflexion peu compromettante :

« 3 juin 1848. Visite à Port-Royal, et de là à Saint-Lambert, où j'ai eu la grande satisfaction de retrouver les portraits de Pascal, de Lemaistre, de Saint-Cyran, du grand Arnauld et de la mère Angélique.

« Signé : *Le procureur général* DUPIN. »

Ce livre est le véritable manuscrit des antithèses;

la piété y coudoie le scepticisme, et l'enthousiasme le ridicule; on voit sur la même page ces deux inscriptions qui se suivent :

« Que ma main droite devienne plutôt sans mouvement, et que ma langue s'attache plutôt à mon palais que de t'oublier, ô Jérusalem !

« ANTOINE MÉRON. »

Et immédiatement après :

« M. Chiffart, de Paris, avec un intérêt toujours nouveau. »

Ainsi, dans la vie comme dans ce livre, le char enflammé d'Élisée se heurte toujours à quelque borne; il n'est pas d'exaltation qui ne soit exposée à se briser contre quelque Chiffart.

En somme, sur ce livre, dont vingt-cinq pages sont entièrement griffonnées, il y a peu de noms marquants. Si j'excepte M. Dupin, M. Patin de l'Académie française, M. Darblay aîné, ancien député, deux ou trois pairs d'Angleterre ou d'Écosse, je n'y vois plus personne. En cherchant bien pourtant, je découvre, dans un coin, une signature modeste dont la griffe m'est connue : Gérard de N..., lisez Gérard de Nerval. Celui-là, en effet, a dû venir en pèlerinage à Port-Royal, lui dont la vie fut une rêveuse école buissonnière, et qui aimait tant les environs de Paris; tous les chemins lui étaient bons, il est vrai, et pourvu qu'il tournât le dos à Paris, il ne s'embarrassait guère si la route le conduisait à Memphis ou le menait à Montmorency, sur les bords de l'Euphrate ou sur les rives de la Bièvre. Il allait, joyeux comme l'oiseau, léger comme Bias, s'arrêtant à toutes les stations, déposant son offrande au pied de tous les autels, et je suis sûr que, le jour où il vint à Port-Royal, il ne s'en alla pas sans remuer dans son cerveau quelque beau projet d'appel contre la condamnation par la Sorbonne et les évêques des fameuses propositions attribuées à Jansénius.

Un simple détail pour ceux qui aiment les contrastes; sur l'emplacement des bâtiments de Port-Royal, on a élevé une maison qui sert d'école primaire aux frères de la doctrine chrétienne. Ainsi, ces hommes savants et illustres à tant de titres, dont le seul péché fut peut-être l'orgueil, ont été remplacés par les plus humbles. Aux jansénistes ont succédé les ignorantins. Encore Chiffart!

Je suis en Provence. Je viens de traverser Aubagne, Brignoles, Carcès, Vidauban, des localités modestes qui n'ont jamais usurpé l'attention publique, et je me lance intrépidement à travers les inextricables détours de ce gigantesque anneau détaché de la chaîne des basses Alpes qu'on nomme les monts de l'Estérel. L'Estérel est le dernier refuge de la poésie de grand chemin ; on y arrête encore les diligences de temps en temps, et il n'y a pas plus d'un mois qu'une chaise de poste qui revenait de Nice a eu affaire à trois ou quatre chapeaux pointus de l'école dramatique de Fra Diavolo. Du reste, ces brigands sont des gens de goût ; il leur serait difficile de choisir pour siége de leurs opérations un coin de terre plus pittoresque : ravins, gouffres, précipices, monts hérissés d'épais taillis, routes taillées dans le roc et qui se tortillent comme un serpent en belle humeur, blocs énormes de granit découpés en profils et qui vous regardent comme des têtes humaines : tel est en résumé ce pays sauvage et primitif, dont l'aspect développe chez les solitaires qui s'y réfugient une propension à la vie contemplative, et aussi, il paraît, à l'arrestation des voyageurs.

Hélas ! encore deux ou trois ans, et il n'y aura plus un seul brigand dans toute l'étendue de l'Estérel. Sans compter le chemin de fer, qui va supprimer là, comme partout ailleurs, les diligences et les chaises de poste, les bergers font chaque jour un tort considérable aux rôdeurs de la grande route. Ils déboisent à leur manière ces montagnes peuplées d'arbres verts, ils brûlent les taillis, ils mettent le feu aux fourrés pour conquérir en faveur de leurs troupeaux une plus grande étendue de pâturages. Et voilà comme tout s'en va, la verdure et les bandits, le pittoresque de la nature et le pittoresque de la vie!

Quand on a fait une dizaine de lieues à travers ces gorges profondes dominées par des montagnes à pic, on aperçoit tout à coup à l'horizon une ligne bleue, mince comme le tranchant d'une lame : c'est la Méditerranée. A vos pieds, une plaine immense où le chêne-liége joue aux barres avec l'olivier, où courent affolés toute une ribambelle d'arbustes qu'on dirait échappés de la serre chaude d'un millionnaire. A mesure qu'on avance, la ligne bleue s'élargit et dessine un golfe bordé de jardins et de maisons de plaisance ; encore quelques pas et l'on est à Cannes.

Cannes est un nid abrité par une double rangée de montagnes, un nid découvert, il y a une vingtaine d'années, par lord Brougham. Le noble lord se rendait à Nice, il tombe malade à Cannes, s'y rétablit en peu de jours, et trouve l'air si pur, le soleil si chaud, le paysage si engageant, qu'il prend le parti d'y dresser sa tente. A sa suite arrive une foule d'insulaires, si bien que Cannes est aujourd'hui une ville aussi anglaise que Boulogne. L'Angleterre a posé son indélébile cachet sur tout ce riant littoral. Quand il quitte son île pour aller à la recherche du soleil, l'Anglais emporte son pays avec lui, il ne laisse en Angleterre que le climat, et c'est pourquoi vous voyez à Cannes tant de maisons gothiques, tant de castels avec créneaux et mâchicoulis, tant de lourdes constructions du Nord dépaysées sous ce beau ciel provençal, qui doit être bien étonné de voir la brique usurper la place du marbre, et le style *cockney* des comtés se substituer à l'architecture des blanches villas d'Italie.

Là, comme partout, du reste, la plus grande anarchie règne dans l'architecture. A côté d'une espèce de burg féodal en carton-pierre se dresse un palais moresque coiffé d'un énorme turban ; une réduction du château de Windsor coudoie une réduction d'une maison de Pompéi ; le gothique, la renaissance, le corinthien et le chinois, tout cela va de compagnie. La bâtisse la plus vulgaire, la maison qui affecte la forme d'un coffre ou d'une malle semblerait un chef-d'œuvre architectural comparée à toutes ces prétentieuses habitations méditerranéennes bâties pour la plupart par les blonds enfants d'Albion.

Cannes, qui partage avec Nice, Hyères et Pau le privilége de recevoir le dernier soupir des poitrinaires, est admirablement située sur le rivage d'une mer d'azur, en face des îles pittoresques de Lerins, et elle est égayée, même pendant l'hiver, par le chaud soleil de la Provence. Les orangers, les grenadiers, les myrtes, poussent en pleine terre, et même au mois de janvier on voit les roses s'épanouir en plein champ. Cependant, le jour où j'y arrivai, il faisait un froid très-âcre, et le lendemain matin il y avait de la glace dans les rues. Ne comprenant pas trop comment la glace et les orangers pouvaient vivre en si bonne intelligence, je crus d'abord que ces beaux fruits d'or que je voyais suspendus aux arbres étaient en carton, comme le castel moyen âge de M. Woolfield. Cette décoration d'été au milieu de l'hiver, et par un froid très-effectif de quatre degrés, produit l'effet le plus singulier. Cela donne le frisson, comme la vue d'un homme qui se promènerait par la gelée en pantalon blanc et en veste de coutil. Les habitants de Cannes, qui répondent de leur climat aux voyageurs attirés par l'excellente réputation de leur ciel clément, semblaient confondus de la mauvaise conduite de la température. « Cela ne s'est jamais vu, de mémoire d'homme, me disait l'aubergiste ; je vous jure que c'est la première fois que les ruisseaux sont gelés à Cannes. » Et il feignait de contempler la glace avec une curiosité mêlée d'effroi, comme s'il n'était pas bien sûr que ces morceaux cristallisés ne fussent les débris de quelque miroir sans tain.

Le fait est que l'hiver ne dure guère que quatre ou cinq jours à Cannes, quand hiver il y a ; Cannes est un petit coin de terre privilégié, à la fois charmant et ennuyeux. Pas de distractions; il n'y a là que des gens occupés à soigner leur santé et suivre les prescriptions du médecin. C'est une infirmerie élégante, un hôpital de bonne compagnie. A huit heures, tout le monde est couché. Pendant le jour, on a la ressource des excursions. Mlle Rachel a créé le pèlerinage au Cannet, un aimable village perché à une lieue de là, sur une colline odoriférante. Quand une voiture fait son entrée triomphale au Cannet, les habitants se disent : « Voilà des étrangers qui viennent visiter la maison de *la comédienne,* et à quelques pas de la villa Sardou on trouve, en effet, un guide décoré de la médaille de Sainte-Hélène, lequel conduit les visiteurs à travers un dédale de petites ruelles jusqu'à une maison percée de fenêtres étroites et d'un aspect assez délabré. Dans le jardin, un joli bois d'orangers et de citronniers, mais pas de vue. Il me semble que si Mlle Rachel n'était pas morte de la poitrine dans cette maison, elle aurait pu y mourir d'ennui. Au moment où je prenais congé du guide, ce brave homme cueillit une orange et me l'offrit comme un souvenir de mon pèlerinage. « J'ai choisi une orange amère, me dit-il, cela se conserve plus longtemps que les oranges douces. » Je mis l'orange dans ma poche, et, quelques minutes après, ne songeant plus au don pieux du guide, j'écrasai la précieuse relique en m'asseyant dans la voiture.

Il serait difficile de passer par Cannes sans aller faire une visite aux îles de Lerins, composées de l'île Sainte-Marguerite et de l'île Saint-Honorat. Celui qui n'aime pas les longues promenades en mer suit la grève jusqu'à la pointe de la Croisette; là il s'embarque, et, après trois quarts d'heure de traversée, il est au pied du fort de Sainte-Marguerite, un bâtiment massif et sombre, le seul qui existe dans l'île. Ce fort sert pour le moment d'habitation à une soixantaine de fils du Prophète qui soupirent, en face des orangers et des citronniers de la Provence, après les palmiers de la patrie. Le plus curieux de ces Arabes captifs est un marabout, qui depuis sept ans reste accroupi à la même place, immobile et les yeux tournés vers l'Orient. Ses traits, immobiles comme son corps, semblent pétrifiés, et il est impossible de saisir l'ombre d'une pensée ou d'une émotion sur ce visage marmoréen. Ce saint homme a des ongles d'un demi-pied de longueur et une barbe dont il pourrait se servir pour balayer le parquet. On dirait d'un héros enchanté des *Niebelungen*. Tel devait apparaître à l'imagination merveilleuse des Allemands le Frédéric Barberousse de la légende.

On montre à l'étage supérieur la chambre humide où languit pendant dix-sept années ce personnage mystérieux, cette énigme historique qui s'appelle le Masque de fer. L'inspection de cette chambre, qui reçoit le jour par une ouverture hérissée de trois rangs de barreaux de fer et pratiquée à travers des murs de cinq mètres d'épaisseur, m'a démontré que l'histoire de l'assiette d'argent lancée à la mer par le prisonnier, qui aurait écrit son nom sur cette assiette avec la pointe d'un couteau, est tout bonnement une fable. J'ai essayé de faire passer à travers les barreaux de cette fenêtre non une assiette, mais une mince brochure, et je n'ai pu y parvenir. Ce n'est donc point à l'épisode de l'assiette qu'il faut attribuer, comme on l'a dit, la translation du Masque de fer à la Bastille.

De l'île de Sainte-Marguerite, le panorama est charmant et vaut à lui seul la traversée. On aperçoit un triple rang de montagnes, les unes boisées, les autres chauves jusqu'au sommet, les autres couronnées de neige. Une vapeur grisâtre enveloppe la cime de l'Estérel, et ses flancs battus par une mer où se reflète l'azur du ciel. A droite, Cannes s'étend en amphithéâtre, avec ses villas, ses jardins, ses bois d'orangers, son cours où se promènent les *misses* languissantes, sa jetée et son port où dorment balancés par la brise les barques, les tartanes et les bateaux des pêcheurs.

Du reste, tout est promenade dans ce pays, où les

campagnes plantées d'oliviers offrent en toute saison de verts ombrages. Fréjus est à deux pas, et Fréjus est une des villes les plus intéressantes du Midi. Elle montre, sans orgueil, hélas! ses portes romaines triomphales, son superbe aqueduc et son vieux port bordé de quais romains. Aujourd'hui les oliviers couvrent ce golfe, qui fut sillonné par les vaisseaux du peuple-roi. Dans les arènes, ouvertes à tous les vents, j'ai vu de jeunes profanes établir une glissade au pied du *podium*, ce gradin sacré où à défaut de l'empereur prenait place le proconsul. Des loques séchaient étendues sur les gradins supérieurs, et les braves gens du pays avaient transformé en bûchers toutes les arcades du rez-de-chaussée. Eh bien! tout déshonoré qu'il est, ce vieil amphithéâtre a encore un très-grand air, tant l'homme se sent toujours vivement impressionné par l'auguste majesté des ruines!

De Cannes, il ne faut pas plus de deux heures pour aller à Grasse, la ville des parfums, des senteurs, des élixirs, des champs de roses et de jasmins. Il ne faut pas plus d'une heure pour aller à Antibes, et si j'excepte la célèbre Corniche, il n'est pas au monde de plus merveilleuse promenade que la route de Cannes à Nice. C'est un immense jardin d'oliviers et de citronniers, bordé d'un côté par des villas, et de l'autre par la Méditerranée, qui se découpe en petits golfes, dont le plus célèbre est le golfe Juan, où débarqua Napoléon au retour de l'île d'Elbe. Une colonne, portant cette inscription : 1er mars 1815, se dresse sur le rivage et perpétue ce souvenir. Un aubergiste, qui cumule ses fonctions culinaires avec les fonctions de cicérone, montre l'olivier où bivouaqua l'empereur. Supprimez cet olivier, et l'aubergiste est ruiné, car on ne met pied à terre devant son auberge que pour voir l'arbre historique. De la plate-forme d'Antibes, le spectacle éclate tout à coup comme une pièce d'artifice. Les Alpes maritimes profilent en arêtes aiguës leurs cimes neigeuses sous un ciel aux tons d'ocre; Nice apparaît couchée au fond de son golfe, et le mont Alban se dessine vigoureusement dans le fond, au delà du sillon jaunâtre que trace le Var au milieu des ondes bleues de la mer. Comment résister à la tentation d'aller dîner à Nice, quand Nice est à deux pas? J'avais compté sans l'indiscrétion d'un gendarme piémontais (c'était avant l'annexion), qui me demanda mon passe-port, lequel était visé pour l'Allemagne. Le gendarme me fit remarquer, avec beaucoup d'obligeance et d'urbanité, que le col de Tende n'est pas la route qui mène le plus directement à Munich, et que je n'avais rien de mieux à faire que de retourner à Cannes. Je suivis à contre-cœur le conseil du gendarme, et le lendemain j'abandonnai le riant littoral méditerranéen

pour aller visiter, à Grasse, la fameuse place où fut
dressé, par la main des pères capucins (juin 1857),
le bûcher de ces mauvais livres qui sont l'honneur
de notre littérature.

J'avais lu, dans quelques journaux, que la terre
de Milly, cette terre qu'une pièce des *Harmonies* a
faite immortelle, allait être vendue. Un acquéreur
s'était présenté, disait-on, et avait offert à M. de Lamartine sept cent cinquante mille francs de ce champ
paternel, qui est une des plus grandes propriétés du
Mâconnais.

La première impression que me causa cette nouvelle fut un mouvement de joie; puis peu à peu,
me rappelant cette page inspirée dont je parlais tout
à l'heure, je me sentis gagné par la tristesse, et je
murmurai ces vers, dictés par la Muse en des temps
plus heureux :

Murs noircis par les ans, coteaux, sentier rapide,
Fontaine où les pasteurs accroupis tour à tour
Attendaient goutte à goutte une eau rare et limpide,
Et, leur urne à la main, s'entretenaient du jour;

Chaumière où du foyer étincelait la flamme,
Toits que le pèlerin aimait à voir fumer,
Objets inanimés, avez-vous donc une âme
Qui s'attache à notre âme et la force d'aimer?

J'en demande bien pardon aux jeunes gens d'aujourd'hui, qui trouveront peut-être cet attendrissement inopportun et ridicule, mais j'appartiens à une génération qui frémissait encore à la lecture des beaux vers, et qui s'intéressait aux nobles épanchements des maîtres. Un drame de Hugo, une méditation de Lamartine produisaient à l'heure dont je parle une agitation aussi grande que celle qui pourrait être produite de nos jours par une nouvelle émission d'actions industrielles. René, dona Sol, Hernani, tous ces héros, toutes ces héroïnes, issus du cerveau, comme Minerve, tenaient alors dans l'esprit de la jeunesse la place occupée depuis par les *Romains* et les *Lombards*. En ce temps-là, on se préoccupait plus de l'apparition d'une belle œuvre que de la hausse ou de la baisse des chemins de fer, et c'était à la source des idéales chimères qu'allait se rafraîchir l'âme enthousiaste des jeunes hommes. Ne les plaignez pas trop, ô jeunes gens qui vous désaltérez à l'abreuvoir des affaires !

On a beau faire, on est toujours de sa génération, et le cœur tient toujours par de secrètes attaches aux impressions des premières années. Autrefois, je savais à peu près par cœur les *Méditations* et les *Harmonies*, et, parmi les *Harmonies*, celle qui m'avait le plus profondément ému était précisément *Milly, ou la Terre natale.* Dans mes solitaires promenades d'éco-

lier en vacances, j'avais chanté à tous les arbres et
à tous les buissons ces vers de Lamartine, oiseaux
charmants qui voleront de génération en génération
sur les lèvres de la postérité ; bien souvent je m'étais
transporté par la pensée vers cette humble maison
bâtie à mi-côte qui avait entendu les premiers bé-
gayements du génie, vers

> ... ce toit rustique et sombre,
> Que la montagne seule abrite de son ombre,
> Et dont les murs, battus par la pluie et les vents,
> Portent leur âge écrit sur la mousse des ans.
> Sur le seuil désuni de trois marches de pierre,
> Le hasard a planté les racines d'un lierre
> Qui, redoublant cent fois ses nœuds entrelacés,
> Cache l'affront du temps sous ses bras élancés,
> Et, recourbant en arc sa volute rustique,
> Fait le seul ornement du champêtre portique.

Cette visite imaginaire, à cet heureux âge où
l'imagination a les ailes de la foi et ne recule pas
devant les plus lointains voyages, m'avait inspiré
depuis longtemps un vif désir de visiter Milly autrement qu'en rêve ; aussi, quand j'appris que Milly
allait être vendu, je crus que je n'avais pas une
minute à perdre si je voulais voir ce berceau du
poëte avant qu'il eût passé des mains de M. de Lamartine dans les mains d'un étranger.

Je partis pour Mâcon, et à neuf heures du soir

j'arrivai à Saint-Point, où je trouvai M. de Lamartine entouré de sa famille et de quelques amis.

— Ai-je encore le temps de visiter Milly avec vous? lui demandai-je.

Je vois encore son pâle et triste sourire. « Vous aussi, me dit-il, vous avez cru à cette nouvelle répandue par les journaux, et qui malheureusement est fausse. Non, il ne s'est pas encore présenté un acquéreur ; personne ne m'a fait une offre. Et pourtant Dieu m'est témoin que j'ai fait tout au monde pour décharger mes épaules du lourd fardeau de mes propriétés. Depuis un an, la vente de mes biens est affichée chez les principaux notaires de Mâcon, de Dijon, de Lyon, de Paris ; cette vente a été annoncée à mes frais dans tous les journaux, et nul n'est encore venu m'offrir un prix raisonnable ou déraisonnable de Monceau, de Milly ou de Saint-Point. J'attends, et je ne sais pas quand finira l'attente ; mais, ajouta-t-il en se rappelant le motif qui m'avait amené, vous ne serez pas déçu dans votre désir de voir Milly, je vous y conduirai demain. »

Le lendemain matin, je promenai mon regard de la fenêtre de ma chambre sur cette belle vallée de Saint-Point, que je ne connaissais, comme Milly, que pour l'avoir aperçue à travers les poétiques descriptions de l'écrivain illustre dont j'étais l'hôte. Le soleil levant dorait de ses pâles rayons la cime de ces vertes collines symétriquement découpées en festons et qui s'étendent avec les ondulations d'une couleuvre jusqu'à cette vieille abbaye de Cluny dont il reste à peine quelques ruines. Une vingtaine de villages éparpillés au milieu des arbres, sur le renflement des coteaux, animent cette calme nature, dont le silence n'est troublé que par la voix du bouvier ou les mugissements des troupeaux; des sentiers tournants, creusés au flanc de ces petites montagnes, serpentent à travers les prairies, les champs, les bois, et se perdent derrière un pli de terrain, pour reparaître à mesure qu'ils montent vers la cime. Le village de Saint-Point est là, à deux pas, couché pour ainsi dire à l'ombre du château, enveloppé lui-même dans un bouquet de grands arbres. Tout est calme, champêtre, recueilli et pour ainsi dire mystérieux dans ce joli paysage, — verte oasis enclavée entre deux collines, — au milieu des coteaux dénudés et des grandes plaines sans ombre du Mâconnais.

Dans la matinée, M. de Lamartine m'emmenait à Milly, qui n'est qu'à une distance de deux heures au plus de Saint-Point par la grande route, et d'une heure par le chemin de traverse, le chemin de la montagne.

Le chemin de la montagne rappelle un peu les sentiers abrupts de la Suisse; il s'enfonce dans des

forêts de pins et de châtaigniers, à tavers de grandes
landes parsemées de bruyères, et côtoie des excava-
tions qui se donnent des airs de précipices. Nous ne
rencontrons personne, si ce n'est de loin en loin
quelque chevrier immobile, rustique rêveur qui se
détourne et salue. Sur'le versant opposé, tout change
d'aspect; pins, châtaigniers, bruyères ont disparu,
et l'on n'aperçoit plus, aussi loin que peut s'étendre
le regard, que des coteaux et des vallées chargés de
ceps. Nous sommes sur le domaine du Bacchus mâconnais. Tout au bout de l'horizon, une ligne bleue;
c'est le Jura qui montre la chaîne de ses montagnes.

— Tenez, me dit M. de Lamartine, regardez ce
petit clocher qui domine ces cinquante chaumières
pressées les unes contre les autres. Voilà le village
de Milly.

Nous venions d'entrer dans l'enclos paternel, l'*alma
parens* de Virgile; chaque arbre, chaque pierre, je
dirai presque chaque cep a sa légende pour le poëte,
et lui rappelle un souvenir d'enfance. C'est là qu'il
courait librement avec les petits chevriers, compagnons de ses jeux, et qu'il préludait par une infati-
gable activité à la contemplation de sa première
jeunesse. Ce sol pierreux est bien celui qu'il a décrit
dans ces vers immortels. Voilà

> Le coteau qui décroît, et d'étage en étage
> Porte, à l'abri des murs dont ils sont étayés,

Quelques avares champs de nos sueurs payés,
Quelques ceps dont les bras cherchant en vain l'érable
Serpentent sur la terre ou rampent sur le sable,
Quelques buissons de ronce où l'enfant des hameaux
Cueille un fruit oublié qu'il dispute aux oiseaux,
Où la maigre brebis des chaumières voisines
Broute en laissant sa laine en tribut aux épines.

Langue merveilleuse, simple, sublime, la plus belle peut-être qui ait jamais été parlée parmi les enfants des hommes.

Nous sommes enfin devant cette petite maison de Milly, *cet humble toit*, bien humble en effet. Voilà le lierre qui tapisse la muraille, voilà les trois marches désunies. Sur la porte, une main inconnue a gravé à la pointe du couteau ces deux mots latins : *Nascuntur poetæ.* (Ici naissent les poëtes.) Oui, c'est ici qu'ils naissent, mais qui sait où ils iront mourir ?

Un corridor étroit conduit à la principale pièce, qui garde encore ses vieux meubles d'autrefois : petit secrétaire à cylindre, canapé et fauteuils en velours d'Utrecht, rideaux de percale blanche, guéridon avec dessus de marbre blanc. Devant la grande cheminée dont le foyer est égayé par la flamme du sarment qui pétille, une large bergère marque la place où se tenait le chef de la famille. En 1793, le père de M. de Lamartine fut forcé d'abandonner Milly, et la pièce dont je parle servit à la fois de salle de délibération au conseil municipal de la commune et de salle de danse le dimanche, ce qui prouve que l'on dansait encore en cette sombre année. Après la mort de Robespierre, l'honnête gentilhomme rentrait dans sa petite maison, qui est aujourd'hui ce qu'elle était alors. Rien n'a été changé, je dirai même remué, dans ce salon villageois. Le secrétaire, quand le cylindre est levé, laisse voir tous les menus objets qui ont appartenu à la mère de l'illustre poëte : des bagues, des petites boîtes, un nécessaire de travail, une broderie inachevée, pieux souvenirs que le fils égrène de temps en temps comme le chapelet de son passé. Au-dessus, une petite étagère figure la bibliothèque. J'y remarque un grand Pétrarque in-4° (édition de Venise), une *Imitation de Jésus-Christ*, une Bible, un Homère, un beau Virgile, les œuvres de Jean-Jacques, et sur la cheminée quelques tomes dépareillés de la correspondance de Voltaire (édition de Kehl), trente volumes tout au plus; il n'en fallait pas plus dans ce temps-là pour tenir en haleine l'esprit d'un homme de goût et de loisir, et, disons-le, de nos jours il n'en faut pas davantage.

Cette salle semble encore animée par les mille souvenirs qui se rapportent au père de M. de Lamartine :

La salle où résonnait sa voix mâle et sévère,
Quand les pasteurs assis sur leurs socs renversés
Lui comptaient les sillons par chaque heure tracés,
Ou qu'encor palpitant des scènes de sa gloire,
De l'échafaud des rois il nous disait l'histoire,
Et, plein du grand-combat qu'il avait combattu,
En nous disant sa vie enseignait la vertu !

Les chambres de l'étage supérieur sont vides, sauf celle où naquit le grand écrivain. C'est dans cette chambre qu'il a établi son bureau pour régler les comptes de ses vignerons de Milly ; c'est là où, jeune homme, la muse lui dicta les premières méditations, l'*Isolement,* le *Souvenir,* l'*Automne,* toutes ces feuilles que le vent de la gloire répandit si vite par toute l'Europe ; c'est là encore que, plus tard, il écrivit l'*Ode à Byron.* Milly a été le paradis terrestre de la muse de Lamartine, Milly a vu naître tout ce qu'il y a dans son génie de plus chaste, de plus religieux, de plus matinal. Heureux temps où elle n'avait pas encore mordu à la pomme amère du désenchantement !

Je me le représente à vingt-deux ans, ce beau jeune homme qui a vécu jusque-là sous l'aile maternelle et qui n'a jamais dépassé l'horizon de ses sombres collines : il va faire son premier voyage. Son père, sa mère, ses sœurs l'accompagnent, en suivant le sentier pierreux qui mène à la grande route, jusqu'à la voiture qui va l'emporter vers la Suisse. Il part chargé de bénédictions et d'amour, ivre de sensations et impatient de vivre. Va, poëte, l'inspiration s'est embusquée derrière tous les rochers alpestres que tu vas visiter. Tu lui appartiens désormais, et, quoi que tu dises ou que tu fasses, tu ne vivras plus que pour elle et par elle.

Un an après, il revient frapper au seuil paternel; mais déjà la mélancolie a répandu ses ombres sur son front. La maison lui semble triste pour la première fois, et, pour la première fois, il s'aperçoit de l'aridité de ses coteaux, où la roche nue perce un sol maigre. Il avait voulu voir ce qui était derrière la montagne, l'imprudent! Il soupire, il pleure à l'écart, et son cœur déborde enfin. Oh, l'heure solennelle! c'est l'heure du premier amour, l'heure d'Elvire, l'heure du *Lac*, cette heure trois fois heureuse dont il se souviendra plus tard, et que les amants n'oublieront jamais.

Un soir, t'en souvient-il? . . . .

Sur une grande table carrée en sapin, placée près de la porte, je vois des feuilles de papier disséminées çà et là et sur lesquelles les personnes qui sont venues visiter Milly ont écrit quelques lignes. Des vers, de la prose, témoignages de sympathie ou d'admiration, couvrent ces feuilles volantes signées de noms français, russes, anglais, italiens. Comme Newstead, où grandit Byron ; comme Abbotsford, où vécut Walter Scott, Milly est déjà un pèlerinage.

Le jardin (un jardin de deux arpents) est resté ce qu'il était, comme la maison. Depuis plus de vingt ans, la bêche n'a pas remué un pouce de cette terre qui semble pleurer la main de l'homme. On aperçoit encore, à travers les herbes et les ronces, sous le feuillage de trois grands sapins plantés par la mère de M. de Lamartine, les traces de petits jardins dessinés, aux années de l'enfance, par le poëte et ses sœurs. « Voilà mon jardin, me dit M. de Lamartine en me désignant du doigt un des cinq jardinets ; quelles belles fleurs j'y ai plantées au temps où je plantais des fleurs, ces innocentes amies de l'innocente jeunesse ! »

Le soir, nous revenions à Saint-Point, et le premier objet qui frappait mon regard en entrant dans le parc, c'était un tombeau élevé en face de la petite église du village. C'est là que reposent le père et la fille de l'illustre écrivain ; c'est là qu'il espérait se reposer lui-même lorsque, s'adressant à la cloche de cette humble église, il s'écriait jadis :

> Si quelque main pieuse en mon honneur te sonne,
> Des sanglots de l'airain, oh ! n'attriste personne,
> Ne va pas mendier des pleurs à l'horizon,

> Mais prends ta voix de fête, et sonne sur ma tombe
> Avec le bruit joyeux d'une chaine qui tombe
> Au seuil libre d'une prison.

Hélas! aujourd'hui il est ballotté entre son berceau et sa tombe, et dans quelques mois peut-être il ne lui restera ni tombe ni berceau.

Pendant la belle saison, la Normandie est envahie par des nuées d'hérétiques, c'est la contre-partie de la conquête de l'Angleterre par les Normands; dans tous les hôtels on ne rencontre que des hommes blonds et des jeunes filles dont les dents blanches mais longues trahissent l'origine britannique. A Caen, la table d'hôte se composait d'une trentaine d'Anglais et d'une volée de misses qui se dirigeaient vers Luc et Trouville. A Avranches, les sujets de S. M. la reine Victoria ne se comptent plus. On les voit passer dans toutes les rues par bandes de dix et de quinze personnes. Toute la carrosserie du pays est confisquée par ces intrépides touristes, qui sillonnent du matin au soir la route d'Avranches au mont Saint-Michel.

Cette petite ville d'Avranches, soit dit en passant, est bien une des plus aimables et des plus pittoresques de la Normandie. De quelque côté qu'on regarde, le point de vue est immense et superbe. D'un côté, la campagne découpée en damiers de toutes couleurs, des cimes couronnées de forêts, et de l'autre une vaste baie de sable aux tons d'ocre lamée de rubans d'argent. C'est du haut des remparts d'Avranches qu'il faut d'abord contempler le mont Saint-Michel. Quand le soleil illumine ce rocher battu par les flots, le vieux Titan apparaît dans toute sa grandeur et sa majesté sauvage. Ce colossal vaisseau de pierre, qui se dresse isolé sur l'Océan, semble, au premier aspect, une cathédrale flottante. Un peu plus loin, à droite, on voit courir parallèlement à la côte un rocher nu, aride, revêtu d'une espèce de pelage fauve, et qui apparaît comme un monstre des temps primitifs respecté par le déluge. C'est le mont Tombelaine, qui s'élève à quarante mètres au-dessus des grèves. A l'horizon, pas une voile. Le regard est forcément ramené vers ce mont Saint-Michel, dont la nef arrondie, surmontée d'un clocher qui figure le mât, produit, quand on le regarde long-temps, l'effet d'un gigantesque navire à l'ancre.

Les excursions au mont Saint-Michel sont d'autant plus suivies qu'elles ne sont pas sans quelque petit danger. On sait qu'il faut traverser des sables mou-vants que la mer roule à chaque marée; si, par aventure, on va se promener un peu loin sur les grèves, on sait qu'on peut être cerné par le flot, qui accourt plus rapide que le galop d'un cheval. On a aussi à redouter la lise, un sablé déliquescent et sans fond qui s'ouvre tout à coup comme une tombe. Grâce aux guides, qui connaissent tous les secrets de cette grève perfide, le péril est des plus minces; mais, l'imagination aidant, on peut avoir une émotion de quelques minutes et se donner sans trop de peine l'illusion d'un danger réel.

Il faut deux bonnes heures pour aller d'Avranches au mont Saint-Michel. A mesure qu'on approche de la grève, les chevaux tirent avec plus de difficulté à travers des routes creusées dans la tangue, et cette lenteur irrite le voyageur qui craint de manquer l'heure du bateau. De la plage, on distingue les maisons couchées au pied de la vieille abbaye transformée en prison. A l'aide d'une longue-vue on voit se promener, sur le roc qui descend de la porte de la ville vers la mer, quelques soldats mélancoliques — ces prisonniers de la discipline chargés de garder les prisonniers de la société —; puis des hommes et des femmes aux jambes nues attendent que le flot se retire pour aller à la pêche de la coque, cette maigre providence des pauvres familles du mont Saint-Michel. Quand la mer aura abandonné les grèves, quand il ne restera plus que des flaques d'eau salée dans cette baie immense, vous verrez ces pêcheurs et ces femmes se répandre par troupes et

courir, ceux-ci à leurs filets, celles-là à leur coquil-
lage. Elles ont un bâton armé d'une pointe de fer
recourbée qui leur sert à sonder le sable et à pêcher
la coque. Un petit trou cylindrique presque imper-
ceptiblement dessiné sur le sable leur indique le
séjour de la coquille aux valves rebondies, et d'un
seul coup de pic elles la découvrent et la jettent
dans la résille à mailles serrées qui pend sur leurs
épaules. Ce petit gibier de mer est excellent; il a à
peu près le goût de l'huître. C'est là le seul gagne-
pain des femmes et des enfants de ces parages dé-
solés, et quel gagne-pain! Je demandai, le soir, à
une femme qui revenait avec sa résille pleine de
coques, combien lui rapporterait sa pêche : — J'irai
demain à Avranches, me répondit-elle, et si de tout
ça on me donne six sous je ne serai pas malheureuse! Six sous pour passer toute une journée, les
pieds dans l'eau, la tête au soleil, et pour braver
tous les périls de ces grèves qui engloutissent chaque
année tant de victimes!

Cette vaste baie de sable est pleine de sinistres
légendes. Ici, c'est un pêcheur qui a été enveloppé par
un brouillard subit, un de ces brouillards si épais
qu'ils tombent comme un voile noir; on marche
alors au hasard et l'on devient bientôt la proie de la
lise; là, c'en est un autre qui n'a point assez prêté
l'oreille au lointain mugissement de la mer, et qui a

été devancé par le coursier d'écume. Le flot, débordant tout à coup par le canal des rivières, cerne de toutes parts la victime, l'enlève, la ballotte, et rejette au bout de vingt-quatre heures un cadavre sur la plage. Ces grèves sont un vaste cimetière. Malheur à qui s'y égare ou s'y oublie!

Quand nous arrivâmes sur la plage qui fait face au mont Saint-Michel, nous ne vîmes que trois jeunes Anglaises assises sur des pierres et qui attendaient le bateau. Ces jeunes misses, sans cavaliers, étaient venues d'Avranches dans un cabriolet. Bientôt d'autres voyageurs vinrent grossir la caravane, qui se composait, au moment où les deux bateaux abordaient, d'une quarantaine de personnes. « Embarquons vite! cria le batelier, voilà le flot qui se retire. » Les deux bateaux s'éloignent et voguent de conserve pendant cinq minutes. Mais bientôt le nôtre reste en arrière, les rameurs se jettent à l'eau, font tous leurs efforts pour le pousser : le bateau ne bouge pas, il est ensablé, et c'est ici que commence la comédie.

A moins d'avoir de l'eau jusqu'au ventre, il fallait bien, pour regagner le rivage, grimper sur les épaules des rameurs, mais les trois misses ne voulaient point admettre une pareille proposition, et elles poussaient les plus formidables *schoking* que j'aie jamais entendus. Nous avions beau leur dire qu'elles ne pouvaient rester comme trois Arianes sur cet îlot de sable, elles répondaient qu'elles mourraient plutôt que de se laisser emporter par ces hommes à demi nus. Voyant que notre éloquence n'y faisait rien, nous prîmes le parti de les abandonner, et nous enfourchâmes nos tritons, qui nous menèrent à l'autre bateau. Nous fîmes encore signe aux trois misses de venir nous rejoindre, mais elles ne prenaient même pas la peine de répondre à nos signaux. Adieu donc, pudiques filles d'Albion; puissiez-vous être délivrées avant le retour de la prochaine marée!

Après une traversée de vingt minutes, nous abordions au mont Saint-Michel.

A peine débarqué, je pris ma longue-vue et je jetai un regard désolé sur le bateau des trois misses. O surprise! il ne contenait plus que deux passagères. Qu'était devenue la troisième? « Pardieu! me dit un guide qui se trouvait là, on a été chercher la mère la Tulipe, celle qui passe les Anglaises qui ne veulent pas monter sur les épaules des hommes. » Je respirai. Sauvées, mon Dieu!

Que le lecteur se rassure, je ne lui ferai pas la description du mont Saint-Michel, je ne le conduirai pas de voûtes en cellules, de souterrains en cachots; l'émotion involontaire qu'on éprouve en pénétrant dans ce noir édifice ne laisse d'ailleurs que bien peu de place à la curiosité archéologique. Voilà bien la prison complète, la prison du moyen âge, avec ses voûtes sombres, ses escaliers aux marches inégales, ses corridors obscurs, ses piliers énormes, et ses mille portes de chêne verrouillées et cadenassées. Là il y a des cachots qui étouffent les soupirs comme dans la *tour de Nesle,* et, avant la Révolution, il y avait des oubliettes et des cages dites de fer qui étaient en bois. La dernière fut démolie en 1777 par le duc de Chartres, plus tard Louis-Philippe. Le concierge était furieux qu'on eût brisé cette cage qu'il montrait aux étrangers : « C'était mon gagne-pain, » s'écriait-il tout consterné. Si bien que le duc de Chartres lui dit, en lui donnant dix louis : « Dorénavant, tu ne montreras plus la cage, mais la place qu'elle occupait, et tu gagneras tout autant. » Et le duc de Chartres avait raison, car il ne vient pas au mont Saint-Michel un seul Anglais qui ne demande à voir la fameuse place où était la fameuse cage.

Cette place est au-dessus d'une énorme voûte, au bout du promenoir. Le gazetier Dubourg, qui avait écrit contre le grand roi, mourut là littéralement rongé par les rats, ce qui prouve une fois de plus qu'il est très-malsain pour un gazetier de n'être pas de l'avis des gouvernants. En redescendant dans la grande voûte par où nous avions déjà passé, il me semblait que je n'aurais pas été trop surpris d'y rencontrer le spectre classique chargé de chaînes qui se promène dans tous les romans d'Anne Radcliffe, et qui gémit depuis vingt ans dans la *tour du Nord*. Je ne vis pas le spectre d'Anne Radcliffe, mais en sortant de la voûte j'aperçus cinq détenus attablés devant un broc rempli d'eau ; ils trinquaient entre eux, et évoquaient sans doute, par ce simulacre d'une bonne humeur rétrospective, le souvenir des boissons moins insipides qu'ils avaient bues autrefois.

Le travail est la loi de la prison. On aperçoit, à travers un petit trou percé dans les portes, les détenus occupés sous l'œil du gardien. Il y a des ateliers de cordonniers et de chapeliers. L'atelier des tisserands est installé dans la salle des Chevaliers, dans cette salle où le nouveau frère d'armes de l'ordre recevait du roi le collier d'or orné de coquilles et d'un médaillon représentant la lutte de l'archange et du démon, avec la célèbre devise : *Immensi tremor Oceani*. Plaignons le sort des vieux châteaux qui ont survécu à leur gloire. Celui-là, un des plus illustres de la féodalité, a supporté tant d'assauts qu'on n'en sait pas le nombre ; il fut pendant des siècles la sentinelle perdue de la France, et, pour le récompenser d'avoir été le plus glorieux des donjons, on le transforme en bagne sur ses vieux jours. Mieux vaudrait pour lui n'être qu'une ruine, il serait la ruine la plus majestueuse et la plus poétique de l'Océan !

Je ne sais plus qui a proposé de faire du mont Saint-Michel un musée. C'était une idée noble et généreuse. Oui, cette superbe forteresse, debout au milieu de la mer, devrait être en effet le Panthéon du moyen âge. Rassemblez les tombeaux dispersés, les armures, les écussons, tout ce qui se lie au passé chevaleresque et religieux de la France, peuplez ces voûtes de précieuses reliques, et vous aurez un monument unique, un monument que l'on viendra contempler de partout dans sa solitude et sa grandeur.

On doit bien penser que ces noirs souterrains, où l'on palpe les ténèbres, où l'on se guide de la main et du pied, ont leurs légendes comme les grèves dont je parlais tout à l'heure. Dans cette cellule, un prisonnier s'est suicidé; dans ce couloir, un gardien a été étranglé; par ici, un détenu a voulu s'échapper, et son corps, roulé de rocher en rocher, a été trouvé broyé sur le sable de la grève. Sombres histoires, lugubre épopée qui tient une place énorme dans le *boniment* du gardien chargé de diriger le visiteur à travers le redoutable labyrinthe!

En sortant de la prison, je vis dans le vestibule de la conciergerie une dizaine de soldats à l'air si triste et si ennuyé, que je me disais qu'il fallait peut-être les plaindre plus encore que les prisonniers. Je m'approchai d'un jeune sergent pour allumer mon cigare à sa pipe, et je lui demandai s'il était depuis longtemps au mont Saint-Michel. « Il y a bientôt un an. — Je croyais que la garnison ne restait ici que trois mois ? — Ordinairement, me répondit-il en souriant avec tristesse, mais il paraît qu'on nous a oubliés. — Et comment passez-vous votre temps ? — Quand nous ne sommes pas de garde à la prison, nous allons à la porte du village, et nous voyons entrer et sortir les voyageurs ; quelquefois nous nous lançons sur la grève pour aller au secours des voitures et des chevaux enlisés ; cela nous occupe. — Est-ce que cela arrive souvent ? — Deux ou trois fois, par semaine. Hier encore une calèche était enfoncée de trois pieds dans les sables mouvants ; il a fallu vingt soldats pour la retirer. »

Je pris congé du sergent, et je descendis vers le village. La mer étant partie pendant notre visite à la prison, notre voiture avait pu traverser la baie, et était venue nous chercher. Le guide se lança en avant ; les chevaux le suivirent dans tous ses détours, et, la grève franchie sans obstacle, nous reprîmes au grand trot la route d'Avranches. Je me détournai pour jeter un dernier regard sur le fier édifice noyé dans les flots d'or du soleil couchant, et je murmurai ces vers d'un poëte anglais :

« Tes tours étaient tes gardes ; ton trône de renommée était ta pyramide de rochers qui prend son essor vers le ciel, et sur ton front est encore la riche mitre gothique d'autrefois. Adieu, roi-ermite de la mer; adieu, baie sauvage et bleue de Normandie! »

Il serait difficile à un étranger de rester trois jours à Londres sans aller à Sydenham ; il y est en quelque sorte poussé par le vent de l'enthousiasme qui souffle des quatre points de l'horizon. Tous les gens qu'il rencontre l'abordent avec cette phrase : « Avez-vous vu Sydenham? — Non. — Allez-y ; on s'embarque entre le pont de Fer et le pont de Waterloo, on descend la Tamise jusqu'au pont de Londres, et là on prend le chemin de fer, qui mène en vingt minutes au merveilleux Palais de cristal. »

En effet, les bateaux à vapeur, qui partent de seconde en seconde, emportent une foule de visiteurs ; de cinq minutes en cinq minutes, la locomotive entraîne une quarantaine de wagons toujours pleins. Le palais apparaît de loin comme une immense cage destinée à loger tous les oiseaux de l'univers ; c'est le palais d'Hyde-Park, sur une échelle beaucoup plus vaste, et placé au milieu d'un gigantesque jardin, qui n'est ni français, ni anglais, ni italien, mais qui, malgré son manque de style, produit un effet très-grandiose.

On vient de quitter le wagon et l'on tombe au milieu de l'Égypte, on passe sans transition de la gare du railway à Memphis. Voici des temples peuplés de divinités monstrueuses et vers lesquels on marche en traversant un chemin bordé des deux côtés de grands sphinx pareils à ceux qu'on voyait autrefois dans la petite cour du musée du Louvre. On a reconstruit les principaux monuments de l'ancienne Thèbes, et l'on marche, comme dans un rêve, au milieu des bœufs ailés à tête d'homme, des hommes à tête de bœuf, des momies, des tombeaux, des pyramides, de l'architecture la plus invraisemblable. La végétation vient encore compléter l'illusion : dans des bassins dorment les larges feuilles du lotus et du nénuphar ; tous les oiseaux égyptiens voltigent sur les branches des palmiers, et c'est ainsi qu'un peu plus loin vous trouverez les forêts impénétrables qui cachent les pagodes de l'Inde. Quand on a rêvé pendant un quart d'heure des Rhamsès, des Sésostris et de tous les Pharaons, on prend un couloir qui conduit au beau milieu d'une cour byzantine, et l'on se promène sous un cloître à colonnades incrustées de mosaïque : tombeaux en marbre, statues en marbre, rien n'y manque. Si vous aimez les bossages et les pierres vermiculées, les trèfles, les ogives, les femmes de pierre à gorge pointue, les colonnes torses, les portes historiées et sculptées, faites quelques pas, et vous allez vous trouver au beau milieu de l'art gothique. Cette cour gothique est un superbe musée. Plus loin, c'est la salle de la Renaissance, composée en grande partie de magnifiques fragments empruntés aux Flamands et aux Florentins. La porte du Baptistère, cette porte merveilleuse dont M. Barbedienne nous a offert une réduction à l'Exposition universelle de 1855, apparaît là dans toute sa splendeur, telle qu'elle est à Florence.

Voici les deux puits du palais ducal de Venise, la porte de l'hôtel de ville d'Oudenarde, les cariatides du Louvre, la façade du château d'Anet, des fragments de Donatella, le maître-autel de Pavie, la porte de Saint-Maclou, à Rouen, attribuée à Jean Goujon, tous les chefs-d'œuvre transportés de tous les points sur un seul point, par la toute-puissante baguette de la fée britannique. La seconde salle de la Renaissance est réservée aux tombeaux et aux statues. Là Élisabeth. dort à côté de Marie Stuart, comme sous les voûtes de Westminster; François Ier coudoie Machiavel, Bacon fait vis-à-vis à Diane de Poitiers, et Sully est à quelques pas de Shakspeare. Une salle tout entière a été consacrée à l'exposition des chefs-d'œuvre de Michel-Ange; on voit reproduits, dans les proportions exactes du marbre de Florence, les magnifiques tombeaux de Laurent et de Jules de Médicis, le Christ aux pieds usés, la

Pietà, l'Esclave. Tous les détails qui ornent cette salle sont empruntés au palais Farnèse. Dans la salle qui suit immédiatement, sont étalés les spécimens des tableaux des anciens maîtres, Raphaël, Michel-Ange, Barocci, Bononi, Dosso-Dossi, Garofalo, Jules Romain, Carlo Dolce, André del Sarto, etc.

Toutes ces salles sont immenses et l'on peut se les représenter en songeant qu'elles renferment des monuments entiers moulés sur les modèles, des portiques, des maisons, des arcs de triomphe, des obélisques; il ne faut pas moins de trois ou quatre heures pour traverser au galop cette petite partie du palais. En sortant de ces salles où revivent l'architecture et les arts du passé, on arrive au transept, dont l'ensemble offre le plus extraordinaire et le plus babylonien des spectacles. Des arbres gigantesques, sur les bas côtés des statues équestres, des pyramides, des pagodes, des temples de toutes les époques et de tous les styles, un fouillis étrange, un pandémonium d'édifices auprès duquel Trafalgar Square n'est qu'un magasin de bric-à-brac. Toute plume serait impuissante à rendre l'effet que produit tout d'abord l'aspect de ce gigantesque capharnaüm. Rappelez-vous les tableaux de Martinn; ses Babylone, ses Ninive, ses Memphis avec tous leurs étages d'extravagants édifices, entassez dans votre imagination Thèbes sur Palmyre, Pélion sur

Ossa, et vous n'aurez qu'une idée incomplète de ce spectacle à la fois incohérent et grandiose. Là aussi naissent toutes les fleurs et toutes les plantes, les arbustes délicats de l'Europe à côté de la végétation excessive de l'Inde. Le transept a sa Serpentine comme Hyde-Park et le bois de Boulogne. Je suis étonné que les Anglais n'aient pas encore lancé sur ce lac un bâtiment à voiles, mais cela viendra. Les différentes parties du monde sont séparées entre elles par des buffets. On sort de l'Afrique et l'on prend une glace, ou l'on boit un verre de porter avant de pénétrer en Asie. Le verre de porter vous mène jusqu'à l'Amérique, qui, moyennant six pence, vous offre une demi-bouteille d'ale.

Les administrateurs du palais ont pensé à tout. En errant dans une des salles du bas côté, après avoir traversé des saharas peuplés de lions et d'éléphants... empaillés, j'ai trouvé tous les bustes des illustrations contemporaines : Chateaubriand, Lamartine, Victor Hugo, Alfred de Vigny et bien d'autres figurent dans cette galerie, qui montre aussi les portraits de MM. Ledru-Rollin, Louis Blanc, Pierre Leroux, Proudhon, Villemain, Jules Janin, Augustin Thierry. On voit, dans la même salle, la reproduction des œuvres les plus célèbres de nos sculpteurs modernes, le *Pêcheur*, de Rude; l'*Heure de la nuit,* de Pollet; la *Bacchante,* d'Auguste Barre; le *Faune,* de Lequesne, et toutes les statues de Pradier. Je ne vous dirai rien des bustes qui représentent le duc de Wellington : il y en a dans tous les coins. J'en ai compté plus d'une trentaine, dont dix au moins montrent le noble duc sous le masque d'Achille.

Tout au bout du transept se dressent dans leurs niches de marbre les souverains d'Angleterre, parmi lesquels figure le protecteur Olivier Cromwell.

Permettez-moi maintenant de vous conduire dans une maison de Pompéi, la fameuse maison de Diomède, qui revit tout entière avec sa cour pavée en mosaïque, son *atrium*, son *vestiarium*, son *triclinium*, son jardin situé entre les colonnes intérieures, et ses mille petites chambres peintes à fresque, réduits charmants qui n'ont point été surpassés en élégance par les voluptueux boudoirs de l'époque de Louis XV. En quittant Pompéi, vous entrez en Grèce, si vous ne voulez pas passer par Thèbes, et le premier édifice qui frappe vos regards, c'est le Parthénon. Là vit ce peuple de statues immortelles dispersées aujourd'hui dans tous les musées de l'Europe : le Gladiateur, le Laocoon, l'Apollon du Belvédère. Au milieu de cet olympe de marbre domine, comme la grande déesse, la Vénus de Milo. Encore quelques pas, et vous êtes à Rome, en plein Campo-Vaccino. Voici la maison de Néron, les trois arcs de triomphe, le temple d'Antonin et de Faustine, les

Bains.et le Colisée. Comme je veux faire le tour du monde en un jour, je n'ai guère le temps de m'arrêter plus de dix minutes dans chacune des villes du palais de Sydenham, et c'est pourquoi je me transporte en un clin d'œil à Grenade, où je vois resplendir dans toute sa magnificence le palais de l'Alhambra.

Le palais de l'Alhambra est le bouquet de ce prodigieux feu d'artifice. L'intérieur de ce palais merveilleux est reproduit avec une exactitude mathématique. Cette architecture plus festonnée que le point d'Alençon, ces vives couleurs qui flamboient sur tous les murs, cette magnificence dont il est impossible de se rendre compte quand on n'a vu que les gravures qui représentent l'architecture moresque, tout cela resplendit du plus vif éclat, et l'on se croirait véritablement transporté aux beaux jours de l'Espagne des Mores, si l'on n'était coudoyé par les gentlemen en habit noir et coiffés d'un chapeau en forme de tuyau de poêle. Au milieu de la cour du palais se dresse la fontaine des lions ; cette cour est pavée en marbre blanc. Cinq salles se suivent, toutes étincelantes comme des rayons, et l'on arrive à la grande salle des Abencerrages, où l'on voit de jeunes misses qui prennent le frais et respirent le parfum des fleurs, mollement étendues sur les divans à fleur de terre. Tous les dessins des murs, moulés sur les murs du palais de Grenade, sont exécutés en relief. On peut juger par là combien la copie doit ressembler à l'original. Ce palais de l'Alhambra ferait à lui seul la fortune du palais de Cristal. C'est le bijou le plus précieux de ce riche écrin, et quand on a vu une fois cette éblouissante architecture, on comprend ces misses et ces ladies qui restent, quatre et cinq heures durant, assises dans ces salles pleines de parfums, et qui, malgré la foule qui s'y presse, gardent une physionomie calme et mystérieuse.

Le voyage n'est pas fini, car, depuis six heures que je marche à travers cet univers en raccourci, je n'ai encore parcouru que le premier étage; mais un homme qui a fait tant de chemin tout d'une haleine a bien le droit de remettre à un autre jour la visite des étages supérieurs. Je sors du palais pour respirer, et, du haut de la terrasse à l'italienne, je contemple un des plus beaux points de vue de l'Angleterre. A mes pieds, le jardin français étend ses longues allées bordées de statues en marbre, ses pièces d'eau qui jouent par les trompes des Néréides et des Tritons, et se prolonge jusqu'aux massifs du jardin anglais, émaillé de petites rivières, rubans blancs sur un fond d'émeraude; puis la campagne du comté de Surrey et du comté de Kent, toute parsemée de cottages, de villas, bordée de petites montagnes boisées, et tout au bout de l'horizon, des villages à demi cachés sous les feuilles. Ce panorama est si beau qu'à toute heure du jour la terrasse contient des milliers de spectateurs.

Vers quatre heures, les eaux jouent, la musique se fait entendre du côté du kiosque des roses, et l'on abandonne un instant la promenade dans le palais pour la promenade dans le jardin. Ce jardin est si vaste qu'on peut s'isoler au milieu de trente mille promeneurs. Du côté du chemin de fer, on a fabriqué une petite ile qui contient la reproduction en plâtre peint des principaux exemplaires antédiluviens. C'est l'ile des mammouths, des dinothériums, des béhémots, des mastodontes, des monstres cyclopéens. J'ai vu en passant deux ouvriers perchés sur le dos d'un hippopotame, et qui ne semblaient pas plus gros que deux singes. Ils étaient occupés à lui faire sa toilette d'été, c'est-à-dire à le peindre en vert Véronèse. Jamais plus colossal hippopotame n'est sorti des mains d'un mouleur. J'en dirai autant des crocodiles, des alligators et des autres monstres occupés à se baigner dans le ruisseau qui figure le Nil.

Ce palais et ces jardins, construits par des particuliers, ont déjà coûté une trentaine de millions. Chaque jour le Palais de cristal s'enrichit d'une nouvelle maison, d'un nouveau monument, d'une nouvelle ville. Dans dix ans d'ici, il n'est pas dans l'univers un édifice célèbre dont Sydenham-Palace ne possédera un exemplaire. Tel qu'il est aujourd'hui, ce palais est déjà une de ces étonnantes merveilles, un de ces luxes de nabab qu'une nation riche et justement orgueilleuse comme l'Angleterre peut seule se permettre.

C'est le musée monumental, le conservatoire universel, c'est le monde entier, *urbs et orbis*. Aussi je comprends la fierté des Anglais quand ils prononcent le mot de Sydenham ; je comprends ces milliers de visiteurs qui accourent de tous les comtés des trois royaumes. Ce que je ne comprends pas du tout, c'est l'indifférence de nos compatriotes. Je n'ai pas rencontré un seul Français dans les salles du Palais de cristal, et cependant, depuis l'installation des voyages d'agrément, quoi de plus facile et de moins coûteux que le voyage à Londres? Si vous voulez jamais aller en Chine, au Japon, à Rome, à Grenade, à Memphis ou partout ailleurs, prenez le train express de Calais, et n'oubliez pas qu'on s'embarque au pont de Waterloo ; au bout de dix minutes on est arrivé, et, à la fin de la journée, on a fait le tour du monde.

Me voici en Suisse, c'est-à-dire à deux pas de Besançon, dans le Jura industriel, et je ne crois pas qu'il y ait un pays plus intéressant à visiter que ce pays des montagnes du Jura. La nature y est splendide ; sur toutes les cimes, les arbres verts se dressent fièrement au-dessus des milliers de rochers à pic qui surplombent ; dans les vallées, de gras pâturages où bondissent d'innombrables troupeaux ; puis partout des maisons isolées penchées sur le renflement des montagnes. C'est dans ces maisons que se font tous ces chefs-d'œuvre d'horlogerie dont l'Europe est inondée, et qui sont la fortune du Jura industriel. Ici tout le monde est ouvrier, depuis le plus grand jusqu'au plus petit, depuis le membre du grand conseil ou du conseil d'État jusqu'au plus humble fonctionnaire. Le père, la mère, le fils, la jeune fille même, toute la famille s'occupe d'une partie de l'horlogerie. La division du travail est portée à un point extrême. Celui-ci est ciseleur, celui-là dessinateur, cet autre brunisseur, cet autre doreur ; parmi les femmes, il y a les polisseuses, les régleuses, les guillocheuses, etc., etc. Une montre, avant d'être livrée à l'acheteur, a passé par une soixantaine de mains, et ces travailleurs et ces travailleuses gagnent tous et toutes un salaire dont la moyenne dépasse les salaires de tous les États de l'Europe.

La rigueur du climat, l'âpreté de la température sont très-certainement une des causes de l'activité laborieuse de la population montagnarde. Le ciel de ces vallées est souvent nébuleux, et l'on m'assure qu'on compte dans la vallée de la Chaux-de-Fonds deux cent trente jours de pluie ou de neige dans l'année. La neige se montre pendant six mois au moins à une épaisseur de cinq à six pieds. Privés de moyens de communications, sans distractions et sans occasions de perdre leur temps au dehors, les montagnards restent complétement absorbés dans leur ouvrage, et toutes leurs facultés se concentrent dans le travail de l'établi.

Il y a quelques siècles, toutes ces vallées, aujourd'hui si riches et si industrieuses, étaient le repaire des bêtes fauves. Une petite colonie, composée de cinq familles, se groupa vers le commencement du xvi° siècle autour d'une ferme, rendez-vous de chasse que les seigneurs de Valangin possédaient à la Chaux-de-Fonds, dont la vallée était encore couverte de forêts. Tel est le modeste début de ces fières communes perdues dans les noires forêts de sapins du haut Jura, et dont les habitants offrirent bientôt le caractère vigoureux que donnent la propriété, la famille, l'air pur et le sentiment de la liberté.

Ce fut un siècle plus tard que l'industrie de l'horlogerie prit naissance dans les montagnes neufchâteloises. Jusque-là, on n'y avait pas encore vu une seule montre, lorsqu'un marchand de chevaux en rapporta une au village de la Sayne. Cette montre, faite à Londres, s'étant dérangée, le marchand de chevaux la confia à un jeune homme intelligent, Daniel-Jean Richard. Celui-ci, après avoir réparé la montre en question et l'avoir examinée dans tous ses détails, entreprit d'en faire une pareille. Il commença par fabriquer lui-même ses outils, et après un travail qui dura près de deux ans, il réussit à terminer une montre dont toutes les parties, sans exception, étaient de sa main.

Cette montre, un chef-d'œuvre pour l'époque, conquit à Richard une véritable célébrité dans toutes les montagnes. On se hâta de lui en commander d'autres, qu'il fit avec l'aide de ses frères. De la Sayne, Daniel Richard vint s'établir au Locle, où il ouvrit, en quelque sorte, une école d'horlogerie. Quand il mourut, il avait fait des élèves dignes de lui.

Ses cinq fils, Favre et Prince, du Locle, et Jacob Brandt, ses apprentis, faisaient, par an, environ deux cents montres simples, ayant une seule aiguille pour les heures. Ils vendaient dans les couvents de la Bourgogne et de la Franche-Comté celles qui ne leur avaient pas été expressément commandées.

Cette industrie, encore dans l'enfance, se déve-

loppa avec une extrême rapidité. Vingt-cinq ans
après la mort de Richard, elle constituait la principale occupation des montagnes. Le Locle, qui n'avait
que 3,000 âmes, comptait plus de trois cents horlogers; la Chaux-de-Fonds, moins peuplée que le
Locle en ce temps-là, en avait quatre cents; les Brenets, les Ponts avaient aussi leurs ouvriers, et tous
ces horlogers réunis fabriquaient annuellement douze
mille montres simples et à répétition, sans compter
les pendules simples et composées.

Plusieurs Français réfugiés après la révocation de
l'édit de Nantes vinrent s'établir dans ces montagnes
et stimulèrent encore le goût des habitants pour le
travail. Ces réfugiés apportèrent diverses industries,
entre autres celle de la fabrication des armes ; mais
elles furent successivement abandonnées. L'horlogerie seule resta.

Parmi les artistes déjà célèbres à cette époque,
Jacquet Droz père, de la Chaux-de-Fonds, doit être mis
au premier rang. Il fabriquait des pendules à flûtes
et à carillons qui étaient recherchées dans toute
l'Europe. Celle qu'il vendit au roi d'Espagne, fort
compliquée pour l'époque, lui acquit une grande
réputation. Elle était à quantième et à équation,
sonnait et répétait les heures, les quarts et les demi-
quarts; elle indiquait les heures, les minutes, les se-
condes, les phases de la lune et les signes du zo-

diaque. Après l'heure sonnée, un carillon jouait neuf airs dont une partie en écho. Une femme, assise à un balcon, tenait à la main un cahier dont elle suivait du regard la musique, et elle faisait la révérence à la personne qui ouvrait la glace de la pendule. Après le carillon, un petit oiseau prenait son vol en sifflant huit airs. Venait ensuite un berger, *pastor Aristæus,* qui jouait de la flûte ; à côté du berger, un mouton bêlant et un chien qui caressait son maître et semblait en même temps garder un panier plein de fruits, car si l'on touchait à un seul de ces fruits, il ne cessait d'aboyer jusqu'à ce que le fruit eût été remis à sa place.

Tels furent les commencements de cette grande industrie qui a complétement changé l'aspect des montagnes du Jura et transformé en florissantes cités ses villages agricoles. Aujourd'hui la Chaux-de-Fonds compte dix-neuf mille habitants ; ce n'est ni une ville ni un village, c'est quelque chose comme une agglomération américaine. Dans dix ans d'ici le nombre des habitants de la Chaux-de-Fonds aura doublé. Le district du Locle a plus de quinze mille habitants.

On évalue à 50 millions la valeur et à plus d'un million le nombre des montres fabriquées annuellement dans les montagnes neufchâteloises et au val de Saint-Imier. Ces montres, très-variées de prix et

de qualités, depuis la plus commune jusqu'au chronomètre de la plus parfaite exécution, sont expor-
tées dans toutes les parties du globe. A la douane
de Morteau (frontière de France par Besançon), il en
passe environ 360,000 par année à la destination de
la France et de l'Amérique.

La fabrique d'horlogerie n'est pas une manufacture proprement dite. Chaque fabricant a ses bureaux, ses employés, mais les ouvriers travaillent
dans leur domicile, et voilà comment la plus complète indépendance existe entre les fabricants et les
ouvriers. Depuis quelques années, l'extrême division
du travail a provoqué la formation d'ateliers plus
ou moins considérables. Quelquefois ce sont des
ouvriers qui s'associent pour exécuter en commun
une branche qui comprend plusieurs parties, et chacun d'eux, voué exclusivement à celle qu'il a choi-
sie, y acquiert une extrême habileté; mais le plus
souvent les ateliers se forment lorsqu'il s'agit de
travailler à une branche d'horlogerie qui exige l'emploi d'outils ou d'appareils considérables, telles que
la confection et la décoration des boîtes, la fabrication des cadrans d'émail ou métalliques, ou bien
lorsque cette branche veut l'action immédiate de
plusieurs opérations successives, comme la fabrication des ressorts moteurs, des aiguilles, la dorure, etc.
Alors c'est un ouvrier qui s'établit maître ou chef,

et qui pourvoit l'atelier de tout le matériel nécessaire.

La fabrique neufchâteloise a son siége principal à
la Chaux-de-Fonds et au Locle, mais elle n'y est pas
absolument concentrée ; elle étend des ramifications
sur toute la contrée environnante. Il y a des fabricants aux Brenets, un aimable village situé dans la
plus ravissante position, à quelques pas des bassins
naturels et du saut du Doubs ; aux Ponts, au val de
Travers, au val de Saint-Imier, deux vallées riches,
fertiles et pittoresques comme pas une des vallées les
plus renommées de toute la Suisse. A dix lieues à la
ronde, le pays est littéralement peuplé d'ouvriers
horlogers ; il n'est pas un seul chalet, une seule
maison isolée où le travail de l'horlogerie ne soit
l'occupation à peu près exclusive des habitants.

Il serait difficile d'indiquer les causes du développement de cette industrie dans les vallées du Jura ;
cependant on attribue ce développement au génie
naturel des montagnards de cette partie de la Suisse,
et à leur particulière aptitude pour les arts industriels. La supériorité des produits des montagnards
neufchâtelois a été rendue évidente par les expositions universelles de Londres et de Paris.

Je ne saurais dire l'effet qu'a produit sur moi le
spectacle de cette industrie sur ces hautes cimes
peuplées de pins, en face de cette nature abrupte

qui semblerait plutôt la patrie des chasseurs. Quand on monte sur le sommet de ces montagnes d'où l'on aperçoit à ses pieds le lac de Bienne, le lac de Neufchâtel, le lac de Morat, et à l'horizon les Alpes et la Jungfrau, on est tout émerveillé de voir fonctionner l'industrie là où l'on ne croirait rencontrer que la solitude.

Aussi, savez-vous ce qui est arrivé? Le travail est si bien devenu la loi de tous que l'on ne trouverait pas, en le cherchant, un seul pauvre dans tout le canton de Neufchâtel. Les professions serviles y sont aussi inconnues que la mendicité. Un industriel avait besoin d'un domestique, il fit des annonces, chercha ici et là, et finalement il fut obligé d'en faire venir un de Paris.

En quittant la Chaux-de-Fonds, je me dirigeai vers le val de Ruz, situé à moitié route de la Chaux-de-Fonds à Neufchâtel. C'est une des plus délicieuses promenades que l'on puisse faire à cheval ou en voiture, car il s'agit de monter à une hauteur de quinze cents mètres à partir de la Chaux-de-Fonds jusqu'au point où l'on arrive entre le mont d'*Amin* et la *Tête-de-Rang*. De là, on découvre un immense panorama sur le Jura d'un côté, de l'autre sur la chaîne des Alpes, qui s'étend depuis le mont Blanc jusqu'au Saint-Gothard. On descend ensuite, vers le val de Ruz, une des vallées les plus peuplées et sans contredit la plus fertile du haut Jura. Cette vallée, qu'on a surnommée le grenier neufchâtelois, est un cirque qui n'a pas moins de sept lieues d'étendue, et dans lequel s'éparpillent, au milieu des arbres et des fleurs, vingt-deux villages dont les maisons, inondées de soleil, font parcourir à l'œil toute la gamme des tons rouges, depuis le rose le plus ardent jusqu'au brun le plus foncé. Le lac de Neufchâtel étincelle à quelques pas comme un miroir, et l'on aperçoit au delà du lac la campagne verte et calme du canton de Fribourg.

Là j'ai été visiter les travaux du chemin de fer, travaux gigantesques. Les ouvriers sont occupés à éventrer deux énormes montagnes. Ils creusent deux tunnels qui ne le céderont pas en longueur à celui qu'on traverse avant d'arriver à Dijon. Déjà les deux montagnes sont en parties perforées. Quand le convoi, débouchant des tunnels, sortira de cette nuit profonde pour se lancer dans ce val de Ruz rayonnant, dans cette Tempé neufchâteloise, il sera difficile au voyageur de résister à l'émotion d'un si magnifique spectacle. C'est un féerique changement à vue, une vraie décoration d'opéra qui se déroule sous un horizon immense, bordé à gauche par le pic glacé de la Jungfrau.

Après avoir visité les tunnels et les puits, je pris congé de mes compagnons, et deux heures plus tard je me promenais dans l'allée qui borde le lac de Neufchâtel.

Cette petite ville de Neufchâtel, penchée sur le bord du lac, est une des plus agréables de toute la Suisse. Quand le temps est clair, on aperçoit la chaîne des Alpes dans toute sa longueur, et l'on peut compter l'un après l'autre tous ces pics ébréchés qui se succèdent sur une étendue de plus de cinquante lieues. Le soleil couchant donne à ces cimes glacées des tons roses, rendus encore plus éclatants par le contraste des petites Alpes fribourgeoises, qui se découpent au premier plan comme d'immenses taches d'encre. Quant à l'eau transparente du lac, elle est si bleue qu'elle semble un reflet du ciel. Je m'étonne que Neufchâtel ne soit pas plus fréquentée par les touristes. C'est une véritable ville de plaisance, un de ces nids d'été comme Bade, Ems et Spa. Il ne manque probablement à Neufchâtel qu'un cursaal et une roulette pour avoir autant de vogue que les paradis des bords du Rhin; mais la république a des principes.

J'allai faire une visite au président du conseil d'État, M. Piaget, qui habite le château, et qui voulut bien me montrer la salle du grand conseil et les cours de cette forteresse. C'est là que s'est dénouée l'échauffourée du 3 septembre 1856. M. Piaget, surpris au moment où il s'y attendait le moins par les royalistes, fut retenu prisonnier pendant trente-six heures avec les autres membres du pouvoir exécutif. Les montagnards accoururent aussitôt de la Chaux-de-Fonds, du Locle, de partout, conduits par le major fédéral Girard, et ils emportèrent le château à la baïonnette. Aussitôt les rôles changèrent, et ce fut au tour des chefs royalistes à prendre la place des prisonniers républicains.

Ce qui me surprit le plus en entrant dans le château, ce fut de ne voir à la porte aucune sentinelle. Je rencontrai dans la première cour un brave homme qui se promenait les mains derrière le dos, et je lui demandai où demeurait M. Piaget. « Prenez cet escalier, me répondit-il, montez un étage, et sonnez à la première porte. » Un instant après, une servante m'introduisait auprès du chef du pouvoir exécutif, qui était occupé à boucler sa malle. Il allait partir pour Berne par la diligence.

M. Piaget n'est pas seulement un patriote d'un grand talent, c'est un caractère. Avant d'accepter des fonctions publiques, il était l'avocat le plus renommé de tout le canton de Neufchâtel, et il gagnait relativement beaucoup d'argent. Aujourd'hui, qu'il est chef du pouvoir exécutif, il a une liste civile de... cinq mille francs !

Au moment de le quitter, je lui demandai s'il espérait être renommé aux prochaines élections. « Je n'en sais rien, me dit-il, mais dans tous les cas je me retirerai avec la satisfaction d'un homme à qui ses concitoyens ont remis un tronçon de principauté et qui leur a rendu une république bien constituée. »

Le lendemain, dès cinq heures du matin, je voyais défiler sous ma fenêtre une procession de drapeaux neufchâtelois : c'étaient les carabiniers de toutes les communes qui allaient s'embarquer sur le bateau à vapeur pour se rendre au tir fédéral. Je voulus faire comme eux, mais le bateau contenait déjà tant de monde que je ne pus y prendre place. Ce ne fut qu'à midi que je m'embarquai avec d'autres drapeaux et d'autres carabiniers. Nous traversons le lac de Neufchâtel, et nous passons, après avoir navigué pendant quelques instants sur la Thièle, dans le lac de Bienne. Jamais je n'ai vu de bateau à vapeur plus joyeux. Chacun porte les couleurs de son canton dominées par la croix blanche fédérale sur fond rouge. Un Fribourgeois s'approche de moi et me demande si, seul parmi tous ceux qui vont à Berne, je n'aurai aucun signe à mon chapeau : plusieurs Français se trouvant là avec des cocardes de différents cantons, je choisis la cocarde neufchâteloise, et me voilà embrigadé parmi les carabiniers de Neufchâtel.

Nous côtoyons la petite île de Saint-Pierre, que Jean-Jacques Rousseau a rendue célèbre et qui est en effet digne des éloges qu'il lui donne dans les *Rêveries d'un promeneur solitaire.* « De toutes les habitations où j'ai demeuré, dit Jean-Jacques, aucune ne m'a rendu si véritablement heureux et ne m'a laissé de si tendres regrets que l'île de Saint-Pierre au milieu du lac de Bienne... Quand le lac agité ne me permettait pas la navigation, je passais mon après-midi à parcourir l'île, m'asseyant tantôt dans les réduits les plus riants et les plus solitaires pour y rêver à mon aise, tantôt sur les terrasses et sur les tertres pour parcourir des yeux le superbe et ravissant coup d'œil du lac et de ses rivages, couronné d'un côté par des montagnes prochaines et de l'autre élargi en riches et fertiles plaines dans lesquelles la vue s'étendait jusqu'aux montagnes bleuâtres plus éloignées qui la bornaient. Dès que le soir approchait, je descendais des cimes de l'île, et j'allais volontiers m'asseoir au bord du lac, sur la grève, dans quelque asile caché ; là, le bruit des vagues et l'agitation de l'eau, fixant mes sens et chassant de mon âme toute autre agitation, la plongeaient dans une rêverie délicieuse, où la nuit me surprenait sans que je m'en fusse aperçu. En sortant d'une de ces longues et douces rêveries, me voyant entouré de verdure, de fleurs, d'oiseaux, et laissant errer mes yeux au loin sur les romanesques rivages qui bordaient une vaste étendue d'une eau claire et cristalline, j'assimilais à mes fictions tous ces aimables objets, et, me trouvant enfin ramené par degrés à moi-même et à tout ce qui m'entourait, je ne pouvais marquer le point de séparation des fictions aux réalités, tant tout concourait également à me rendre chère la vie recueillie et solitaire que je menais dans ce beau séjour. »

Après trois heures de navigation, nous montons à l'assaut d'un convoi qui nous emporte à toute vapeur vers Soleure. Nous voyons défiler sur la route communale les drapeaux du canton de Vaud, puis des chars à quatre chevaux pleins de jeunes garçons et de jeunes filles. Toute la Suisse est par voies et par chemins, chantant à tue-tête l'air national, qui est le même que l'air national anglais *God save the queen;* à toutes les stations et dans tous les villages, des arcs de triomphe, des gonfalons et des transparents sur lesquels reluit en lettres d'or la devise *Seid willkommen!* (soyez les bienvenus!)

Nous nous arrêtons à Soleure et nous descendons des wagons au moment même où les drapeaux du canton se présentent à la station. Ils nous précéderont de trois heures à Berne. Soleure est une vieille ville qui a, comme on sait, la prétention d'avoir été bâtie par le patriarche Abraham. Il ne faut pas plus d'une demi-heure pour en faire le tour. L'église et l'arsenal, voilà les curiosités de Soleure. L'arsenal, le plus grand et le plus complet de toute la Suisse, offre une curieuse collection d'anciennes armures, la plupart bourguignonnes. On y voit aussi des arquebuses prises à la bataille de Granson, ĕt des drapeaux conquis sur les soldats de Charles le Téméraire à Morat. Je ne parle pas des oriflammes, qui datent, dit-on, de la croisade ; elles m'ont paru trop bien conservées pour remonter jusqu'à Baudouin ou à Godefroy de Bouillon.

Cependant les Soleurois en masse nous suivent à l'embarcadère de la station. Les wagons s'ajoutent aux wagons. Trois locomotives sifflent en tête du train, et voilà toute une ville en chemin de fer. Comment Berne pourra-t-elle loger toute la Suisse? Le convoi part, et plus nous avançons, plus les villages sont parés de fleurs et de feuillages. A Schönbühl, nous voyons courir au milieu d'un nuage de poussière un nombre considérable de chars et de cavaliers campagnards, portant la longue carabine en bandoulière. Encore quelques tours de roues, et Berne apparaît pressée entre ses montagnes et couchée au bord de l'Aar.

La première inscription qui s'offre à moi en entrant à Berne est une parodie de la fameuse chanson du Prussien Nicolas Becker. Les Bernois ont tourné contre la Prusse le refrain que la Prusse avait lancé contre la France. Je lis sur un arc de triomphe :

Non, ils ne l'auront pas, le bon vin de Neufchâtel !
Plus loin, un second arc de triomphe et une seconde
inscription : *La diplomatie conduit les peuples dans
l'impasse.* Quoique cela n'en ait pas l'air au premier
abord, il ne s'agit que d'un simple calembour local :
l'endroit où est élevé l'arc de triomphe se nomme
Enge, et *enge* signifie *impasse* en allemand. Toute la
question est de comprendre.

Berne est sans contredit la ville la plus suisse des
vingt-deux cantons. Elle est suisse par ses mœurs,
par ses monuments et par ses costumes. Là, les
femmes n'ont point encore sacrifié à la mode parisienne leurs robes noires brodées et leur guimpe
de toile blanche, qui fait saillir la poitrine et la rend,
au premier aspect, invraisemblable. On dirait que
les Bernoises portent la crinoline à une tout autre
place que les Parisiennes. Quant aux monuments,
ils sont encore ce qu'ils étaient au moyen âge. Là,
c'est un saint Christophe naïf, le même qui, suivant
la légende, traversa une rivière en portant l'enfant
Jésus sur ses larges épaules et en tenant à la main,
en guise de bâton, un tronc de chêne. Seulement le
saint Christophe bernois tient dans sa main, au lieu
d'un tronc d'arbre, une gigantesque arquebuse. Plus
loin, c'est la statue d'un ours, recouverte d'une peau
d'ours véritable. Cet ours a une vraie carabine à la
main et une vraie gibecière au côté. Toutes les fon-

taines de Berne (et elles sont placées de cent pas en cent pas dans la grande rue) portent au sommet de leurs colonnes une figure grotesque, soit de chevalier, soit de bourgeois, soit surtout d'un ours, car l'ours est partout à Berne. On a élevé près de la porte d'Aarberg un très-joli petit palais aux ours, qui sont les armes vivantes de la cité fédérale, et ces ours sont, par suite de différents legs ou donations qu'on leur a faits, propriétaires de 6,000 fr. de rente. Aussi leurs fosses sont d'une propreté merveilleuse. On leur donne des boules pour jouer, des arbres et des échelles pour se distraire ; bref, on les traite avec toute la considération que méritent des ours bourgeois de Berne et propriétaires.

Je voudrais parler des autres monuments de Berne, de la Tour de l'horloge, où se trouve placée à côté du cadran une mécanique compliquée qui montre un coq de bois chantant deux fois une minute avant que l'heure sonne, pendant qu'un joyeux mannequin frappe l'heure avec de petits marteaux et qu'une procession grotesque d'ours passe devant une statue qui désigne l'heure en ouvrant la bouche. Je voudrais parler aussi de l'arsenal, de la grande église, de l'hôtel de ville, du palais fédéral, et de l'aspect si étrange des rues, qui sont toutes bâties en arcades ; mais le temps me manque, il faut que j'arrive enfin à la grande solennité.

Le dimanche matin, à neuf heures, les députations étaient rassemblées sur la plate-forme, d'où l'on voit resplendir dans toute leur majesté les Alpes bernoises, le Wetterhorn, l'Eiger, le Finsteraarhorn, le Mœnch, la Jungfrau, le Wild-Strubel, etc. Les montagnes, comme l'Océan, varient d'aspect à chaque heure de la journée ; on ne les revoit jamais comme on les a vues, et voilà pourquoi cette plate-forme présente un spectacle toujours nouveau. Parmi les drapeaux des cantons, on voit se déployer le pavillon d'Amérique et le drapeau d'Angleterre. Des députations d'Helvétiens établis à l'étranger ont, en effet, traversé la Manche et l'Océan pour assister au tir fédéral. A dix heures, la musique joue l'air national, et le cortége se met en marche. En tête, le drapeau de la confédération, suivi de sept hommes en habit noir qui représentent le pouvoir exécutif, puis les drapeaux et les carabiniers de tous les cantons, puis une foule immense. Voici les carabiniers de Zurich, de Bâle-Campagne, ceux de Fribourg, d'Appenzel, d'Argovie, puis ceux de l'Oberland, qui portent suspendue en sautoir une énorme cornemuse ; voici les Tyroliens en costume national, et le corps des cadets, jeunes enfants de neuf à quinze ans, revêtus de l'uniforme militaire. Ce sont les cadets qui tirent le premier coup de canon dans toutes les solennités. La musique de Neufchâtel attaque au milieu des applaudissements la marche de la *Prise du Château,* pendant que la musique de Thurgovie, qui précède d'une centaine de pas, joue l'ouverture de *Guillaume Tell.* Le cortége traverse la ville, pavoisée comme un vaisseau amiral, et après une demi-heure de marche il arrive au Stand.

Ce Stand est une immense étendue de terrain sur lequel on a élevé, à gauche, une gigantesque baraque, le restaurant des carabiniers ; en face, un pavillon en verre où sont déposés les prix envoyés par les cantons, des coupes, des chronomètres, des carabines d'honneur, etc., etc. Tous ces objets représentent une valeur de plus de deux cent mille francs. A droite, sont les tirs au nombre de deux cents : cent cinquante tirs, dits tirs ordinaires, d'une portée de 150 mètres, et cinquante tirs, dits tirs de campagne, d'une portée de 300 mètres. Devant ces tirs on a établi des cases où chaque tireur peut déposer sa poire à poudre, son sac, ses ustensiles ; puis, à un signal donné, la joute commence. Deux cents carabiniers tirent successivement et font place à deux cents autres. C'est le plus retentissant feu de file qu'on puisse entendre, et ce feu de file doit durer pendant dix jours sans discontinuer, depuis neuf heures du matin jusqu'à sept heures du soir.

Le résultat de chaque coup de fusil est inscrit sur un registre *ad hoc,* et je vous prie de croire que les scribes chargés de tenir cette comptabilité n'ont pas le temps de regarder en l'air. Chaque coup qui a porté dans le point noir est salué par des cris et des vivat. Du reste, tout se passe en famille, avec calme, avec dignité, sans discussion d'aucune sorte et sans l'intervention d'agents intermédiaires. A Berne, comme dans toute la Suisse, la police se fait toute seule, et elle se fait d'autant mieux qu'on ne la voit pas. *Chacun pour tous, tous pour chacun.*

Quand cette fête de la poudre sera terminée, on procédera à la distribution des récompenses. Les prix seront solennellement remis aux victorieux, et les drapeaux reprendront le chemin de leur canton.

Sur le Rigi.

J'écris à dix-huit cent quatre-vingts mètres au-dessus du niveau de la mer, et je vous prie de croire que, quoique si haut perché, je suis en très-nombreuse compagnie. Quand les enfants d'Adam se réunirent pour bâtir la tour de Babel, ils ne devaient guère mieux se comprendre entre eux que les Allemands, les Anglais, les Américains, les Russes, les Suédois, les Hollandais et les Belges, qui sont pour le moment les locataires de ce sixième étage de la nature qu'on nomme le Rigi. Tout cela n'empêche pas que le *Kulm* ou, pour parler en français, la très-étroite plate-forme de la montagne, n'offre, à l'heure où j'écris, un spectacle assez pittoresque. Deux cents touristes, parmi lesquels il faut compter une soixantaine de femmes, se promènent en paletots ouatés, emmaillottés dans des couvertures, la tête recouverte d'un capuchon, et passant alternativement le long bâton ferré de la main gauche dans la main droite, pour pouvoir souffler sur leurs doigts. De petits sentiers tracés dans la neige permettent aux promeneurs de marcher à peu près à pieds secs ; mais comme l'un est obligé de suivre l'autre, on peut se figurer l'effet que produit cette longue file de pèlerins, et quelles singulières silhouettes se découpent sur le blanc manteau du Rigi.

Depuis une trentaine d'années surtout, la Suisse est devenue la promenade de l'Europe. Les bateaux à vapeur des lacs sont chargés de magistrats en vacances, de fonctionnaires en congé, de rhétoriciens vainqueurs, et de couples aventureux qui vont chercher la liberté de l'amour dans la patrie de Guillaume Tell. Le chemin de fer aidant, il sera bientôt tout aussi facile et moins cher d'aller vivre pendant deux mois dans l'Oberland que dans les environs de Paris. Déjà, pour la somme de cent quarante francs, on vous livre toute la Suisse allemande, et on vous laisse toute votre liberté d'action. Tel site vous plaît-il, êtes-vous séduit par l'aspect de telle montagne : arrêtez-vous et plantez votre tente. La locomotive est à vos ordres, et, sur un signe, le bateau fait escale. Vous vous promenez librement dans cet immense jardin parsemé de lacs, hérissé de pics, émaillé de vallées et de collines, et qui ressemble moins à la nature réelle qu'à un mouvant panorama en relief savamment distribué par un artiste habile.

Ce voyage, je l'ai fait en compagnie d'amis et de confrères. Depuis deux jours, nous avions quitté Paris, et vingt-quatre heures après notre départ nous frappions du pied le Kulm du Rigi. Nous ne nous arrêtions à Bâle que juste le temps de manger ces truites du Rhin dont la réputation n'est point usurpée, et qui semblent meilleures encore quand elles sont arrosées de vin d'Yvorn. Bâle a une superbe église et un musée qui contient deux Téniers et huit toiles du grand maître Holbein ; mais je suis bon prince aujourd'hui, je ne soufflerai pas un mot de peinture, et je fais grâce au lecteur de toute description archéologique. J'espère qu'il appréciera un procédé si peu commun et qu'il me tiendra compte de cette discrétion.

Nous remontons en wagon, et, en quelques tours de roues, nous arrivons à Olten, cette jeune rivale de la vieille Soleure. A partir d'Olten, la vraie Suisse apparaît. Noirs rochers, frais vallons, coteaux chargés de pampres, lacs dans le lointain, pics glacés à l'horizon, rien ne manque au tableau. Je ne puis m'empêcher de payer en passant mon tribut de reconnaissance au chemin de fer suisse; il n'en est pas de plus patriarcal. On entre dans un wagon, on passe à l'aide d'un pont volant dans un autre; on va et on vient, choisissant sa place et s'en allant là-bas quand on est las d'être ici. On se promène tranquillement pendant que la locomotive dévore l'espace, de sorte que, voyageur et wagon, chacun fait de conserve, l'un son petit, l'autre son grand bonhomme de chemin. Le railway suisse offre encore cette autre particularité qu'il n'est point un grand seigneur comme les nôtres, ne se dérangeant pas de sa route et allant toujours tout droit devant lui. Comme il aurait beaucoup trop de tunnels à construire s'il avait la prétention d'éventrer toutes les montagnes qu'il rencontre, il tourne la difficulté et les collines, il serpente autour des coteaux, et il descend dans les vallées comme le dernier des chemins cantonaux. En dépit de tout cela, le train marche à la minute, et il fait ses dix lieues à l'heure sans se presser.

La preuve que ce chemin-là en vaut bien un autre, c'est que trois heures après notre départ d'Olten nous arrivions à Lucerne, où nous tombions au milieu d'une ribambelle de jeunes Anglaises chaussées de grandes guêtres et armées de ces longs bâtons ferrés dont l'extrémité est invariablement ornée d'une corne de chamois. Elles contemplaient d'un œil inquiet le mont Pilate, dont le noir squelette se profilait dans le miroir du lac. Un guide les rassura sur la durée du beau temps. « Le Pilate n'a pas coiffé son chapeau, dit-il, donc, vous aurez demain matin un superbe lever de soleil au Rigi. » On sait que l'état de l'atmosphère est la grande préoccupation du touriste qui se dispose à faire une ascension. Pas de soleil, pas de panorama, et l'on court le risque de se fatiguer pendant toute une journée sans compensation.

Nous croyons à la prédiction du guide, et nous montons sur le bateau à vapeur qui doit nous transporter à Wegghis. Déjà les ponts couverts de Lucerne, ses huit tours féodales, ses murailles crénelées s'effacent dans le lointain. Nous avons devant nous les Alpes de Schwitz et d'Engelberg, couvertes de neiges immaculées ; à notre droite, le Pilate, dont la cime noire s'élance d'un nuage de vapeurs, et à notre gauche, le Rigi, vert comme une émeraude. Pendant la traversée, je me rappelle que M. Alexandre Dumas a prédit que le Rigi, cette montagne chancelante comme un homme ivre, glisserait un jour sur sa base, comblerait le lac des Quatre-Cantons, et écraserait sous son énorme masse tout le pays environnant. Je m'empresse de confier ce sinistre souvenir à mes compagnons de voyage, mais ils me répondent par un éclat de rire, et l'un d'eux pousse même l'irrévérence jusqu'à affirmer qu'Alexandre Dumas est un-trop grand cuisinier pour n'être pas un médiocre géologue.

A Wegghis, cinquante personnes débarquent en même temps que nous, et toutes ont la prétention d'avoir des mulets ou des chevaux. Les guides ahuris ne savent à qui répondre. C'est une lutte de dialectes et aussi de bourrades. Les mots anglais, allemands, français se mêlent, se croisent, s'entrechoquent, et tout cela constitue une telle cacophonie qu'on aurait pu croire qu'il s'agissait d'une grande bataille entre les consonnes et les diphthongues. Les guides, toujours irrésolus, semblent pencher vers ceux qui crient le plus fort. Chacun des trois partis, remarquant cette disposition des loueurs de chevaux, redouble d'énergie dans ses réclamations, et le tapage s'élève à la hauteur d'un charivari; enfin nous profitons d'un moment de trêve pour rassembler toutes nos forces, et nous poussons un hourra énergique qui retentit dans la montagne comme un coup de tonnerre. L'irrésolution des guides cesse aussitôt, et ils lâchent la bride de leurs montures. Sois fier, ô mon pays! la victoire est restée à la France!

Nous avons conquis huit chevaux et cinq güides ; chacun enfourche sà bête, et nous nous lançons dans d'aimables sentiers qui n'ont que l'inconvénient d'être taillés à pic. Je ne sais rien pour ma part de moins réconfortant pour un cavalier que de rester pendant trois ou quatre heures à califourchon sur un cheval qui est toujours dans la position d'une chèvre escaladant un rocher. Après une grande heure de marche dans des chemins étroits bordés de précipices, et où l'on n'aurait pas passé à pied sans éblouissements, nous rejoignons une caravane d'Américains, et nous sommes nous-mêmes rejoints presque aussitôt par les vaincus de Wegghis, les Anglais, qui sont enfin parvenus à se procurer des chevaux. Nous formons une file respectable de quarante-cinq cavaliers. Les Anglais nous apprennent qu'ils ont confisqué à leur profit la dernière cavalerie des environs, et que les Allemands, battus sur tous les points, se sont décidés à escalader la montagne à pied, après avoir envoyé au diable la France et l'Angleterre.

Au bout de trois heures et quart de marche, nous arrivions enfin au sommet du Rigi, juste au moment où le soleil venait de disparaître derrière les Alpes bernoises ; on n'apercevait seulement, en regardant la terre couverte de brouillard, que des flaques d'eau qui ne semblaient guère plus grandes que des mouchoirs de poche, c'étaient les lacs. Le Pilate, ce voisin du Rigi, apparaissait comme une immense arête de poisson desséchée.

On a bâti, depuis quelques années, sur le Kulm un hôtel gigantesque qui a des salons superbes, des chambres spacieuses, et une salle à manger où se trouvaient réunis, le soir de notre arrivée, un peu plus de deux cents convives. Tous les matériaux qui ont servi à la construction dé l'hôtel ont été transportés à dos d'homme, de la plaine sur le sommet de la montagne. Ce détail donne une idée de ce qu'a dû coûter cette maison colossale.

La température, au sommet du Rigi, ne doit pas beaucoup différer de celle de la Sibérie. Je n'y ai pas vu d'ours blancs, mais l'absence de ces animaux me prouve seulement qu'ils dédaignent les endroits fréquentés par les touristes.

Le lendemain matin, à quatre heures précises, nous étions réveillés en sursaut par une armée de joueurs de trompe qui exécutaient un ranz des vaches énergique, pour annoncer aux voyageurs le lever du soleil. Aussitôt l'hôtel plongé dans l'immobilité retentit du bruit des voix et des portes qui s'ouvrent et se ferment. Hommes et femmes se précipitent dans les couloirs : ceux-ci recouverts de grands manteaux, celles-là enveloppées dans des couvertures de laine, et malgré le froid qui bleuit les joues et fait claquer les dents, tout le monde monte à l'assaut du Kulm.

Je n'entreprendrai pas la description du splendide spectacle qui s'offrait à nos regards de tous les points de l'horizon. Le soleil, s'élevant doucement d'un océan de vapeurs, teignait d'un rose pourpre le sommet de ces milliers de pics dont la base flottait encore dans le brouillard ; au-dessus des quatorze lacs, qui paraissaient glacés, les nuages se condensaient en flocons d'écume et produisaient l'effet de lacs aériens et flottants dont les lacs terrestres n'eussent été que les reflets. La terre, vue de cette hauteur et tout à coup inondée de lumière, n'était plus qu'une surface plane et unie, coupée de loin en loin par quelques rugosités insignifiantes formées par les villes. Quant aux maisons, elles semblaient tout au plus des joujoux de Nuremberg rangés sur un tout petit espace par la main d'un enfant.

Je n'insisterai pas sur la magnificence de ce panorama, l'un des plus étendus et le plus beau peut-être de toute la chaîne des Alpes, j'ai trop le sentiment de mon impuissance ; je ne crois pas d'ailleurs que la plume ni le pinceau puissent rendre avec exactitude la sévère majesté de ce grand tableau, dans lequel l'homme et ses œuvres disparaissent complétement pour céder toute la place à la nature.

Mais j'entends la voix des guides qui nous appelle pour descendre la montagne jusqu'à Arth. Là nous nous embarquerons sur le lac de Zug, puis nous traverserons le lac de Zurich et celui de Constance, et, après avoir été faire une visite à la chute du Rhin, à Schaffhouse, nous rentrerons en France par le grand-duché de Bade.

Je n'ai pas quitté Paris avec la préméditation de découvrir la Suisse; aussi irai-je aussi vite que les morts de la ballade à travers les lacs, les montagnes et les villes de ce pays, dont le seul défaut est d'être plus connu que la vallée de Montmorency. A Arth, nous nous embarquons et l'on nous montre, avant d'arriver à Horgen, le petit sentier où Guillaume Tell planta une flèche entre les deux épaules de Gessler. Une discussion assez vive s'élève sur le bateau. Il s'agit de savoir si Guillaume Tell est un personnage historique ou légendaire. Le débat durerait probablement encore si un Allemand qui se trouvait là n'avait pris la parole pour nous dire que deux cents docteurs de son pays avaient publié chacun un livre qui prouverait d'une façon irréfutable l'existence de Guillaume Tell, si deux cents autres docteurs, également de son pays, n'avaient publié un autre livre qui démontre non moins victorieusement que le libérateur de la Suisse n'a jamais existé que dans l'immortel opéra de Rossini. Quant à moi, je crois à

Guillaume Tell, à Arnold et même à Melchthal; rien ne me paraît moins contestable que l'histoire écrite en *ut* majeur.

Nous disons adieu au lac de Zug pour dire bonjour au lac de Zurich, qui semble avoir mis sa robe des dimanches, une robe d'azur aussi merveilleuse que la robe des princesses des contes de fées. Les coteaux du lac de Zurich ont un faux air italien dont l'aspect rappelle les belles rives méditerranéennes qui s'étendent depuis Antibes jusqu'à Nice. Au moment où nous débarquons, toute l'artillerie est en liesse. Où courent ces guerriers de dix ans? On nous apprend que le 23 août est la fête des enfants, et que ce jour-là tous les bambins du canton se métamorphosent en carabiniers. Je ne connais pas de pays où l'on use plus de poudre qu'en Suisse. Le canon est de toutes les fêtes, et le tir à la carabine est la plus grande distraction des confédérés. De Zurich, le chemin de fer nous reprend et nous transporte jusqu'à Romanshorn dont on vante avec raison les jolies filles. Elles sont grandes, élancées, blondes, un peu pâles comme toutes les filles des lacs, et elles n'ont point encore répudié le costume national, comme leurs sœurs de Zurich et de Lucerne, qui ne sont plus que la caricature des ouvrières françaises. C'est décidément le costume qui fait la femme, et le jour où le bonnet rond aura entièrement envahi la Suisse, il n'y aura plus de Suissesses. Ketty ne sera plus qu'une grisette vulgaire, et je vois déjà d'ici le merveilleux effet de la crinoline se prélassant au milieu des pics glacés de l'Oberland.

Quelques heures de traversée séparent Romanshorn de Constance, cette ancienne ville impériale qui est à peine une bourgade aujourd'hui; et pourtant le concile qui se tint dans cette ville, vers le milieu du xve siècle, avait attiré dans ses murs cent mille hommes, trente mille chevaux et vingt mille courtisanes. C'est là que devait se vider la grande querelle des réalistes et des nominaux. Tant de courtisanes pour des docteurs en théologie! En somme, ce fameux concile, provoqué pour réformer les abus et pour atténuer la suprématie pontificale, ne remédia à rien, et de toute cette grande pompe déployée à Constance il ne reste que quelques débris qu'on montre pour vingt sous au voyageur curieux : la boîte au scrutin, un vieux fauteuil, et un bout de tapisserie déchirée. La salle où siégeaient les pères du concile est une espèce de halle où l'on vend de la toile et du drap. On fait voir aussi trois mannequins couverts d'oripeaux, qui ont la prétention de représenter l'empereur Sigismond, le pape Martin V, et le grand hérésiarque Jean Huss. Tant d'agitations, tant de troubles, tant de sang répandu, tout cela

additionné donne pour total trois automates en bois !
J'ajouterai que, de ces trois vénérables personnages,
celui qui a le plus excité notre hilarité est l'empereur Sigismond. Le mannequin donne l'idée la plus
grotesque des anciens Césars d'Allemagne. On pourrait croire qu'il a été fabriqué par le Daumier du
XVe siècle.

En débarquant à Constance, nous pensions que
nous allions marcher au milieu d'un décor de la
Juive, mais notre illusion s'est promptement dis-
sipée. Le seul ornement de Constance, c'est son lac
qui baigne cinq pays différents : le canton de Thurgovie, le grand-duché de Bade, le Wurtemberg, la
Bavière et l'Autriche. Ce lac a deux îles parsemées
de villes, de villages et de maisons de plaisance : l'île
de Meinau et l'île de Reichenau. C'est, avec le Lé-
man, le plus animé des lacs de la Suisse, grâce aux
nombreuses barques à voile et aux bateaux à vapeur qui vont incessamment de Constance à Romanshorn, d'Arbon à Rorschach, et de Bregenz à
Lindau.

De Constance nous nous dirigeons vers Schaffhouse
par le Rhin, et nous remarquons sur la rive gauche,
au penchant d'un coteau qui domine le fleuve, une
jolie villa à moitié cachée par les arbres, c'est le
château d'Arenemberg, où fut élevé le prince Louis,
aujourd'hui Napoléon III. Je ne parle pas des autres

châteaux très-nombreux qui émaillent les deux rives et qui font de ce pays une sorte de petit paradis en carton ; nous venons d'entrer dans la Suisse coquette, attifée et en corset. Cela est joli comme le lac d'Enghien.

Schaffhouse présente un tout autre aspect. Maisons à pignons, à tourelles, couvertes à l'extérieur de peintures à fresques, balcons ciselés et festonnés, rues étroites, sombres, écheveau qu'on ne dévide que difficilement. Rien ne manque à Schaffhouse pour captiver l'imagination du touriste, pas même une histoire intéressante. Rome a été fondée par des gens d'une réputation suspecte, Schaffhouse doit le jour à de braves bateliers qui avaient établi des hangars pour servir de dépôt aux marchandises dont la chute du Rhin nécessitait le débarquement. Cette cataracte est à une demi-lieue de la ville, et comme tous les écrivains qui ont parlé de la Suisse ont fait une description en règle de cet admirable spectacle, je me garderai bien de recommencer cette composition littéraire devenue aussi classique que le récit de Théramène.

La chute du Rhin est le cinquième acte de cette course à grand spectacle. Il ne nous reste plus qu'à nous diriger à toute vapeur vers Bade, ce petit royaume du plaisir, de la flânerie et du repos.

A peine arrivé à Bade, où doit se disperser notre

caravane, je m'installe en face de la maison de conversation, bercé par les valses et les mazurkas de
la musique autrichienne, et je retrouve tout le beau
monde de Paris et d'ailleurs dans ces rues qui ne
sont autre chose que de belles allées de chênes, le
long desquelles s'étalent les toiles de Saxe, les dentelles d'Angleterre, les verreries de Bohême, les marchandises des Indes... toutes magnificences prohi-
bées chez nous, et dont l'invincible attrait porte les
dames françaises à des crimes politiques qui ne sont
pas toujours réprimés par le douanier.

La vie que l'on mène à Bade pour se distraire est
aussi agitée que les vagues de l'Océan, et il faut
avoir la constitution d'une femme du monde ou
d'un Auvergnat pour résister au choc de tant de
distractions. On se lève en même temps que Sa Majesté le soleil, et l'on part pour une excursion. Tout
est organisé en prévision de ces courses matinales.
Les chevaux de louage et les voitures vous attendent.
La vallée de la Mourgue, le vieux château, la Favo-
rite, le château d'Eberstein, les cascades, le mont
Mercure, telles sont les stations les plus fréquentées
de ce fashionable pèlerinage. On déjeune sous la
feuillée des kiosques et l'on boit le markgrafter
mousseux ou l'affenthaler. Au retour, tout le monde
se retrouve dans le parc, dans l'allée des boutiques
et sur la terrasse qui s'étend devant la Conversation.

Le concert commence : schotisches, contredanses, ouvertures, polkas, tout y passe, depuis Rossini jusqu'à Julien, depuis Verdi jusqu'à Musard. A cinq heures, dîner à la Restauration ; puis, à neuf heures, bal, concert, comédie ou opéra. Ce n'est qu'à minuit qu'on a le droit d'aller se reposer.

Sur les chemins de fer, sur les bateaux à vapeur, dans les hôtels de la Suisse et des bords du Rhin, tout ce qui a des manières anglaises, des vêtements anglais, des bagages anglais, tout ce qui parle anglais, est américain.

Je rencontrai un jour, sur le lac des Quatre-Cantons, une caravane de quinze gentlemen taciturnes qui contemplaient la Suisse à travers le guide Murray ; ils étaient tous de New-York ou de Baltimore.

Les hôteliers suisses et allemands sont très-déroutés par suite de cette pénurie d'insulaires. Les Anglais ont été pendant si longtemps les seuls locataires des hôtelleries de la belle saison, que tout y a été fait pour eux et organisé en prévision de leur visite ; ce sont eux qui ont fait de toutes ces grandes maisons garnies autant de couvents confortables où le maître en habit noir et en cravate blanche vient vous recevoir, le chapeau à la main, sans prononcer une parole ; ce sont eux qui ont façonné ces garçons roides, polis, muets, serviteurs en bois dont les articulations semblent avoir été confectionnées à Nuremberg.

Depuis l'hôtel Bauer de Zurich jusqu'à l'hôtel de Russie de Francfort, toutes les hôtelleries suisses ou rhénanes exhalent une forte odeur de Grande-Bretagne.

Je demande à m'expliquer sur ce point. Je ne sais si d'autres ont remarqué comme moi que chaque nation a son odeur particulière. Évidemment, l'Allemagne sent la choucroûte. Ce parfum de choucroûte me poursuit partout, aussitôt que j'ai traversé le pont de Kehl en tournant le dos à la flèche de Strasbourg. En Angleterre, l'odeur dominante est le caoutchouc. Vous débarquez à Folkestone, à Douvres, à New-Haven, et le caoutchouc vous accompagne à Londres, à Dublin et à Édimbourg. Quand vous reviendrez sur le continent, vos habits resteront encore imprégnés pendant quelques jours de cet âcre parfum. Eh bien! dans les grands hôtels rhénans, l'odeur nationale de la choucroûte s'efface devant l'odeur exotique du caoutchouc. On sent, à plein nez, que l'Angleterre a passé par là, et qu'elle s'y est installée en dominatrice.

J'étais assez intrigué cependant de ne rencontrer aucun Anglais sur ma route, et je me demandais si l'Angleterre avait pris la résolution de renoncer aux voyages depuis que tout le monde est par voies et par chemins, lorsqu'en passant par Soden je tombai sur deux Anglais authentiques.

Soden est un joli village couché dans la plaine, au pied du Taunus, qui le protége si bien contre les vents froids du nord qu'on y jouit pendant presque toute l'année d'une température douce et égale. Soden est le Saint-Cloud de Francfort. Depuis quelques années, de jolies maisons et de beaux hôtels se sont élevés autour du Kurhaus, un établissement thermal bâti au milieu d'un superbe jardin anglais. Soden n'a aucune réputation en Europe ni même en Allemagne, et c'est peut-être ce qui fait le charme de cette agréable petite ville. Les environs sont trop cultivés pour être pittoresques, mais ils présentent des paysages champêtres et doux, des ombrages et des promenades où l'on peut s'égarer sans crainte d'aller se heurter contre tous les habitués du boulevard italien. Bien des gens malades de la poitrine s'en vont mourir à Nice, qui auraient peut-être continué à vivre s'ils avaient été à Soden.

Remarquez en outre que Soden est à quelques pas du Feldberg, le sommet le plus élevé de la chaîne du Taunus. Ce sommet est un plateau presque circulaire, sur lequel on a établi une petite auberge où l'on n'est pas trop mal traité pour son argent, et où l'on peut au besoin passer la nuit. Le point culminant du sommet du Feldberg est un rocher de quartz de cinq mètres d'élévation. On l'a surnommé la *pierre de Brunehild*, parce que la tradition rapporte que cette reine d'Austrasie venait souvent, au lever de l'aurore, s'asseoir sur ce point élevé, pour embrasser tous ses États dans un regard.

Je me rencontrai, un matin, sur le Brunehildstein, avec les deux Anglais que j'avais vus la veille à Soden, et, après avoir suffisamment contemplé le mont Tonnerre, le Melibocus, le Kaisersthul, le Speslibocus, le Vogelsberg, l'Insberg, et, dans les profondeurs du nord-ouest, les sept montagnes, je me hasardai à entrer en conversation avec ces muets touristes, qui promenaient sur cet immense panorama un regard vague et indifférent.

— Un beau spectacle! dis-je en les saluant.

L'un des deux Anglais ne sourcilla pas; l'autre, plus expansif que son compagnon, laissa tomber de ses lèvres un *yes* à peine articulé.

Encouragé par cet accueil qui m'eût paru froid en toute autre circonstance, je me mis à parler de choses indifférentes auxquelles l'Anglais expansif répondait par un *yes* sempiternel, puis, démasquant tout à coup mes batteries, je lui demandai pourquoi le continent n'avait point eu cette année, comme les années précédentes, l'honneur de recevoir la visite de ses compatriotes.

— *I don't know,* répondit-il sèchement.

Je ne me tins pas pour battu, et j'ajoutai avec un air de commisération perfide :

— C'est probablement à cause de la guerre des Indes.

— Non, monsieur, répliqua vivement celui qui n'avait pas encore pris la parole ; la guerre des Indes n'a rien à voir cela ; l'Angleterre ne s'inquiète pas de la guerre des Indes autant que vous le supposez. Si mes compatriotes n'ont pas traversé le détroit cette année, cela tient à d'autres causes ; le passeport d'abord, qu'il faut aller chercher soi-même dans King William Street.

— Mais, lui répondis-je, King William Street n'est pas au bout du monde. Le consulat général de France à Londres est toujours dans la cité, à trois pas de la Tamise, si j'ai bonne mémoire.

— Sans doute ; mais autrefois on envoyait chercher son passe-port par un domestique. Aujourd'hui, il faut aller soi-même, monsieur, soi-même, à une certaine heure, au consulat général, et attendre longtemps sur une banquette son tour de visa ; or, l'Anglais se prive volontiers d'un plaisir douteux quand il faut l'acheter par des démarches ennuyeuses, et voilà pourquoi, monsieur, mes compatriotes voyagent cette année dans les comtés, en Écosse et en Irlande, et ne se promènent pas sur le continent.

Je ne crois pas que la formalité du visa du passeport dans les conditions où elle est exigée depuis six mois[1] soit la vraie et surtout la seule raison qui ait privé la France, la Suisse et l'Allemagne de la visite des Anglais, mais je jure que je n'invente pas la réponse du gentleman, et que je la rapporte telle qu'il me l'a faite il y a deux ans, sur le sommet du Feldberg ; j'en prends à témoins le Kaiserssthul et le Vogelsberg, le Melbocus et le Speslibocus !

Je rentre à Bade, ce quartier général des excursionnistes, par Darmstadt, Manheim et Carlsruhe. Je viens de nommer les trois villes les plus correctes, les plus régulières, les plus neuves, les plus fraîches, les mieux alignées et les plus ennuyeuses des bords du Rhin. Une ville bâtie comme Manheim et comme Carlsruhe doit épargner au souverain bien des frais de police et de surveillance de tout genre. Il suffit d'une douzaine de factionnaires postés aux carrefours à angles droits pour tenir en respect toute la cité. On sait que de toutes les rues de Carlsruhe on voit le château-résidence du grand-duc, si bien que les habitants de cette capitale ne peuvent faire un pas sans avoir les yeux sur Son Altesse ou sans lui tourner le dos. Quand on est resté pendant quelques heures dans une de ces villes, on se sauve avec une sainte horreur de la ligne droite.

1. On sait que cette formalité a été tout à fait supprimée, et que les Anglais n'ont même plus besoin d'un passe-port pour venir en France.

Il est cependant des gens pour lesquels les pierres neuves et les alignements réguliers ont d'incontestables attraits ; les Américains surtout professent une grande admiration pour la bâtisse fraîche, et je me suis demandé parfois si la ruine et la cité pittoresque n'exigent pas, pour être comprises de ceux qui les interrogent, de certaines conditions d'idées, de sentiments et d'éducation.

Les peuples parvenus à un âge historique raisonnable ont seuls le sentiment de la majesté des ruines. De même que la vue d'un cèdre nous fait penser au Liban, de même l'aspect d'un vieux pan de muraille nous transporte vers un siècle évanoui. Ce qui nous intéresse, à notre insu, c'est moins l'effet pittoresque que les souvenirs qu'il rappelle à notre esprit. Tous ces feuillets épars du livre du passé sont lettre morte pour les nations jeunes. J'ai vu des Américains contempler les nids d'aigle des sept montagnes et la grande ruine d'Heidelberg avec l'ébahissement stupide d'un paysan qui regarderait pour la première fois les hiéroglyphes de l'obélisque. L'âme de ces ruines ne parle pas à ces hommes qui n'ont pas d'histoire. En revanche, ils sont charmés par l'aspect des maisons bâties à l'italienne, et toute ville neuve les jette dans des transports d'admiration. « Ah ! la belle ville que Carlsruhe ! me disait un de ces Yankees. Je n'avais vu

jusqu'à présent que les maisons noirâtres de Cologne et de Francfort. Mais Carlsruhe ! » Carlsruhe lui
rappelait New-York et Philadelphie. Tout ce qui est
vraiment nouveau pour l'homme le trouve insensible et indifférent.

A partir de Moerdyck, petit port sur la Meuse, on
entre complétement dans la féerie hollandaise. Je
monte sur le bateau à vapeur. La lame répand une
lueur douce et mélancolique. Point de ressac; pas
même la plus légère oscillation. La comparaison du
lac d'huile arrive tout à point sous ma plume. La
plaine liquide forme un vaste miroir qui se détache
sur le ciel par un filet d'argent mince comme la
lame d'une épée, et les prairies marécageuses ne
sont distinctes du paysage que par quelques teintes
plates un peu plus foncées que le ton général. Tout
est calme et doux dans ce spectacle. On est bien en
effet dans les *eaux* de Guillaume van der Velde, de
Backhuysen et de van der Neer.

Voici Dordrecht. Le soleil égaye les maisons en
brique, à balcons et à contrevents peints en vert.
Les maisons se détachent sur un horizon de moulins
à vent qui aurait fait tressaillir la bravoure du chevalier de la Manche. En Hollande, le moulin à vent
n'est pas exclusivement employé à moudre le blé;

il sert à toutes sortes d'usages : irrigations, épuisements, etc. Il râpe le tabac, teille le chanvre, et broie la navette pour en extraire de l'huile. Ici son usage principal est de faire mouvoir les scieries, qui débitent en planches et en madriers les bois que la Suisse et la forêt Noire expédient en trains énormes. La vieille église gothique, avec son haut clocher, domine au loin toute la scène. Par un beau jour de soleil, il y a dans l'aspect de Dordrecht quelque chose qui rappelle à la fois Venise et la Chine.

Depuis Dordrecht jusqu'à Rotterdam, le navire nous promène à travers un labyrinthe de bras de mer, d'embouchures du Rhin, du Wall, de la Leck, de la Meuse, de l'Escaut, qui se sont donné rendez-vous là pour confondre leurs flots et détremper ce sol, qui serait devenu leur proie depuis bien des siècles si le *labor improbus* de la nation hollandaise n'y avait mis bon ordre. Chacune des artères de cet inexplicable lacis a pourtant conservé un nom fondé beaucoup plus sur la tradition que sur la réalité. Ainsi, dans nos villes, les rues conservent des dénominations d'édifices, de forts, de citadelles, de fossés qui n'existent plus depuis des siècles. Pour moi, je n'ai jamais su reconnaître dans ce dédale autre chose que :

Ici des flots, là-bas des ondes.

Après avoir traversé la Meuse, qui ressemble, en

quittant Moerdyck, à un bras de mer, nous navi-
guons entre deux rives bordées d'arbres, de fleurs,
couvertes de chalets, de villas étranges et de moulins comme on n'en voit qu'en Hollande et à l'Opéra-
Comique. Ces moulins néerlandais constituent à eux
seuls une des curiosités de ce curieux pays : ils sont
trois fois plus élevés que les nôtres. Le rez-de-
chaussée est ordinairement un magasin, le premier
étage l'habitation de la famille ; puis vient le moulin
proprement dit, qui agite ses grands bras à trente
mètres au-dessus du sol. En outre, tous ces moulins
diffèrent entre eux par la couleur et par la forme.
J'en ai vu de roses, de verts, de bleus, mais la plus
grande partie affectionne la couleur chamois. Ils
sont entourés de jardins, et les fleurs les plus fraîches
s'étalent aux petites fenêtres de l'étage inférieur.

Nous avons chez nous bien des chalets dont l'élégance prétentieuse pâlirait auprès de l'élégance
simple mais réelle de ces moulins de la Meuse. Ils
ont un aspect si coquet et si engageant qu'on croirait
que leurs propriétaires sont des millionnaires dés-
œuvrés qui se sont faits meuniers pour leur plaisir.

Il ne s'est pas encore trouvé, que je sache, de
compagnie de chemin de fer qui ait eu l'idée d'or-
ganiser des trains de plaisir pour la Chine, et c'est
probablement la raison pour laquelle je ne connais
pas encore ce fantastique empire. Cependant il me

semble, par tout ce que j'ai lu dans les relations de voyage du père Huc et des autres missionnaires, que la Meuse, en approchant de Rotterdam, doit beaucoup ressembler au fleuve Jaune. On voit en effet passer des populations fluviales qui n'ont d'autre habitation que leur barque qui remonte ou qui descend. Sur les rives, de petites maisons en bois avec des jardins silencieux et coupés de petites rigoles dont les bords sont réunis par des ponts chinois.

Le kiosque joue aussi son rôle dans cet aimable paysage et vient compléter l'illusion. De temps en temps une jeune femme en robe blanche se détache sur les massifs de verdure et ramène aussitôt la pensée du voyageur en Europe. Ces élégantes apparitions apparaissent comme une galante surprise préparée à l'intention du voyageur; toutes ces robes blanches encadrées dans les arbres semblent avoir été placées de distance en distance comme de poétiques cantonnières chargées d'égayer notre imagination pendant la traversée de Moerdyck à Rotterdam.

Cette traversée, qui ressemble à un rêve, ne dure guère que deux heures, et l'on serait tenté de se plaindre de sa brièveté si l'on ne voyait surgir à l'horizon cette fière ville de Rotterdam, qui se présente avec ses quais majestueux et son port où se pressent tous les vaisseaux de l'univers. Un joyeux soleil couchant faisait étinceler, au milieu d'une brume légère, prélude de la nuit, les maisons aux couleurs vives, les arbres ornés d'une verdure éclatante, les voiles aux tons variés, depuis le blanc jusqu'au rouge brique le plus intense, les coques des navires soigneusement lavées, dont les mâts dominaient çà et là les toits des plus hautes maisons.

La teinte neutre de quelques vieux édifices de pierre venait rompre à souhait ce papillotage de brillantes couleurs. A mesure que nous approchions du quai, nous voyions se dessiner de plus en plus nettement le spectacle de l'incessante activité qui anime cette ville assez semblable à Venise par les milliers de canaux qui la parcourent en tous sens, et qui a sur la belle reine déchue de l'Adriatique tout l'avantage de la santé sur le marasme, de la vie sur la mort.

A Dieu ne plaise que j'établisse un parallèle sacrilége entre les chefs-d'œuvre de Palladio et de San Savino et les constructions simplement jolies, amusantes et pittoresques de Rotterdam ; mais il est difficile, quand on a visité cette Venise naguère si splendide et aujourd'hui si attristée, de ne pas se souvenir de ses lagunes désertes en face de la population affairée qui circule sur les quais des villes du Nord.

A Rotterdam, la foule est partout, dans les rues,

sur les places, sur les canaux, sur le port, dans les marchés; une foule compacte, occupée, aussi pressée que celle qu'on voit le soir à la sortie des théâtres sur le boulevard du Temple. C'est à peine si l'on peut se frayer un passage à travers ces hommes affairés et ces femmes qui se promènent. Cette race, à coup sûr, est moins belle, mais elle n'est pas moins intéressante à voir que les Levantins et les Grecs de l'Archipel qui encombraient le quai des Esclavons à l'époque où Venise était ce que sont devenues les villes du Nord.

Mais le touriste intelligent tâche de dégager de chaque pays qu'il parcourt sa poésie propre et les impressions locales ; il rêve et se souvient aux bords de l'Adriatique. En Hollande, il jouit du spectacle d'une prospérité actuelle, d'une vitalité toute contemporaine. A ce compte, il a de quoi se satisfaire à Rotterdam, seconde ville du royaume par son importance et sa population, peut-être la première par son commerce et l'avenir qui s'ouvre devant elle.

Cette ville offre des aspects dont on ne peut trouver les analogues nulle part ailleurs; les maisons construites en brique font parcourir à l'œil toute la gamme des tons rouges, depuis le vermillon jusqu'au brun ardent et coloré. Elles n'ont pas cette physionomie triste et refrognée qui caractérise presque tous les quartiers de Londres. Les rues sont des canaux bordés de deux rangs d'acacias au feuillage léger, dont la verdure tendre forme, avec le tour des édifices, le contraste le plus harmonieux; des barques de toute dimension circulent incessamment et mêlent leur mouvement silencieux à l'activité peu bruyante des hommes qui transportent les marchandises sur des brouettes ou des chevaux qui traînent des chariots.

Les maisons présentent à la rue leurs pignons découpés en escalier ou contournés en courbes capricieuses; des cordons de pierre riches ou simulés, des ornements d'un style généralement rococo, soigneusement réchampis en blanc, donnent à ces maisons un aspect réjouissant à l'œil. Les magasins sont égayés de ces bonnes vieilles enseignes qui ont complétement disparu de chez nous. Comme on doit bien s'y attendre, les cuivres des marteaux des portes et des manches à sonnettes étincellent de propreté. Les vitres de beaucoup de fenêtres, légèrement bombées à l'extérieur, présentent une faible teinte rosée. A Rotterdam, il n'est pas une fenêtre qui se respecte qui ne soit munie de son espion.

Tous ceux qui ont voyagé dans le Nord savent en quoi consiste l'instrument désigné par ce nom. Ce sont deux morceaux de glace de moyenne grandeur, réunis et placés sous un angle calculé pour voir de chez soi, sans être vu soi-même, ce qui se passe dans la rue, vérifier qui sonne à la porte, afin qu'elle soit ouverte aux amis et refusée aux importuns. Les dames hollandaises prennent donc grand plaisir à consulter ce factionnaire discret. Néanmoins, comme tous les espions, ceux-ci sont traîtres à l'occasion, et il n'est pas impossible, à l'aide de certaines combinaisons, d'entrevoir parfois les visages gracieux ou grotesques qui vous examinent curieusement.

Beaucoup de maisons à Rotterdam présentent deux faces, comme Janus : l'une officielle et bourgeoise qui s'ouvre sur le quai, l'autre épicière et commerciale qui est au niveau de l'eau et reçoit de plain-pied toutes les denrées qui viennent s'entasser dans ses magasins.

Après Amsterdam et Venise, Rotterdam est la ville du monde où l'on rencontre le plus grand nombre de ponts. Presque tous ces ponts tournent en pivotant sur eux-mêmes pour livrer passage aux bateaux. On trouve aussi des bacs qui vous transportent d'un bord à l'autre ; mais, je le répète, la foule est si grande sur ces ponts, sur ces bacs, sur ces canaux et dans ces rues, qu'il est impossible de voir partout ailleurs, même dans la cité de Londres, un spectacle plus extraordinaire et plus animé.

Là le mouvement n'a point d'interruption. La nuit est aussi animée que le jour. En passant dans un des quartiers les plus bruyants de la ville, les lointains échos de la musique nous avaient attirés dans un de ces *musicos* dont la réputation est européenne : une grande salle carrée entourée de banquettes sur lesquelles prennent place les curieux qui veulent voir tourner deux par deux et en se tenant par la main de faciles bayadères. Un Ganymède attaché à l'établissement vient à chaque instant offrir du vin de France ou du Rhin, qu'il fait payer très-cher, pour peu qu'il ait affaire à un étranger. De temps en temps, les bayadères disparaissent par groupes ou isolément. Étranges mœurs et bizarre spectacle, dont j'avais déjà vu un spécimen aux *riddecks* d'Anvers ! Ces musicos sont très-nombreux. J'en ai compté jusqu'à douze dans une seule rue.

En revenant à une heure du matin par les rues, ou plutôt par les quais, car il n'y a que des quais à Rotterdam, nous voyions s'agiter comme en plein jour sur le pont des navires des hommes, des femmes et des enfants. Toute cette population aquatique est occupée à rouler des colis, à faire la cuisine, à nettoyer le pont ou à goudronner la coque. Tout cela se remue, s'agite, se démène dans l'ombre, et cette activité nocturne produit sur l'étranger une impression bizarre. La lueur des torches, qui se reflètent dans l'eau en sillons lumineux, donne à tous ces êtres affairés une apparence fantastique qui rappelle la légende du vaisseau-fantôme. Le temps est un capital encore plus précieux à Rotterdam que partout ailleurs, et l'impression définitive qui m'est restée de cette ville de bruit, de mouvement, d'agitation laborieuse, est qu'on n'y dort jamais. C'est sans doute pour cette raison que les lits y sont exécrables.

Il ne faut pas plus de trois heures pour aller de Rotterdam à La Haye, par le chemin de fer, qui traverse une campagne peignée, attifée et rasée comme un jeune marié de ce matin. Là les maisons des paysans semblent une décoration sur toile, peinte, pour le plaisir des yeux, par Feuchère ou par Desplechin ; les prés sont des tapis verts qu'on a dû épousseter avant le lever de l'aurore. Quant aux superbes vaches qui s'y promènent, nettes, luisantes, étrillées comme les chevaux d'un sportman, quelques-unes, sans doute d'une complexion plus délicate que les autres, sont vêtues d'une espèce de paletot qui dérobe à la vue une notable partie de leurs charmes. Toute cette nature néerlandaise produit l'effet d'un grand décor de l'Opéra-Comique. On cherche machinalement le côté *cour* et le côté *jardin*, les coulisses et les *praticables* par où les villageois vont venir tout à l'heure chanter un chœur de M. Scribe enchâssé dans la musique de M. Auber.

C'est au milieu de ces aimables impressions que

notre joyeuse caravane arrive à La Haye, une ville régulière, calme et monotone comme une tragédie classique. Les Hollandais sont très-fiers de La Haye, qu'ils appellent *s'Gravenhage,* et, par abréviation, *s'Hage,* parce que La Hage a un grand bois et que ce bois possède des arbres séculaires. Par malheur, nous avions vu tant de bois en France et tant de villes en Allemagne qui ressemblent à La Haye, que cette capitale nous trouva peu disposés à l'enthousiasme. D'ailleurs, Rotterdam nous avait pris une si grosse partie de notre admiration qu'il était prudent d'économiser ce qu'il en restait pour n'en être pas complétement dépourvus à l'occasion. Après avoir parcouru la ville en voiture, visité le palais, le Binnenhof, cette ancienne résidence des stathouders, contemplé au musée la célèbre *Leçon d'anatomie* et le non moins célèbre *Taureau* de Paul Potter, nous nous dirigeons vers le bois où s'entre-croisaient sous des allées ombreuses les calèches et les cavaliers. Quatre ans auparavant, ce qui m'avait surtout frappé dans cette promenade de La Haye, c'était la forme un peu vieillie des toilettes qui s'y épanouissaient. A cette époque, les belles dames hollandaises, abusant un peu de leurs magnifiques cheveux blonds, les coiffaient en *ringlets* effrénés, et se rendaient aussi semblables que possible à ces gravures qui émaillent les journaux de modes d'avant 1830. Mais aujourd'hui, quelle métamorphose! Toutes les capotes roses qui passent dans ces calèches ont dû arriver ce matin de Paris par le train express. Toutes ces riches étoffes ont été taillées par la meilleure faiseuse, et je suis convaincu que ce n'est ni à Rotterdam, ni à La Haye, ni à Haarlem, ni à Utrecht, ni à Leyde, ni même à Amsterdam qu'on a fabriqué toutes ces colossales crinolines.

C'est dans une des parties les plus discrètes du bois que s'élève la résidence royale, résidence d'été. Les portes de ce palais sont si hospitalières qu'elles s'ouvrirent devant nous, bien que le roi l'habitât avec toute sa famille. Ce qui attira le plus notre attention, ce fut un salon tendu en papier de riz fabriqué en Chine, et une autre salle dont les tentures sont en satin de Chine, fond blanc laiteux, sur lequel les artistes du pays ont figuré en soie de diverses couleurs des arbres au feuillage invraisemblable, portant des fleurs impossibles, et des oiseaux de grandeur naturelle où des plumes véritables sont entremêlées avec le travail de la broderie. Je ne parle pas des potiches, qui sont gigantesques, et qui étalent dans toutes les encoignures leur gros ventre rebondi. Arrivés au seuil de la pièce la plus remarquable, la salle d'Orange, le cicerone en habit brodé nous pria de garder le silence, parce que nous allions nous rencontrer avec le prince royal et la jeune princesse occupés à prendre leurs leçons. Nous entrâmes avec tout le recueillement exigé par la circonstance, mais une joyeuse fanfare qui retentit aussitôt nous prouva que la recommandation du cicerone était peut-être superflue. C'était le prince lui-même qui venait de saluer notre entrée par un air de trompette. Sa jeune sœur, charmante enfant d'une douzaine d'années, tenait un ballon à la main. Son frère s'empara du ballon et nous le lança ; le ballon lui fut courtoisement renvoyé, puis il bondit de nouveau de notre côté, et voilà comment une partie de ballon s'est engagée tout naturellement entre un prince royal et des journalistes.

Mais la plus attrayante promenade de La Haye, ce n'est pas le bois, c'est la jolie plage de Scheveningen, un village de l'Indo-Chine égaré sur la côte néerlandaise. On y arrive par une allée d'ormeaux de la plus belle venue et de la plus haute taille. Chaque pêcheur tient à la disposition de l'étranger qui vient passer à Scheveningen la saison des bains une chambrelte dont le prix est relativement modéré. On ne va pas seulement à Scheveningen pour s'ébattre sur le sein d'Amphitrite côte à côte avec les illustrations de l'almanach de Gotha qui s'y donnent volontiers rendez-vous ; ce village est le Ville-d'Avray de La Haye, et l'on y mange un certain poisson fort original et très-savamment assaisonné, qui saute de la mer dans la poêle et de la poêle sur l'assiette. Le soir, on vient aussi de La Haye à Scheveningen pour boire du café, du genièvre ou pour *prendre le vin*. On prend le vin en Angleterre, en Hollande, en Suisse, en Allemagne, un peu partout, excepté en France. Prendre le vin, c'est se réunir après dîner pour boire en fumant et en causant. En Hollande, on fume plus qu'on ne cause, et on boit plus qu'on ne fume. J'ai vu six Hollandais, rêveurs, vider silencieusement, après leur dîner, douze bouteilles de champagne. Ils prenaient le vin.

Ce rivage de Scheveningen a été propice à deux restaurations. C'est à Scheveningen que s'embarquait Charles II, lorsqu'il allait prendre possession du trône d'Angleterre. C'est sur ce même rivage que débarquait, quelques mois avant la chute de Napoléon, le prince d'Orange, qui venait retrouver le sien.

En dehors des petits profits qu'ils retirent de la location de leurs chambres pendant la saison des bains, les habitants de ce village joujou n'ont pas d'autre industrie que celle de la pêche. Aussi le départ des grosses barques et leur retour sont le spectacle quotidien des flâneurs. La vente du poisson se fait à la criée. Le gibier de mer est étendu en tas sur la grève ; des commissaires-priseurs président aux enchères, et tout s'enlève avec cette activité tranquille, ce parfait sang-froid qui caractérisent tous les actes de la vie hollandaise.

De La Haye, nous partons pour.Leyde, et grâce à la locomotive, il ne nous faut que trois quarts d'heure pour aller de l'une à l'autre. La route est bordée, comme toujours, de frais cottages, de maisons de Nuremberg, et de petits parcs fleuris comme la jardinière d'une impératrice. Ce qui attire tout de suite nos regards en entrant à Leyde, c'est un grand nombre d'écriteaux avec cette inscription à l'adresse des étudiants de l'Université qui cherchent un logement: *Cubicula locanda*. L'étudiant de Leyde ressemble assez par le costume et la physionomie à l'étudiant de Bonn, d'Heidelberg et d'Iéna; comme celui-ci, il se promène volontiers par la ville en tenant à la main la longue pipe dont le tuyau de porcelaine est presque toujours enjolivé d'une belle femme peinte en buste et considérablement décolletée. Malgré sa jeune population, Leyde est, avec Utrecht et Groningue, la ville la plus calme de toute la Hollande. Une voiture qui roule sur le pavé fait mettre toute la rue aux fenêtres. L'hôtel de ville est un curieux morceau d'architecture de la seconde moitié du XVIe siècle, et les environs de la ville sont délicieux. Là, comme dans toute la Hollande, comme en Allemagne, la ville se réunit le soir dans un grand jardin où l'on fait de la musique. Anges du ciel! avec quelle aimable timidité tous ces jeunes étudiants regardent à la dérobée les blondes jeunes filles, pendant que l'orchestre jette à tous les vents ses valses entraînantes!

Cette ville de Leyde a été le berceau d'une famille illustre, d'une glorieuse dynastie, je veux parler de ces Elzévirs qui furent l'honneur et la gloire de la typographie hollandaise. C'est elle aussi qui a donné le jour à Metzu, à Gérard Dow et à Otto Vœnuis, poëte mathématicien, peintre distingué et maître du grand Rubens.

De Leyde à Haarlem, où l'on vous racontera, si vous voulez, la légende dorée des martyrs de la tulipe, il y a loin comme de Paris à Versailles. Haarlem l'emporte sur toutes ses sœurs de Hollande par le luxe inouï de ses fleurs. Pas de si pauvre maison qui n'ait son bout de parterre, pas de chambrette qui n'ait sur la fenêtre les précieux oignons fleurissant dans des vases de verre remplis d'une eau limpide, puis des jacinthes, des roses, des œillets, du réséda, toutes les plantes du parterre champêtre. Les larges avenues qui entourent Haarlem sont bordées d'entrepôts de tulipes dont le commerce a des ramifications dans le monde entier. Cette jolie ville de Haarlem, dont l'aspect est si avenant, me rappelle un peu les capitales des petites principautés allemandes. Elle a, comme Manheim, comme Darmstadt, comme

Wiesbaden, de grandes places, de larges rues, des avenues plantées d'arbres, et un beau jardin public qui se présente au débarcadère du chemin de fer comme une coquette préface de la ville ; ce jardin est un parc anglais orné avec soin et cultivé avec une recherche toute hollandaise. Cette entrée de Haarlem annonce à merveille la cité des fleurs.

Je voudrais bien pouvoir rester plus longtemps dans cette ville charmante qu'adorait Gérard de Nerval, dans cette ville qui a un monument si original, le marché de la boucherie, et l'une des plus belles orgues qui existent ; mais le chemin de fer est impitoyable, et nous sommes attendus à Amsterdam. Je ne partirai pas cependant sans dire que le portier de l'église fumait fort tranquillement sa pipe, à dix pas de nous, pendant que l'organiste déchaînait sa meute de gros tuyaux qui aboyaient en cadence. La licence m'a paru grande, même dans une église protestante.

En descendant du chemin de fer, nous trouvons à Amsterdam un bienveillant cicerone, qui nous promet de nous faire voir en deux jours toutes les curiosités. C'est M. d'Hamecourt, un des administrateurs du chemin de fer néerlandais. Notre première visite est pour le musée, où nous admirons cette œuvre magistrale, unique, qui, à elle seule, vaut le voyage : la *Ronde de nuit,* puis les Gérard Dow, les

Cuyp, les Rubens, les Van Dyck, les Wouwermans, les Ruysdaël, les Paul Potter, tous les rois de la grande peinture du Nord. Deux artistes étaient occupés à faire le dessin de la *Ronde de nuit,* et l'on me dit qu'il y a à Amsterdam des dessinateurs qui ne font pas d'autre besogne que celle-là. Quand ils ont terminé un dessin de ce chef-d'œuvre de Rembrandt, ils en recommencent un autre, tout dessin de la *Ronde de nuit* se vendant très-cher. En sortant du musée, nous courons par la ville comme des chevaux échappés. L'aspect général d'Amsterdam est le même que celui de Rotterdam ; tout s'y retrouve sur une plus vaste échelle : les canaux se donnent des airs de fleuve, les maisons sont des hôtels, les hôtels sont des palais ; tout ici respire l'opulence commerciale. Mais il y a à Rotterdam plus de vie et de mouvement.

En quittant les vastes quais bordés de grandes maisons habitées par des nababs, nous tombons tout à coup dans un quartier invraisemblable. Une foule qui grouille au milieu des rues empestées par les parfums de la cuisine en plein air, et quelle cuisine ! puis des lambeaux, des chiffons, des boutiques impossibles, un tas d'objets problématiques, de marchandises insensées, et des loques comme on n'en voit nulle part, pas même dans le quartier Saint-Gilles de Londres, pas même en Égypte. Nous sommes dans le Ghetto d'Amsterdam, dans le quartier des juifs, et ce quartier des juifs d'Amsterdam est bien plus extraordinaire encore que celui de Francfort! Des hommes aux nez crochus, aux cheveux crépus, des femmes à la peau étrangement bistrée revêtues de souquenilles sordides, frangées au bas par la boue; puis des enfants demi-nus accroupis au bord du ruisseau. Une saleté sans nom au milieu de cette ville si propre, une antithèse complète. Cela produit l'effet d'une grosse tache de graisse sur une robe de satin blanc. Pour moi, en traversant ce labyrinthe de ruelles puantes, encombrées de misérables enfants qui poussaient des cris de cormoran, je saluai : je saluai les millionnaires de l'avenir. Les ingrats! plus tard ils ne me rendront pas mon coup de chapeau.

Du quartier des juifs, M. d'Hamecourt nous mène au jardin botanique et zoologique. Ce jardin possède des exemplaires d'animaux excessivement rares, et, sous ce rapport, il l'emporte de beaucoup sur notre Jardin des Plantes.

Pour se rendre compte d'Amsterdam, il faut monter tout en haut du clocher de l'*oudè kerke*. A droite et à gauche le golfe, qui a la forme d'un Y et qui a pris le nom de cette lettre de l'alphabet; puis les docks, les ports avec leurs troupeaux de vaisseaux de tout calibre et leur forêt de mâts et de cordages;

de l'autre côté, le vaste hémicycle de la ville, dont les rues rayonnent dans toutes les directions. Animez le tableau avec les mille formes de clochers des églises, des pignons en briques; avec les arbres qui bordent les quais, les canaux qui divisent Amsterdam en quatre-vingt-quinze îlots, les ponts qui les rejoignent entre eux et qui sont au nombre de trois cents environ, et vous aurez une idée de cette grande cité hollandaise, qui rappelle le moyen âge presque autant que Paris au xvie siècle.

En sortant du jardin botanique, nous prenons le chemin du port, et, après avoir salué du regard la maison de Ruyter, nous nous embarquions sur un bateau à vapeur qui nous balança pendant trois quarts d'heure sur les flots de l'Y. Au bout de ce temps, nous étions arrivés à Zaandam, que nous nous obstinons, nous autres Français, à appeler Saardam.

Les habitants d'Amsterdam vont à Zaandam, qui est leur Saint-Cloud aquatique, pour manger d'excellent poisson à l'hôtel de la Loutre. Des fenêtres de l'auberge, on aperçoit, noyée dans l'horizon, une masse imposante qui se détache à travers les vapeurs du Zuyderzée, c'est Amsterdam. De ce point, le coup d'œil est des plus riants et des plus animés; nous ne fîmes qu'une petite station à l'auberge de la Loutre, le temps de contempler le panorama; puis on nous conduisit à la classique cabane de Pierre le Grand.

Cette cabane est composée de deux chambres. Dans l'une, on montre le lit du czar, lequel lit n'est qu'une inconfortable armoire à deux vantaux. Je défie qu'on trouve sur les quatre murs de cette chambre une place grande comme l'ongle qui ne soit pas illustrée d'un nom quelconque. Ceux qui ne veulent pas augmenter cette ridicule litanie sont priés de s'inscrire sur un album volumineux installé à cet effet. En le feuilletant, j'y lus le nom du général Eugène Cavaignac, et le concierge de l'endroit me dit qu'en effet l'honorable général était venu quelques jours auparavant visiter la cabane de l'empereur charpentier.

Pour préserver cette vénérable cabane des effets délétères de la mer, la feue reine de Hollande, sœur de l'empereur Alexandre, l'acheta et fit construire un second bâtiment, qui se ferme avec des volets et qui enserre l'autre comme dans un écrin. La maisonnette de Pierre le Grand, tour à tour visitée par l'empereur Alexandre, par le roi de Prusse, par le roi des Pays-Bas et par d'autres illustres personnages, est véritablement une relique, c'est dire qu'elle n'a d'intéressant que le souvenir qui s'y rattache.

Quant au village de Zaandam, composé de deux rues séparées par la rivière, et qui s'étendent chacune sur une longueur de huit kilomètres, c'est le

village le plus chinois de cette Chine européenne.
De petites maisons en bois, historiées, peintes, enjo-
livées comme des jouets d'enfant, et tellement basses
qu'il semble qu'on n'y peut entrer qu'en se baissant,
et tellement exiguës qu'on se demande comment les
habitants peuvent s'y mouvoir. Elles sont toutes séparées de la chaussée par une petite rivière couverte
de ponts arrondis, et chacune d'elles a devant sa
façade un jardin peuplé de lions roses, de tigres
bleus, de léopards lilas, et de quelques autres animaux féroces en carton. On voit également, assis
sous un berceau, un monsieur qui tient un livre à
la main : c'est un bonhomme en bois. Un chien se
montre-t-il sur le pas de la porte? il vous salue,
quand vous passez, par des aboiements mécaniques.
Comme il est établi qu'à Zaandam rien ne doit se
présenter sous son aspect naturel, on y peint le
tronc et même les branches intérieures des arbres
de tous les tons de l'arc-en-ciel. Puis ce sont des
usines grecques, des tours japonaises, une architecture qui tient du rococo-Pompadour, de l'Arabe, de
l'Hindou, du Tartare-Mantchou, et auprès de laquelle
la pagode semble avoir toute la pureté d'un Parthénon.

Nous montons en voiture, et nous voilà lancés au
milieu de ces surprises grotesques, de ces fantaisies
imprévues. Nous allons ainsi pendant deux lieues,

puis nous traversons la rivière sur un bac, et nous
retrouvons de l'autre côté les mêmes maisons et la
même nature copiées sur les éventails et les para-
vents du Céleste-Empire. De temps en temps, on
aperçoit, à travers la fenêtre entre-bâillée, la curieuse
figure d'une jeune fille (non en bois) qui sourit et
se cache aussitôt derrière le store. Quelques braves
gens prennent le thé au fond de leur jardin; ils ont
la rigidité mécanique des automates qui les entourent. Si, comme on l'a dit, l'esprit subit l'influence
de la nature et des objets qui l'environnent, quelles
microscopiques idées ne doivent-ils pas avoir ces
Hollando-Chinois de Zaandam !

Broeck, située à quelques pas de là, est une fantaisie encore plus biscornue. Les maisons de Broeck
sont une exagération de ce style cokney fleuri dont
j'ai essayé de donner la description. Là aussi tout
est peint, tout est taillé, tout est conventionnel, tout
se meut par des ressorts ; Broeck est un tout petit
village habité par des millionnaires qui cuvent leur
or et leur ennui au milieu d'un paysage absurde et
d'une nature insensée.

La vue de toutes ces excentricités avait excité
chez mes compagnons de voyage un accès d'hilarité
qui ne commença à se calmer que lorsque nous
fûmes de retour à Amsterdam.

Le lendemain, nous partions pour Utrecht, dont

je n'ai rien à dire : il y a là un joli hôtel de ville (style de la Renaissance), où se tinrent les séances préliminaires du fameux traité qui mit fin aux sanglants débats de la succession d'Espagne. Comme toutes les villes déchues d'une ancienne splendeur, Utrecht a une physionomie solennelle et triste, malgré les magnifiques promenades qui couronnent ses remparts.

D'Utrecht à Arnheim, capitale de la Gueldre, le railway vous promène dans un paradis terrestre. Ce pays a, du reste, mérité le nom de paradis de la Hollande. De beaux arbres, des sites variés, des eaux courantes, de longues allées ombreuses, puis des milliers d'Édens en forme de parcs anglais. L'entrée de ces parcs est toujours ouverte, et ces beaux arbres, ces vertes pelouses, ces ruisseaux jaseurs, ces fleurs innombrables semblent être la propriété de tout le monde.

Arnheim n'a de remarquable que sa position sur le Rhin et son voisinage de Tolhuys, travesti en Tholus par Boileau, dont la muse classique craignait de s'embourber dans une diphthongue néerlandaise. C'est à Tolhuys qu'eut lieu ce fameux passage du Rhin, où le grand roi, assis sous un arbre, contemplait le défilé militaire en se plaignant de sa grandeur.

A partir d'Arnheim, le vapeur nous emporte vers

la Prusse rhénane. Encore quelques tours de roues, et nous aurons quitté la Hollande. Je n'ai point à parler de Dusseldorf, de Cologne, de Bonn, d'Aix-la-Chapelle, tout cela est trop connu.

FIN

TABLE

PARIS. — IMPRIMERIE DE J. CLAYE, RUE SAINT-BENOIT, 7.